O Despertar do Amor

O Despertar do Amor

Cura Espiritual na Prática da Psicologia e da Medicina

Dr. Nicholas C. Demetry
Dr. Edwin L. Clonts

Tradução
GILSON CÉSAR CARDOSO DE SOUSA

EDITORA CULTRIX
São Paulo

Título do original: *Awakening Love.*

Copyright © 2000 Nicholas C. Demetry e Edwin L. Clonts.

Todos os direitos reservados. Nenhuma parte deste livro pode ser reproduzida ou usada de qualquer forma ou por qualquer meio, eletrônico ou mecânico, inclusive fotocópias, gravações ou sistema de armazenamento em banco de dados, sem permissão por escrito, exceto nos casos de trechos curtos citados em resenhas críticas ou artigos de revistas.

O primeiro número à esquerda indica a edição, ou reedição, desta obra. A primeira dezena à direita indica o ano em que esta edição, ou reedição, foi publicada.

Edição	Ano
1-2-3-4-5-6-7-8-9-10	01-02-03-04-05-06-07

Direitos de tradução para a língua portuguesa
adquiridos com exclusividade pela
EDITORA PENSAMENTO-CULTRIX LTDA.
Rua Dr. Mário Vicente, 368 — 04270-000 — São Paulo, SP
Fone: 272-1399 — Fax: 272-4770
E-mail: pensamento@cultrix.com.br
http://www.pensamento-cultrix.com.br
que se reserva a propriedade literária desta tradução.

Impresso em nossas oficinas gráficas.

Sumário

Poema: *Quem Sou Eu?*...... 8
Tópicos de Interesse neste Livro 9
Introdução 11

   I. Um Símbolo de Cura 15

  II. A Natureza do Projeto Humano 20
     Esferas Gerais da Experiência Humana 20
     A Personalidade e Sua Sombra: Um Exame 23
     Vícios e Virtudes 26

 III. Manifestações da Personalidade Atual 29
     O Eneagrama 29
     Origem da Personalidade Atual: A Queda 32
     Um Modelo de Queda: Separação entre Pais e Filhos 36
     Tipos de Alma 39

 IV. Estrutura da Personalidade Atual:
     Seus Chakras e Elementais 53
     Os Sete Chakras 54
     Conexões dos Chakras e a Mente 96

V. A Sede da Personalidade Atual:
   A Mente Subconsciente 99
   As Casas da Ilusão 100
   As Faces do "Judas Interior" 102

VI. A Jornada Universal da Transformação:
   A Parábola do Filho Pródigo 110
   A Jornada Simbólica da Transformação 123
   Para Compreender Zorba 127

VII. Como Despertar Conscientemente o Amor:
   Nove Caminhos de Volta 129
   A Decisão de Voltar 129
   Como Encontrar o Caminho 130
   A Mandala Terapêutica 133
   Como Trabalhar com os Elementais na Vida Diária 194

VIII. Meditações para Despertar o Amor 200
   Instruções para as Meditações 200

IX. Entrevista Particular com Daskalos sobre
   o Amor e o Desprendimento 230

Apêndice I: Resumo dos Tipos de Personalidade
              do Eneagrama 237
              Os Eus Separados 237

Apêndice II: Estudos de Casos Clínicos 256

Apêndice III: O Espírito na Matéria:
              A Anatomia do Corpo Energético 267

Notas 278

Glossário 282

Recursos 286

Dedicado à memória de Stylianos Atteshlis, também conhecido como Daskalos

Quem Sou Eu?

Fonte sem começo nem fim
Que nunca muda
Coração desperto! Ternura, júbilo, riso
Sou o que sou
A Graça de rosto brilhante sorrindo em
        Si mesma, para Si mesma, em Si mesma
A linguagem do silêncio é eloqüente
Ser sereno é tudo conhecer!

— Nick Demetry
Lucknow, Índia, 1993

Tópicos de Interesse neste Livro

O rompimento das barreiras entre a psicologia e a religião — Todos os capítulos
Da Bíblia para a espiritualidade alternativa — Introdução, Capítulos I, II, IV, VI, VII, IX
Como compreender a unidade essencial das religiões do mundo — Introdução, Capítulos I, IV, VII
Como os pensamentos e as atitudes influenciam as nossas vidas — Capítulos II, IV, V, VI, VII, IX, Apêndice III
Novos paradigmas para compreender o vício — Capítulos II, III, IV, V, VI
Como descobrir o tipo de personalidade e suas necessidades espirituais — Capítulos III, V, VII, Apêndice I
Para compreender o processo de transformação — Capítulos VI, VII, Apêndice II
Princípios espirituais gerais para a transformação — Capítulo VII
Os pais e o desenvolvimento espiritual dos filhos — Capítulos III e IV
Exercícios de autocura e desenvolvimento espiritual — Capítulos VII e VIII
Estudos de caso que ilustram o processo de cura e o desenvolvimento espiritual — Apêndice II
Ciência e espiritualidade — Apêndice III

Introdução

A saúde mental e a espiritualidade, como se sabe, estão ligadas. Essa ligação vem sendo intensamente explorada tanto por psicoterapeutas quanto por espiritualistas. Alguns psicoterapeutas estão mesmo integrando a espiritualidade à sua prática médica, de uma maneira criativa e profunda. Com freqüência trabalham no contexto da psicologia junguiana e transpessoal ou até na esfera mais ampla da "espiritualidade alternativa", como a cura atitudinal. Observam aqueles que estabeleceram laços efetivos entre a psicologia da vida interior e os princípios e práticas transcendentes da espiritualidade. Um desses laços, a disciplina da psicossíntese, foi estabelecido pelo psicólogo Roberto Assagioli, que pretendeu assim juntar as tecnologias da psicologia ocidental com a espiritualidade oriental. Outros terapeutas preferem ignorar o recurso direto ao transcendente, mas reconhecem que a felicidade e a atividade de seus clientes de alguma forma melhoram quando existe fé espiritual. A maioria dos terapeutas estaria pelo menos disposta a considerar a espiritualidade como um componente vital do tratamento da dependência química e outros vícios. Poucos agentes de cura rejeitariam ou ignorariam a possibilidade de que a vida interior de uma pessoa seja afetada por uma esfera transcendental.

A religião tradicional, que fornece o contexto onde muitas pessoas buscam o transcendente, precisa ainda ser integrada à psicologia e à teoria da personalidade de uma maneira coesa. O primeiro obstáculo a essa síntese reside na impossibilidade de unir esferas integradas da compreensão humana com os incontáveis dogmas sectários e às vezes conflitantes da religião. No entanto, toda religião procura a seu modo o universal, de sorte que deve haver uma forma tangível e aceitável por todos de examinar a experiência religiosa tradicional e fazê-la integrar-se consistentemente à psicologia moderna.

Os autores descobriram que uma das maneiras de resolver esse dilema é recorrer diretamente ao estudo da vida e dos ensinamentos de Jesus. Em Jesus, não é difícil reconhecer a obra de um mestre curador e psicoterapeuta avançado, mesmo quando procuramos compreender através do véu da história e do viés humano na versão mais consagrada de sua vida, a Bíblia do Rei Jaime. Embora tenha vivido cerca de dois mil anos antes de Sigmund Freud e dos gigantes da psicologia do século XX, Jesus demonstrou que entendia a mente e as emoções tão bem quanto entendia o espírito do homem. Jesus pode, com efeito, ser considerado o fundador da cura psicoespiritual.

Os autores chegaram a essa conclusão por diferentes caminhos, atingindo o consenso final sob a inspiração do falecido Stylianos Atteshlis, mais conhecido como Daskalos ("professor", em grego). Daskalos viveu toda a sua vida em Chipre. Era um místico, um agente de cura, um artista, um homem culto, um filósofo, um irmão e um guia. Apesar de ensinar num contexto cristão e moldar sua vida pela de Jesus, ele transmitia a base conceitual e experimental da unidade espiritual das grandes religiões do mundo. Via a vida em termos unificados e não separava a espiritualidade de nenhuma esfera da experiência humana. Acima de tudo, Daskalos despertava em seus discípulos a lembrança daquilo que o verdadeiro amor é, de que o amor é tudo, e do que significa ser uma verdadeira criatura humana vivendo uma vida de amor.

Introdução

Em abril de 1994 tivemos um encontro particular com Daskalos e contamos-lhe a respeito de nosso plano próximo de partir de Chipre para a ilha de Patmos, onde o apóstolo João se exilou e recebeu o livro do Apocalipse. Daskalos respondeu que o Pai Yohannan (João) estaria conosco. Foi durante a viagem para Patmos que nos ocorreu a idéia de escrever o presente livro. Daskalos faleceu no ano seguinte.

Em memória e louvor da inspiração de Daskalos, estamos integrando a teoria da personalidade, psicoterapia e espiritualidade a esta obra. Abeberamo-nos em diversos modelos vigorosos, que servem de mapas instrutivos para nossa própria jornada. Incluímos a vida e os ensinamentos de Jesus, a teoria da personalidade do Eneagrama e o conceito de corpo energético com seus chakras, tal qual descrito por algumas tradições sagradas. Ao longo de anos de psiquiatria e aconselhamento familiar, descobrimos que a parábola do Filho Pródigo relata a jornada transformadora de todo homem e mulher de volta ao amor. Oferecemos excertos de diálogos pessoais com Daskalos, exercícios práticos de cura em apoio de nossa síntese e estudos de caso de nossa prática clínica (no Apêndice II). Demonstraremos, no processo, a harmonia existente entre os ensinamentos de Jesus e os dos mestres de outras grandes religiões. Enfatizaremos Jesus por ser ele a principal figura religiosa da civilização ocidental, sabendo bem que mestres espirituais de várias outras tradições poderiam ser apresentados da mesma maneira.

Para as pessoas criadas na tradição cristã, este livro servirá como uma ponte entre a psicologia pessoal e essas raízes. Para as criadas fora da fé cristã, ilustrará uma maneira de pensar sobre sua própria religião de forma a torná-la mais acessível como um guia de evolução interior e transformação psicoespiritual. Seja como for, o livro pretende fazer da religião do leitor algo de mais real em sua vida, ainda que promova a unidade espiritual básica de todas as grandes religiões do mundo dentro da família única da humanidade. Foi escrito não só para profissionais de saúde, mas para todas as pessoas que desejam melhorar a qualidade de suas vidas.

Acima de tudo, queremos prestar um tributo ao amor como o elemento unificador de nós mesmos e de toda a criação. A finalidade prática do material e dos exercícios é remover os bloqueios que nos isolam do amor e reacender a lembrança do amor em nossos corações, a fim de seguirmos os mesmos caminhos jubilosos, em nossas vidas diárias, que os santos de outrora palmilharam.

I

Um Símbolo de Cura

A Bíblia fala da "verdadeira Luz que brilha em cada homem que vem ao mundo" (Jo. 1:9). Deus divide livremente conosco sua natureza divina, a "verdadeira luz", a fim de nos transformar em suas Filhas e Filhos bem-amados pela graça, ao tempo de nossa criação. Esse entranhado dom espiritual, que Jesus tão belamente exprimiu na carne, é às vezes chamado de "Cristo". A palavra "Cristo" vem do grego *Christós*, que significa "o Ungido". O "Eu Cristo" é, portanto, uma expressão apropriada para o nosso Eu espiritual superior, que para sempre estabelece nossa mais veraz identidade como filhos da divina luz.

Por intermédio de nosso Eu Cristo, todos somos UM eternamente, iguais em grandeza, perfeição, amor e mistério. Assim, a missão de conhecermo-nos a nós mesmos como amor encarnado é a mesma, em essência, para todas as almas. Devido às formas de nossa personalidade, entretanto, vivenciamos uma série de medos, imperfeições, desigualdades e separação. Nossos recursos — materiais, culturais, educacionais, emocionais, familiares — variam muito. Por isso, o caminho de volta para o Autoconhecimento é absolutamente único para cada alma.

A cura tem de envolver tanto a natureza universal quanto a natureza particular do projeto humano; o informe, na medida em que se relaciona com a forma; o eterno, na medida em que se relaciona com o temporal; e o ilimitado, na medida em que se relaciona com o limitado. A cura precisa levar em conta a descida do espírito para a carne e a ascensão da carne de volta para o espírito, bem como a atuação das inúmeras dimensões intervenientes. Esse misterioso intercâmbio entre o Filho de Deus (o Eu Cristo) e o Filho do Homem (a natureza humana) engendra uma entidade evolutiva conhecida como alma. A verdadeira cura, portanto, é um trabalho da alma. Cada passo que a alma dá na direção de uma percepção mais larga de sua natureza crística, por menor que seja, constitui um avanço genuíno no caminho da cura.

O símbolo seguinte é apresentado para descrever o processo de cura:

O círculo é o símbolo da totalidade ou expiação. Representa a unicidade, a perfeição, a natureza eterna de nosso Eu Cristo. Lembra-nos de que tudo é Deus e de que, em nossa natureza crística, já estamos curados. Os triângulos conjugados do hexagrama representam a alma porque ilustram a descida do espírito para a matéria e a ascensão da matéria de volta para o espírito. A cruz representa a personalidade atual, figurativamente crucificada por suas limitações no mundo da forma, aguardando cura e ressurreição.

Essa imagem é a figura central do Símbolo da Vida usado pelo falecido Stylianos Atteshlis, embora ligeiramente alterado por uma conjunção mais completa dos triângulos. Segundo Daskalos, o Símbolo da Vida foi usado primeiramente por Orígenes, o grande bispo de Alexandria do século III d.C. Todavia, a interpretação que demos a esse símbolo, para os propósitos deste livro, não reproduz o significado idêntico do símbolo no contexto do Símbolo da Vida como um todo, tal qual é ensinado por Daskalos. Buscamos uma interpretação mais psicológica para nossos leitores.

Também usamos intencionalmente o símbolo com vistas a descrever um processo de cura coletiva separado, e no entanto relacionado. A cruz, que recebeu diversas acepções esotéricas, é mais geralmente conhecida como o símbolo do cristianismo. Na teologia cristã, refere-se à redenção e salvação ensejadas pela morte de Jesus.

O hexagrama tem sido usado como símbolo ornamental e mágico desde as eras recuadas. Em geral, tende a representar a união de opostos, como espírito e corpo (a alma), céu e terra, essência e substância, fogo e água, aspectos masculinos e femininos da divindade. Na Idade Média, foi muito divulgado nos círculos cristãos, judaicos e muçulmanos. Daskalos, em particular, utiliza o hexagrama como símbolo da alma (embora, para esse propósito, pareça valer-se de triângulos tanto conjugados quanto não-conjugados, indiferentemente).[1]

O hexagrama não foi associado especificamente ao judaísmo senão no século XIX. Conhecido como *Magen David* ou "Estrela de Davi", acabou se tornando emblema da bandeira israelense. Em 1921, o filósofo judeu Franz Rosenzweig sugeriu uma interpretação da Estrela de Davi em sua obra clássica *The Star of Redemption* [A Estrela da Redenção]. Mostrou que a estrela simboliza a tarefa de alma coletiva do povo judeu. Tal como a tarefa do cristianismo, a dos judeus seria a de redimir, de trazer conscientemente Deus para o universo criado de maneira consistente com a compreensão que tinham da revelação que Deus lhes transmitira.

A cruz (símbolo do cristianismo) dentro da Estrela de Davi (símbolo do judaísmo), bem como o círculo que as rodeia, denotam a unidade espiritual básica de todas as grandes religiões mundiais. A redenção de que falam o cristianismo e o judaísmo equivale à cura porque é o processo de trazer o espírito para encarnar na matéria e fazer de ambos uma só coisa em propósito. É a animação do mundo criado, cujas possibilidades se expandem indefinidamente, com amor e alegria.

Os ensinamentos de Jesus contêm verdades universais que se harmonizam maravilhosamente com as palavras proferidas pelos mestres espirituais das tradições das grandes religiões. Inevitavelmente, portanto, o subtema do "pan-ecumenismo" percorre todo o livro. A palavra "religião" vem do latim *religio*, que significa "ligar [novamente]". E a religião, de fato, conseguirá ligar todas as pessoas na medida em que promove uma experiência universal do coração e do espírito. Meras crenças sobre o espírito, ou dogmas, jamais lograrão realizar essa imensa tarefa. Tais crenças serão, fatalmente, perfilhadas por intelectuais e só podem ser úteis enquanto de fato promoverem experiências religiosas genuínas e compartilhadas. A substituição da experiência religiosa por conceitos religiosos, contudo, só gera experiências conceituais e desarmonia indesejável.

Foram as chamadas "religiões da mente" que, ao longo da história, provocaram cizânias e mesmo derramamentos de sangue — não raro com a melhor das intenções. A própria palavra "religião" se tornou pejorativa em certos círculos, significando o que é formalizado, dogmatizado, socializado e opressivo. Tal a fonte da reserva que muitas vezes induz pessoas, hoje em dia, a distinguir "religião" de "espiritualidade"; elas fazem questão de dizer: "Sou espiritualista, mas não religioso". Pronunciam-se em favor de uma experiência pessoal direta do transcendente para além do contexto da estrutura institucional ou das pressões. Muitas seguem a moderna tendência eclética da Nova Era ou "espiritualidade alternativa".

No entanto, as grandes religiões do mundo ainda mantêm um enorme reservatório de boa vontade e sólida sabedoria. Beneficiam-se da terna devoção e da profunda lealdade de milhões de pessoas. Sua contribuição ao progresso espiritual e social dos homens compensa em muito quaisquer erros históricos. Não há por que não devam juntar-se a movimentos alternativos honestos na tarefa comum de promover o amor e a fraternidade entre os povos da terra, independentemente de suas filosofias religiosas. Os exemplos de Jesus e dos mestres de inúmeras tradições de sabedoria podem apontar-nos o verdadeiro caminho para a "ligação" na luz e unidade do espírito.

O processo, como sempre, começa pela pessoa e se desenvolve. A vida e as lições de Jesus e seus apóstolos serão usadas como modelo para compreendermos o processo de cura e transformação espiritual que a todos nos aguarda.

II

A Natureza do Projeto Humano

Esferas Gerais da Experiência Humana

Examinamos por alto a cura e sua finalidade. Convém agora observar mais de perto a natureza do projeto humano e o papel que ele desempenha em nossas experiências terrenas.

As três funções da experiência humana são pensamento, sentimento e ação. A primeira se exprime por meio das virtudes supremas da sabedoria e da verdade; a segunda, por meio das virtudes supremas do amor, empatia e devoção; a terceira (cinética), por meio das virtudes supremas da ação correta, do uso adequado da vontade graças ao emprego sensato do poder nas manifestações físicas. O corpo é com freqüência "dissecado" esotericamente nos três centros que correspondem a essas funções: cabeça, coração e ventre. Toda pessoa tende a gravitar, primariamente, em torno de um desses níveis energéticos de experiência.

Esse modelo especial do corpo pode ser ilustrado por uma metáfora: os apóstolos de Jesus são o Corpo de Cristo e Jesus é a perfeita luz crística em seu centro. O apóstolo Tomé representa a "cabeça" desse corpo, João o "coração" e Pedro o "ventre".

Tomé era o intelectual, o cientista, o cético, que necessitava da confirmação da prova observável antes de aceitar um fenômeno como fato. A despeito dos numerosos testemunhos oculares da ressurreição de Jesus, apresentados por seguidores dignos de todo o crédito, ele não acreditou até ver o Jesus ressurreto com os seus próprios olhos e tocar-lhe o corpo com as suas próprias mãos. Jesus replicou: "Tomé, porque viste, acreditaste; benditos os que não viram e acreditaram" (Jo. 20:29). Tomé passou a ser desde então conhecido como o "Incrédulo".

Sem dúvida, os membros mais esclarecidos da moderna sociedade acharão a orientação científica "cerebral" de Tomé o melhor modelo para compreender a vida e reagir a ela. A ciência é, por natureza, aberta: baseia-se na premissa de que o atual conhecimento de um fenômeno não é necessariamente tudo o que há para saber e que muito mais talvez se saiba graças a uma contínua observação objetiva. Mesmo em círculos religiosos, a energia da "cabeça" não raro predomina. Discípulos confessos de Jesus exibem a visão de mundo tolerante e flexível, mas ainda assim cética, que costumamos associar à perspectiva "Tomé". Eles são, provavelmente, os mais aptos a captar a natureza multifacetada dos ensinamentos de Jesus.

O evangelho de Jesus, posto que de muitas facetas, era acima de tudo o evangelho do amor. A experiência da luz crística interior permeia todo o nosso ser, mas tem seu verdadeiro centro no coração. A ternura espontânea e o serviço caritativo brotam daqueles cujos corações foram despertados pelo Cristo.

A Bíblia se refere ao apóstolo João como o "discípulo amado" de Jesus. Embora seja pouco provável que Jesus tivesse favoritos, é de crer que João recebesse essa designação por haver sido o único a postar-se ao pé da cruz quando Jesus morreu e por haver escrito tão extensamente sobre o amor em suas epístolas. A passagem seguinte exemplifica a perspectiva de "coração" de João:

> Amados, amemo-nos uns aos outros: porque o amor é de
> Deus e qualquer que ama nasceu de Deus e conhece a

Deus. Aquele que não ama não conhece a Deus porque Deus é amor. (I Jo. 4:7-8)

O elevado ideal de João, do amor divino incondicional, constitui o objetivo de muitos seguidores de Jesus. Poucos atingem sem dúvida esse ápice da experiência anímica, mas muitos progrediram além do que se esperava e enriqueceram as vidas daqueles a quem comovem unicamente por preservarem esse objetivo em seus corações.

O ventre, simbolicamente, é a esfera do poder, da realização, da sexualidade, da inteligência instintiva divina. Os que se sentem atraídos para esse centro são motivados pelas lições sobre o poder e a ação apropriada. São os que pressentem o desafio de alicerçar as abstrações espirituais em realidades concretas da esfera física. São eles que movem, sacodem e constroem o mundo, guiados mais pelo instinto que pelo intelecto. Segundo Daskalos, esse é o domínio pelo qual o Espírito Santo nos dirige em meio ao labirinto da existência.[1]

Entre os apóstolos, é Pedro quem encarna melhor o domínio "ventre", conforme o próprio Jesus evidenciou ao dizer: "Tu és Pedro e sobre essa pedra edificarei a minha igreja" (Mt. 16:18). Pedro tornou-se de fato o chefe da primitiva igreja cristã de Jerusalém após a morte de Jesus. Era uma personalidade vigorosa e dominadora, que tendia a agir espontânea e decisivamente pelo instinto, embora nem sempre com prudência. Exemplo disso é o episódio do jardim de Getsêmani, ocorrido depois que os esbirros do sumo sacerdote e os fariseus chegaram para prender Jesus:

> Então Simão Pedro, que tinha uma espada, desembainhou-a e feriu o servo do sumo sacerdote, cortando-lhe a orelha direita. E o nome do servo era Malco. Mas Jesus disse a Pedro: Mete a tua espada na bainha; não beberei eu do cálice que o Pai me deu? (Jo. 18:10-11)

O histórico zelo missionário e o ativismo social dos seguidores de Jesus atestam a força da esfera de experiência do "ventre" na vida religiosa durante os últimos dois mil anos. No âmbito do ativismo religioso, tem sido sempre muito fácil observar tanto a energia divina quanto a insensatez humana que caracterizavam Pedro.

A Personalidade e Sua Sombra: Um Exame

A criação existe para a manifestação da verdade e da beleza, por parte do Espírito, no tempo e no espaço. Nossos corpos foram concebidos para ser um vínculo direto entre Criador e criação — os agentes da co-criação consciente com Deus, se assim o quisermos. Nossos corpos não possuem estrutura apenas física, mas também emocional e mental que atuam juntas para produzir uma expressão única no tempo e no espaço. Para as finalidades deste livro, a expressão emocional/mental será definida como personalidade. Trata-se de uma definição meramente prática e funcional; devemos reconhecer que a personalidade é, de fato, misteriosa demais para ser definida, embora muitos de seus aspectos possam ser observados e descritos. Apesar de imutável no sentido de que eu sou eu e apenas eu, a moderna expressão do "eu" precisa ser corrigida e apurada a fim de servir como manifestação de amor e como agente de criação.

Tal qual o corpo físico, que se compõe de órgãos com células saudáveis e doentes, a personalidade como um todo possui suas próprias estruturas "orgânicas" para funcionar. Essas estruturas orgânicas, que regulam esferas circunscritas de experiência, são chamadas chakras no pensamento metafísico oriental e serão discutidas com mais profundidade em capítulo posterior. Os chakras têm seus próprios "tijolos" celulares, chamados de elementais por Daskalos. Como as células físicas, que tanto podem ser saudáveis quanto doentes (isto é, cancerosas), os elementais podem ser ou positivos ou negativos em sua natureza. Os elementais positivos recebem o nome de desejos-pensamento ou virtudes. São formas mentais puras, criadas pela mente superior sob inspiração do espírito. Os elementais negativos são chamados pensamentos-desejo e constituem os substratos da consciência viciosa. São formas mentais emocionais que escravizam a mente.[2]

A Bíblia se refere a esses elementais negativos como demônios ou espíritos imundos. Cada um deles possui um aspecto "inflado" e "desinflado", à semelhança do baiacu. Tendem a fingir-se de opostos, mas são na verdade a mesma criatura e têm quase o mesmo efeito sobre a mente. Eis alguns exemplos: timidez *versus* temeridade, vaidade *versus* autodepreciação, auto-indulgência *versus* autonegação, preguiça *versus* mania de trabalho, dominação *versus* submissão. Em qualquer contexto social, é claro, um aspecto pode ser mais funcional que outro. Às vezes torna-se difícil distinguir um "demônio" inflado de uma virtude genuína com base unicamente no comportamento exterior da pessoa. O ato generoso, por exemplo, tanto pode brotar virtuosa e espontaneamente de um senso de abundância quanto egocentricamente, a partir do desejo de "ter" ou controlar. Vale lembrar que Judas traiu Jesus com um beijo.

Os elementais negativos surgem quando a escolha é derivar a identidade, primariamente, do plano material com suas ilusões de separação, medo, vulnerabilidade e morte. Esses elementais em seguida escravizam a personalidade a ponto de continuarmos a energizá-los e multiplicá-los por meio de nossas escolhas de pensamento, emoção e ação. A identificação com esse complexo de elementais negativos é às vezes chamada de egotismo. Trata-se da maneira pela qual vivenciamos a sombra de que falou Carl Jung. O problema do egotismo será discutido de várias perspectivas ao longo do livro.

Voltando à metáfora dos apóstolos de Jesus como o Corpo de Cristo, fica claro que Judas representa a sombra dentro desse corpo. Judas acabou consumido pelos elementais da cobiça, medo, orgulho e sede de poder. Judas é o exemplo extremo de quão destrutiva pode ser a sombra quando nos identificamos plenamente com ela.

O culto autodestrutivo é o que melhor tipifica a sombra da moderna vida religiosa e tem recebido muita atenção dos meios de comunicação. Cultos desses funcionam sob uma fachada espiritual, mas são na verdade caracterizados pelo medo e o isolamento. Domina-os geralmente um líder carismático, que açambarca os processos mentais do grupo para robustecer seu senso de controle. O membro individual do grupo tem de renunciar à sua integridade pessoal e a todo o senso de autodeterminação em troca do consolo da aceitação pelos demais.

Esses elementais tenebrosos podem ser vistos em quase todas as religiões, em maior ou menor grau, pois existem dentro de cada pessoa. Tão insinuante é a sombra em nosso mundo que ela freqüentemente se torna o elemento dominante da personalidade. A sombra desperta no indivíduo a sensação de singularidade, assumindo determinado tamanho, forma e localização na personalidade. Mas não tem nenhuma realidade cósmica: é apenas a ausência da luz crística na percepção.

A personalidade tão fortemente identificada com o que não é real foi por Daskalos chamada de "personalidade atual", "eu da personalidade atual" ou "personalidade temporária".[3] A personalidade atual, "ensombrecida" pelo egotismo, pode ser atraída pela ilusão de singularidade. No final das contas, essa ilusão gera tamanho sofrimento que a personalidade termina por ser, em termos figurados, crucificada. Assim, usa-se a cruz como símbolo da personalidade atual crucificada.

A personalidade esclarecida, por outro lado, é aquela que se identifica com o que a pessoa É. Como amor encarnado, que manifesta a beleza e o prodígio de Cristo na criação, essa personalidade atingiu o objetivo sublime e sempre perseguido para o qual foi criada. Embora cresça para sempre em amor, sabedoria e poder, como parte de uma alma eterna, essa personalidade, que

Daskalos chama de personalidade permanente, conhece-se também a si mesma como um ser único que jamais muda de identidade.[4] Quando a identidade da personalidade junta-se ao Eu Cristo, o iluminado pode afirmar com a mesma segurança de Jesus: "Antes que Abraão fosse, Eu Sou" (Jo. 8:58). Nesse nível de consciência, personalidade e alma não podem ser legitimamente distinguidas porque a primeira atingiu a expressão verdadeira das virtudes da alma no tempo e no espaço.

Antes que ocorram a ressurreição e a ascensão da personalidade, seus elementos tenebrosos, ou elementais negativos, devem ser trazidos à luz do Cristo para se curarem conscientemente. A Bíblia se refere a esse processo como arrependimento. Nos tempos modernos, melhor o chamaríamos de psicoterapia. Mas seja como for que denominemos o processo, a sombra pode ser um poderoso estimulante de mudança quando usada para mostrar-nos onde o perdão é necessário em nosso caminho rumo à redenção. O Judas em cada um de nós pode então tornar-se um guia para o amor e a liberdade, ou então um destruidor — dependendo da maneira com que nos relacionarmos com ele. Como sempre, a escolha entre a vida e a morte cabe a nós.

Vícios e Virtudes

Para melhor entender a natureza da sombra e sua influência sobre a personalidade, convém examinar algumas de suas manifestações mais comuns. Os "sete pecados capitais" da tradição cristã — soberba, avareza, luxúria, inveja, gula, ira e preguiça —, bem como os vícios do medo e da desonestidade, são muito úteis aqui para exemplo. Esses vícios, ou elementais negativos, definem-se assim:

1. **Ira** — Resposta emocionalmente agressiva, ou de "luta", a uma ameaça pressentida.

2. **Soberba** — "Nobre egoísmo". Um demônio disfarçado em anjo de luz.
3. **Desonestidade** — Inconsistências intencionais entre pensamentos, emoções, palavras e ações, produzidas pelo medo da verdade.
4. **Inveja** — Consciência dolorosa de discrepância em relação aos outros, elevada a uma sensação profunda de anseio e perda.
5. **Avareza** — Recusa a deixar ir o que se tem devido a uma sensação de carência. Estado em que se é possuído pelo que se possui.
6. **Medo** — Resposta emocional de "fuga" a uma ameaça iminente.
7. **Gula** — Fome de experiências agradáveis como meio de escapar a uma ameaça iminente.
8. **Luxúria** — Necessidade exagerada de consumir, aliada ao desejo de dominar e controlar, proveniente de uma sensação de vulnerabilidade.
9. **Preguiça** — Tendência a negligenciar a tarefa essencial de concentrar-se e revitalizar-se. Esmorecimento e esquecimento de si próprio.

Como a escuridão só pode ser eliminada pela luz, a virtude correspondente (ou elemental positivo), necessária para substituir cada um dos vícios anteriores, é enumerada e definida como se segue:

1. **Tranqüilidade** — Aceitação do propósito divino.
2. **Humildade** — Consciência de se ser sustentado pela graça.
3. **Veracidade** — Consistência de pensamento, sentimento e ação, a partir da certeza de que os esforços pessoais são um reflexo da vontade de Deus.
4. **Equilíbrio e estabilidade** — Estado mental resultante da percepção da presença divina em todas as coisas.
5. **Desprendimento** — Capacidade de viver a vida em sua plenitude, sem se apegar a nada.
6. **Coragem** — Ação segura em face da adversidade, a partir da consciência da natureza invulnerável da realidade espiritual interior.

7. **Dedicação** — Manter um curso firme de ação para alcançar objetivos superiores. O impulso para "continuar sempre".
8. **Entrega** — Deixar tudo na mão de Deus.
9. **Ação intencional** — Ação que brota da autocompreensão.

Embora esses vícios e virtudes pareçam óbvios e possam ser facilmente reconhecidos pelas definições acima, suas manifestações no interior da personalidade humana são mais sutis. Ao curar, temos de reconhecer os vícios elementares da personalidade e transformá-los em virtudes.

Remontando à história, já é possível vislumbrar nas antigas tradições religiosas semíticas respostas a esse desafio. O Eneagrama é um dos velhos sistemas que conduzem à autocompreensão. Ele será utilizado para investigar a origem dos tipos de personalidade atual, bem como sua transformação em almas autoconscientes, dotadas de propósitos espirituais.

III

Manifestações da Personalidade Atual

O Eneagrama

A palavra Eneagrama deriva do grego *ennea*, "nove", e *grammes*, "pontos". Trata-se de um diagrama em estrela de sete pontas que pode ser empregado para descrever nove diferentes tipos de personalidade e suas inter-relações. Também fornece um método para nos estudarmos a nós mesmos, nossos elementais negativos e a maneira de melhor transformarmos nossas fraquezas humanas em força e virtude. Assim agindo, nós nos colocamos em estreito relacionamento com Deus e com o nosso Eu Cristo.

As origens do Eneagrama continuam um tanto obscuras; mas sabe-se que ele era muito utilizado entre os sufis, um movimento islâmico de caráter místico que surgiu no século VIII d.C. Outro aspecto notável é que o Eneagrama apresenta acentuadas semelhanças com o ensino místico judaico, a Cabala. Recentemente, porém, Andreas Ebert, da Associação Ecumênica do Eneagrama (Alemanha), forneceu novas provas de que as raízes do Eneagrama situam-se, com toda a probabilidade, na tradição do movimento ascético cristão dos séculos III e IV d.C., os anacoretinos ou anacoretas. Esses ascetas são mais conhecidos como os

Pais e Mães do Deserto. Os sufis aparecem trezentos anos depois na mesma área geográfica e apresentam impressionantes pontos em comum com a vestimenta, os ensinamentos, o estilo de vida ascético e as práticas espirituais dos antigos anacoretinos.[1]

Os anacoretas dirigiram-se para o deserto egípcio a fim de enfrentar seus demônios, ou vícios e aprofundar-se na contemplação de Deus num ambiente que não os distraísse. Evágrio Pôntico, seu primeiro grande escritor, elaborou a lista desses vícios. Mais tarde, o papa Gregório I reduziu a lista aos Sete Pecados Capitais do ensino da Igreja. Os sete vícios e os dois adicionais, consignados no capítulo anterior, tornaram-se os vícios associados ao Eneagrama.[2]

Bom número de excelentes e pormenorizados livros sobre o Eneagrama, em especial os de Palmer, Bennett, Riso, Ebert e Rohr, foram publicados nos últimos dez anos. Para os objetivos da presente obra, a apresentação da teoria do Eneagrama será limitada. Enfatizaremos os ensinamentos de Jesus para instruir sobre a transformação dos nove tipos de personalidade.

A estrutura do Eneagrama consiste numa tríade conjugada com uma héxade de modo a formar uma estrela de nove pontas rodeada por um círculo, como mostra a ilustração:

Segundo os ensinamentos de Pitágoras (570–500 a.C.), os números contidos nessa estrutura são altamente significativos. Pitágoras afirmava que a criação inteira é, literalmente, número e que cada número de um a dez contém em si uma lei divina, a qual estabelece alguma relação fundamental entre matéria e espírito.[3]

Manifestações da Personalidade Atual

A tríade no interior do Eneagrama representa a Lei de Três. Ainda segundo Pitágoras, a Lei de Três é a resolução da tensão entre tese e antítese.[4] Daskalos, ecoando esse conceito, declarou em sessão privada que o triângulo representa a unidade dentro da dualidade e ensina-nos a sermos um em espírito/alma enquanto estivermos no contexto da dualidade do mundo. A Lei de Três, portanto, é a experiência fundamental da personalidade em evolução.

A héxade representa a Lei de Seis. A Lei de Seis, nos termos da teoria pitagórica, é o processo de criar que antecipa a união com a perfeição divina.[5] Dentro da héxade pode-se identificar um movimento ao longo de sete etapas de transformação, rumo à reunião divina (1-7-5-8-2-4-1). A Lei de Três, evoluindo por cada uma das sete etapas, constitui o processo transformacional da personalidade e sua reunião final com a alma.

No interior da mesma héxade encontramos também um movimento em direção oposta, que se afasta da percepção da unidade com Deus rumo à dualidade e ao conflito (1-4-2-8-5-7-1). Esse movimento de afastamento da percepção da presença divina, seguido pelas sete etapas progressivas rumo à reunião com Deus, será apresentado alegoricamente por meio da parábola do Filho Pródigo, em capítulo posterior.

As fases da vida de Jesus oferecem outro exemplo do processo de sete etapas de reunião com Deus:
1. No princípio era o Verbo
2. Nascimento (o Verbo se fez carne)
3. Batismo
4. Transfiguração
5. Crucifixão
6. Ressurreição
7. Ascensão

A ascensão, ou reunião final com o Pai, fecha o ciclo da alma. A Lei de Nove, no dizer de Pitágoras, é o termo da jornada humana e a expressão de todo o conhecimento humano. As somas aritméticas 8+1, 7+2, 6+3 e 5+4 contêm todas as leis do número, estabelecendo a completude do nove.[6] Desse modo, o Eneagrama representa o encerramento da experiência encarnada da alma, que precede a sua ascensão e reunião com Deus.

O círculo representa a Lei de Um, que exprime a unidade final e absoluta subjacente à diversidade de Tudo o Que É.[7] Os nove pontos do Eneagrama, tais quais utilizados no contexto da teoria da personalidade, representam os nove tipos de personalidade. A origem da personalidade atual e sua posterior diferenciação nesses nove tipos serão agora mostradas.

Origem da Personalidade Atual: A Queda

O reino animal exibe diversos tipos de inteligência instintiva que ultrapassam em muito a habilidade humana comum. Certas pessoas, especialmente as que cultivam as tradições de espiritualidade da Terra, atribuem a humanos e animais igual valor na criação de Deus. Todavia, os humanos possuem uma habilidade que os distingue do reino animal: a capacidade de autoconsciência e auto-observação, conhecida desde os dias de Sigmund Freud como ego. Mesmo em níveis puramente físicos de consciência e em níveis baixos de inteligência, os homens preservam essa capacidade de perceber a identidade do ego individual. O ego parece ser uma função inata da mente humana e um traço distintivo da personalidade humana.

Mas mesmo nos níveis avançados de consciência, que a mente humana foi concebida para alcançar, a personalidade ainda é capaz de identificar-se com seu Eu Cristo interior. Essa consciência crística é vivenciada como uma poderosa conexão com Tudo o Que É, pois o Eu Cristo é um puro fragmento espiritual da divindade. Daskalos se refere ao Eu Cristo como "o Espírito-ego-eu" ou então "a Mônada Sagrada" a fim de enfatizar sua natureza individualizada. Esse elevado nível espiritual da observação do eu ocorre graças à função reflexiva da mente superior, às vezes chamada "superconsciente". Como um espelho que pode ser limpo para refletir melhor, Daskalos afirma que a mente superior deve ser purificada pelo perdão a fim de refletir o Eu Cristo com nitidez para o auto-observador.[8] O apóstolo Paulo tinha em mente esse processo quando escreveu: "Haja em vós o mesmo sentimento que houve em Cristo Jesus" (Filip. 2:5).

A personalidade desperta é uma alma autoconsciente que a si mesma se conhece como entidade individualizada, espiritualizada e multidimensional, que evolui ao longo da progressiva experiência de sua própria natureza divina e perfeita. Somente nos níveis mais nebulosos de consciência é que a personalidade passa pela crucifixão. Esse tem sido o nível predominante da consciência humana no curso da história, o que é trágico.

Jesus, no exemplo de ensino mais profundo e dramático de todos os tempos, tirou o sentido à crucifixão e à morte. Por que então iremos perpetuar a nossa própria crucifixão identificando-nos exclusivamente com uma forma isolada de ego e negando nosso Eu Cristo?

O relato bíblico de Adão e Eva no Jardim do Éden oferece uma explicação alegórica para essa queda de consciência que ocorreu nos albores da história humana e persiste até hoje. No Jardim onde haviam sido criados, Adão e Eva viviam em harmonia com Deus. Este os advertiu para não comerem da "árvore do conhecimento do bem e do mal" que ali crescia, do contrário morreriam. A serpente tentou Eva sussurrando-lhe: "Pois Deus sabe que, no dia em que comerdes, vossos olhos se abrirão e sereis como deuses, conhecendo o bem e o mal" (Gên. 3:5). Eva, depois Adão, cederam e comeram o fruto proibido. Imediatamente sentiram-se envergonhados de sua nudez e foram expulsos do Jardim por Deus, que disse: "Sois pó e ao pó retornareis" (Gên. 3:19).

Cada um de nós é Adão e Eva. A tentação da serpente, para comer o fruto proibido e "ser como os deuses", é a tentação do ego para identificar-se, em primeiro lugar, consigo mesmo no mundo da forma e governar a terra como um "deus". Graças a essa falsa identificação que nega nossa Fonte Espiritual, tentamos "nos criar à nossa própria imagem". Em vez de aceitar nossa singularidade e totalidade, tais como criadas por Deus, cedemos às tentações do ego para adquirir o senso de singularidade e poder sendo aquilo que Deus não é.

O ego cria e mantém esse eu pomposo e ilusório estendendo um véu de elementais negativos, que por sua vez bloqueia a própria visão do verdadeiro Eu Cristo nele existente. O ato de afastar-se de Deus, da criação e da própria natureza verdadeira é eminentemente assustador, de sorte que esses elementais negativos alimentam-se todos do medo. Qualquer ato de agressão e morte praticado pela personalidade atual constitui um tipo de resposta ao deus do medo que ora a governa. O ego, em sua profunda insatisfação, procura remediar o próprio vazio numa busca viciosa.

O processo da Queda, que continuamente retomamos, pode ser mostrado simbolicamente. A alma humana individual é, por natureza, como Adão e Eva no Jardim do Éden, plena e autoconsciente dentro do círculo de expiação (ver Capítulo I) que se vê abaixo:

A decisão do ego de identificar-se exclusivamente com seu corpo individual e separar-se do Jardim da Consciência Divina é mostrada na página seguinte.

A natureza ilusória do processo é indicada pela localização da forma corpórea fora do círculo de expiação, onde nada pode existir realmente.

Manifestações da Personalidade Atual 35

O véu dos elementais negativos, projetado pelo ego auto-observador a fim de bloquear a visão do próprio Eu verdadeiro, é a sombra da personalidade atual. Eis como simbolizamos a personalidade enferma, isolada por ilusões sombrias e crucificada em sua tentativa patética de "agir como deus":

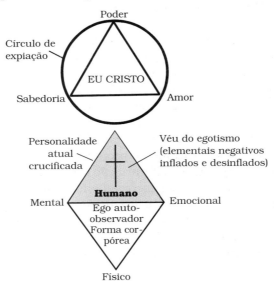

Esse processo diário de separação, em conseqüência do qual perdemos contato com nossa Fonte e tentamos fazer as vezes de Deus, é produto mais do esquecimento e da ignorância do que da má intenção. De que outra maneira explicaríamos nossa escolha da crucifixão e da morte em detrimento da vida e da liberdade? O exame do processo de separação da criança dos pais, após o nascimento, talvez nos ajude a compreender melhor as emoções primitivas que nos assoberbam quando nos isolamos da percepção da presença de nosso Criador.

Um Modelo de Queda: Separação entre Pais e Filhos

O "esquecimento" original, ou separação, ocorre quando entramos no mundo após o nascimento. A princípio não nos percebemos como criaturas separadas de nossos pais: somos eles. A consciência de nós mesmos como seres isolados constitui um primeiro passo gradual e necessário no processo de aquisição de uma identidade anímica singular. A separação pode ocorrer prematuramente, sem dificuldade psicológica ou muito tarde; pode ocorrer com amor ou censura, com segurança ou medo. O modo como a separação ocorre determinará em larga medida quem pensaremos que somos quando soubermos que já não somos nossos pais.

Em nossa cultura, muitas crianças se separam dos pais antes de estar psicologicamente prontos. Michael Trout, diretor do Infant-Parent Institute, organização dedicada a promover o bemestar mental da criança, escreveu e fez palestras sobre mudanças sociais evolutivas e seu profundo impacto nos recém-nascidos. No artigo intitulado "The All American Infant: At Odds with It's Evolution" [A típica criança americana às voltas com sua evolução], ele apresenta provas arqueológicas e transculturais de que as crianças tiveram um contato quase contínuo com pais e irmãos zelosos, durante os primeiros anos de vida, por milhões de anos — até agora.[9]

A ruptura da estrutura familiar resulta freqüentemente da falta de apoio por parte da família ampliada e das pressões financeiras cada vez maiores. Não raro é impossível, para um ou ambos os pais, estar em casa com os filhos durante os primeiros anos críticos de convívio. A separação prematura e o convívio posterior incompleto vêm se tornando cada vez mais proeminentes como fonte de sofrimento na sociedade. Essas primeiras feridas emocionais podem muito bem ser um dos fatores que contribuem para nossa queda em termos de consciência de Deus. Seja como for, um estudo dos danos psicológicos da criança após a separação prematura dos pais revela a natureza das emoções primitivas que a todos nos assaltam quando nos separamos de nosso Criador em consciência.

Os pesquisadores John e James Robertson descobriram que a reação à separação prematura se manifesta em três fases: protesto, desespero e desapego. O protesto é a recusa da criança a aceitar um substituto para a mãe, traduzida em choro copioso e violento, ou em atitude teimosa e irritadiça. O desespero é assinalado pelos queixumes, o pranto silencioso e a expressão de tristeza no rosto — em suma, depressão. O desapego ocorre de alguns dias a uma semana a partir do momento da separação, quando a criança começa a tornar-se aparentemente fria, ostentando uma atitude do tipo "pouco me importa". Bowlby e Robertson explicam: "A resposta dada pelo desapego é uma obstrução dos sentimentos de afeto, ligada à perda de diversas maneiras: pune a pessoa por ela ter partido; mascara a raiva, pois a cólera intensa e violenta constitui uma das principais reações ao abandono; e também pode ser uma defesa que às vezes dura horas, dias ou a vida inteira — uma defesa contra a agonia de amar sempre e sempre perder o objeto amado. A ausência faz com que o coração se torne gélido, não cálido".[10]

Essas três conseqüências primárias da separação prematura são espantosamente semelhantes às três áreas centrais de sofrimento na teoria do Eneagrama dos tipos de personalidade. Supõe-se que a tríade de pontos 8-9-1 seja ferida primariamente no "centro de ação", daí resultando a paixão da cólera (protesto). A tríade 2-3-4 exibe seus ferimentos sobretudo no "centro de sentimento", daí resultando a paixão do pesar (desespero). A tríade 5-6-7 é ferida principalmente no "centro de pensamento", daí resultando a paixão do medo (recuo). Esses três centros correspondem ao ventre, ao coração e à cabeça do Corpo de Cristo metafórico apresentado no Capítulo II. A fim de evitar a idéia equivocada de que tais centros tenham correlação ou significação anatômica precisa, não mais usaremos termos de anatomia com referência a eles.

O que quer que tenha provocado a separação da personalidade e suas conseqüentes lesões emocionais, ela deve desenvolver uma estratégia para sobreviver ao transe da desilusão. Cada um dos nove tipos de personalidade da teoria do Eneagrama tende a organizar-se em torno de uma determinada estratégia de sobrevivência que é bastante previsível. Num nível mais profundo, a alma forceja por transformar sua personalidade atual numa entidade correspondente, com valor de sobrevivência concreto. Assim, ela realiza experimentalmente a fase especial de autoconsciência para a qual encarnou e passa a conhecer-se como amor.

De novo, é evidente que a personalidade atual imperfeita, nosso "Judas interior", deve ser bem-acolhida e não desprezada quando vista de uma perspectiva superior. A natureza da jornada épica da alma, a "redenção de Judas", será mais tarde esclarecida quando examinarmos os caminhos específicos de três tipos anímicos primários.

Tipos de Alma

Três tipos anímicos primários podem ser deduzidos da compreensão das virtudes transformadoras das tríades do Eneagrama: as Almas Angélicas, as Almas Heróicas e as Almas Filosóficas. Esses tipos anímicos são representados por Pedro, João e Tomé, respectivamente, no Corpo de Cristo metafórico. Cada tipo de personalidade, na medida em que exprime suas virtudes correlatas, pode ser entendido como a expressão particular de seu tipo de alma correlato. Até que alcance esse elevado propósito anímico, a alma precisa recorrer à estratégia de sobrevivência temporária que a personalidade enferma elaborou. Os tipos de alma, seus objetivos e as três estratégias primárias de sobrevivência com as quais trabalha cada tipo anímico serão discutidos.

Para melhor ciência do leitor, os traços e tendências da personalidade atual dos nove eus separados, ou falsos, serão acompanhados de figuras que resumem a teoria do Eneagrama de cada um deles. Observe-se que as forças e fraquezas de qualquer tipo de personalidade podem representar qualidades egoísticas de um eu separado. São os aspectos "inflados" e "desinflados" dos elementais negativos que já examinamos. As "forças", de um modo geral, promovem uma atividade mais harmoniosa no mundo e uma auto-estima maior do que as "fraquezas". Quer um dado traço se baseie no ego ou no espírito, isso depende das motivações e do progresso espiritual da pessoa, conforme discutido no Capítulo II. O leitor é convidado a identificar seu próprio tipo de personalidade, se possível. Um exercício de contemplação será sugerido para cada tipo de eneagrama, a fim de ilustrar o modo como a personalidade entra em contato com o seu mundo e ajudar o leitor no seu processo de auto-identificação.

As Almas Angélicas estão tipicamente associadas às qualidades superiores representadas pela tríade 8-9-1 do "centro de ação". São os divinos ministros de Deus e exprimem as qualidades idealizadas do apóstolo Pedro no mundo. São nomeadas de

As Almas Angélicas
Figura do Eneagrama (1)

acordo com os aspectos particulares da consciência crística que exprimem no mundo:

Tipo 8 [Líder Beneficente] — Inocência, submissão à verdade, gentileza, liderança eficaz.
Tipo 9 [Ministro do Propósito] — Harmonia e ação intencional.
Tipo 1 [Consolador Compassivo] — Tranqüilidade, serenidade, perfeição, tolerância.

— Almas Angélicas Separadas
Figura do Eneagrama (2)

As Almas Angélicas que se separaram de sua Fonte experimentam a cólera como primeira conseqüência da separação. Sua ferida principal está na esfera do fazer. Essas Almas Angélicas separadas exprimem, por meio da personalidade, três diferentes estratégias de sobrevivência. Definidos segundo essas estratégias, os tipos de personalidade podem ser chamados de Eu Controlador, Eu Negligenciado e Eu Crítico. Eis como os descrevemos:

> **Tipo 8** [Eu Controlador] — Estabelece seu sistema particular de justiça para defender a própria inocência e vulnerabilidade. Vai à luta para proteger-se, ou seja, externaliza a cólera e torna-se ameaçador para os outros porque tenta garantir a segurança de sua criança interior vulnerável e ferida. (Ver Diagrama 1, Apêndice I)

Exercício para o Tipo 8
- **Feche os olhos, concentre a respiração e a atenção no plexo solar.**
- **Imagine-se o chefe-executivo de uma grande companhia.**
- **Você está falando a um grande número de funcionários sobre certas mudanças recentes na estrutura e política da empresa.**
- **Quando sobe à tribuna, sente a energia do seu plexo solar expandir-se para envolver todo o recinto e as pessoas que ali estão.**
- **Instintivamente, sente as fontes de apoio e as fontes de desafio no recinto.**
- **Sua intenção é dominar e controlar quaisquer fontes de desafio que se ergam contra você.**
- **Você gosta desse poder e dessa energia que flui quando assume o controle e supera a oposição.**

Tipo 9 [Eu Negligenciado] — Nega que alguma vez tenha abandonado o céu e se recusa a aceitar sua encarnação. Preserva a harmonia a todo custo, evitando a cólera e outras perturbações emocionais graças ao entorpecimento e ao auto-esquecimento. (Ver Diagrama 2, Apêndice I)

Exercício para o Tipo 9
- **Feche os olhos, concentre a respiração e a atenção no plexo solar.**
- **Você está na faculdade e receberá o diploma depois de terminar a tese.**
- **Você vem adiando a entrega da tese há seis meses e agora só lhe restam seis semanas.**
- **Quando se dirige para o computador, recebe a chamada de um amigo que precisa de ajuda para arrumar o jardim. É absolutamente necessário que isso seja feito antes da festa ao lado da piscina, marcada para o mês seguinte. Você passa esse tempo todo ajudando-o, perdendo aulas de vez em quando.**
- **Pouco depois, a mãe de sua esposa adoece e precisa de cuidados diários.**
- **Você se oferece para ficar com ela todas as tardes e à noite prepara o jantar.**
- **Muito cansado para dedicar-se ao seu projeto à noite, fica vendo televisão até a hora de ir dormir, para "refrescar a cabeça". Restam-lhe apenas duas semanas para finalizar a tese. De repente, toma consciência de que seu professor ficará desapontado se você não entregá-la e diplomar-se.**
- **De algum modo, graças a seus próprios esforços, você consegue terminar a tese.**
- **Olhando para trás, parece-lhe que tudo correu bem, afinal de contas.**

Tipo 1 [Eu Crítico] — Cai na dicotomia do bem e do mal. Combate a noção de mal negando-o em si mesmo. Procura recuperar a perfeição da esfera angélica tornando-se perfeito no mundo. (Ver Diagrama 3, Apêndice I)

Exercício para o Tipo 1
- **Feche os olhos, concentre a respiração e a atenção no plexo solar.**
- **Você está sentado à mesa de jantar com sua família. Começa a sentir-se irritado porque acha que a comida não está suficientemente quente. Ao erguer os olhos, nota que sua esposa parece cansada e não lhe dá as atenções "devidas".**
- **Você observa também, pelo canto do olho, uma pequena mancha no tapete, devida a um prato que seu filho mais novo deixou cair quando a caminho da cozinha.**
- **Você pensa com os seus botões: "Preciso parar de criticar tudo. Preciso parar de me queixar das imperfeições deles. Devo ser gentil, gentil! Talvez não seja um bom pai ou marido".**
- **Renuncie a essa atitude crítica e, delicadamente, volte para onde estava.**

As Almas Angélicas querem, acima de tudo, aprender a respeito da natureza do poder a fim de regressar ao poder do Espírito Santo. Seu objetivo é transformar o fogo da ira no fogo que queima para enraizar e sustentar a vida do Espírito no mundo. Jesus sabia que o poder espiritual interior deve transformar a personalidade antes que seja efetivamente externalizado, como se percebe nestas palavras a seus discípulos antes de Pentecostes:

> E, reunindo-se com eles, ordenou que não saíssem de Jerusalém, mas "esperassem pela promessa do Pai, a qual", disse ele, "ouvistes de mim. Pois em verdade João batizou com água; mas vós em pouco sereis batizados com o Espírito Santo. ... E recebereis o poder do Espírito Santo, que virá sobre vós: sereis minhas testemunhas tanto em Jerusalém quanto em toda a Judéia e Samaria, e até os confins da terra". (At. 1:4,5,8)

44 *O Despertar do Amor*

A passagem seguinte narra a descida do Espírito Santo sobre os discípulos, agora fortalecidos como Almas Angélicas, em Pentecostes:

> E cumprindo-se os dias de Pentecostes, estavam todos reunidos no mesmo lugar; e de repente veio do céu um som, como de um vento veemente e impetuoso, e encheu toda a casa em que estavam assentados. E foram vistas por eles línguas repartidas, como que de fogo, as quais pousaram sobre cada um deles. E todos foram cheios do Espírito Santo, e começaram a falar em outras línguas, conforme o Espírito Santo lhes concedia que falassem. (At. 2:1-4)

As Almas Heróicas
Figura do Eneagrama (3)

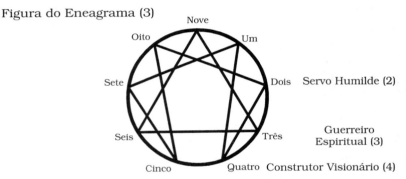

As Almas Heróicas estão tipicamente associadas às supremas qualidades representadas pelos pontos 2-3-4 do "centro de sentimento" e exprimem as virtudes associadas ao apóstolo João. São nomeadas de acordo com os valores espirituais que exibem:

Tipo 2 [Servo Humilde] — Humildade, empatia, liberdade, boa vontade, desejo desprendido de servir.
Tipo 3 [Guerreiro Espiritual] — Esperança em ação, otimismo, liderança, praticidade, dinamismo.
Tipo 4 [Construtor Visionário] — Equilíbrio e estabilidade, idealismo apaixonado, criatividade, empatia, defesa da individualidade.

— Almas Heróicas Separadas
Figura do Eneagrama (4)

As Almas Heróicas que se separaram sofrem como conseqüência primária da separação. São movidas pelo desejo de alcançar a unidade do amor. A estratégia de sobrevivência das Almas Heróicas separadas consiste em lutar pelo amor e aceitação do homem empreendendo missões arquetípicas de heroísmo humano, em vez de buscar diretamente o amor de Deus que está sempre dentro delas. A tríade 2-3-4 pode ser chamada Eu Orgulhoso, Eu Desonesto e Eu Melodramático. Eis as estratégias que adotam:

Tipo 2 [Eu Orgulhoso] — Procura merecer amor e aprovação cuidando dos outros e impedindo que os outros cuidem dele. Cioso do papel de mártir desprendido, tenta evitar a dor e a angústia da separação original do amor. (Ver Diagrama 4, Apêndice I)

Exercício para o Tipo 2
- Feche os olhos e atente para a região do coração.
- Pense numa pessoa que é importante para você e que necessita de seu amor.
- Concentre-se totalmente nessa pessoa.
- Procure sentir o que ela sente e conscientize-se do que ela precisa.
- Tente atender a essa necessidade, bem como a todas as outras necessidades e desejos.
- Sinta-se inteiramente responsável por ela.
- Imagine que as exigências dela vão ficando cada vez mais distantes de suas possibilidades; tem cada vez menos tempo para você mesmo e para cumprir suas obrigações.
- Você começa a pensar que seria bom se, de vez em quando, ela dissesse ou fizesse algo que o levasse a sentir-se apreciado, mas tem receio de pedir-lhe aquilo de que necessita. Talvez ela se afastasse de você para sempre.
- Sinta sua cólera aumentar à medida que tenta sufocá-la, pois você precisa sentir-se útil para estar bem consigo mesmo.
- Tentando desculpar-se, você pensa: "Ela nunca fará isso sem mim. Vejam o que faço por ela!"

Tipo 3 [Eu Desonesto] — Procura merecer amor e aprovação por meio de atos e realização de tarefas, à margem das emoções. Assim esse industrioso guerreiro evita o sofrimento da separação do amor. (Ver Diagrama 5, Apêndice I)

Exercício para o Tipo 3
- Feche os olhos e visualize interiormente o seguinte quadro de vida:
- Seu chefe confiou-lhe a realização de um grande projeto. Sua imagem, reputação e promoção na carreira estão em jogo. É absolutamente necessário que você seja bem-sucedido na tarefa.

Manifestações da Personalidade Atual   47

- Você visualiza o objetivo e sente o impulso de alcançá-lo recorrendo às emoções. Sua energia chega ao ápice quando descobre o meio mais prático e eficaz de fazer isso.
- As coisas estão indo bem para você, mas de repente surge um enorme obstáculo à sua frente. Tudo começa a piorar. Você se sente fisicamente tenso. Torna-se irritadiço e impaciente com os colegas de trabalho. A impaciência se transforma em raiva descontrolada quando os vê agir como simples seres humanos. O que você quer são resultados e realizações, não relacionamentos humanos.

Tipo 4 [Eu Melodramático] — Tenta mesclar-se ao amor de Deus buscando e apetecendo um objeto de amor especial e inatingível. O nobre romântico dramatiza tanto a paixão pelo objeto amado quanto a tragédia de sua inatingibilidade. Assim agindo, evita a dor de seu senso real de separação de Deus e não consegue procurar diretamente o amor divino dentro de si mesmo. (Ver Diagrama 6, Apêndice I)

Exercício para o Tipo 4
- **Feche os olhos e concentre-se no coração.**
- **Lembre-se de uma época em que sua vida parecia muito especial, muito abençoada e muito doce, com o amor apossando-se até de sua respiração.**
- **Mantenha esse vínculo, essa completude, essa formosa plenitude de perfeição em seu coração, sentindo-se totalmente aberto e vulnerável à vida. Amplifique esse sentimento até que seu coração esteja a ponto de explodir.**
- **Sinta que tudo isso, lembranças e momentos adoráveis, lhe é de súbito arrebatado. Você não consegue entender o que aconteceu. Seu coração está destroçado e vazio.**
- **Em meio ao sofrimento, você evoca com lágrimas amargas tudo o que tornava sua vida especial e completa. Vem-lhe o desejo de reatar essa conexão e retomar o objeto amado, a situação e a experiência por que tanto sonhou e que se perderam.**

O objetivo das Almas Heróicas é voltar ao afeto incondicional de Deus e aprender as lições do amor. Sua finalidade é demonstrar que elas próprias são o amor de Cristo, que Jesus demonstrou também como Filho consciente de Deus. A parábola da Ovelha Desgarrada, contada por Jesus, lembra bem às Almas Heróicas que Deus não esquece ninguém em seu amor:

> Se um homem tiver cem ovelhas e uma delas se desgarrar, não irá pelos montes, deixando as noventa e nove, em busca da que se desgarrou? E se porventura a encontra, em verdade vos digo que maior prazer tem por aquela do que pelas noventa e nove que não se desgarraram. Assim também não é vontade de vosso Pai, que está nos céus, que um destes pequeninos se perca. (Mt. 18:12-14)

As Almas Filosóficas
Figura do Eneagrama (5)

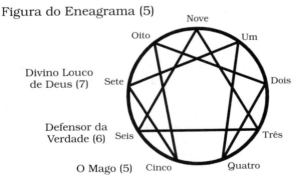

As Almas Filosóficas são representadas pelos pontos 5-6-7 do "centro do pensamento" e pelo apóstolo Tomé no Corpo de Cristo. São nomeadas abaixo de acordo com os aspectos superiores do espírito de Cristo que elas exprimem no mundo:

Tipo 5 [O Mago] — Estudioso, inteligente, culto, calmo, respeitoso, objetivo, esclarecido, desprendido.
Tipo 6 [Defensor da Verdade] — Livre-pensador, sensível ao ambiente e aos semelhantes, protetor dos desafortunados, justo e leal, corajoso.
Tipo 7 [Divino Louco de Deus] — Engenhoso, imaginativo, inventivo, otimista, brincalhão e jovial, capaz de vislumbrar diversas opções e estratégias, mas ainda assim dedicado e resistente.

— Almas Filosóficas Separadas
Figura do Eneagrama (6)

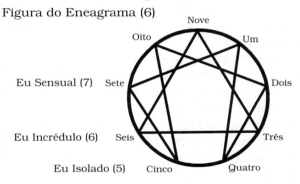

As Almas Filosóficas que se separaram de sua Fonte sentem medo como conseqüência primária da separação. No final das contas, trata-se do medo existencial de não-ser a que se refere o teólogo Paul Tillich. Esse medo torna difícil, se não impossível, perceber a abundância da criação de Deus que se manifesta a partir de sua entidade absoluta e infinita. A ameaça constante de escassez e aniquilamento bloqueia a expressão e a concretização de seu conhecimento e saber. Elas com muita freqüência substituem a busca da sabedoria absoluta de Deus, bem como o conhecimento direto do ser-em-si, por investigações intelectuais.

As Almas Filosóficas separadas exprimem por intermédio da personalidade suas estratégias especiais de sobrevivência e são chamadas, segundo essas estratégias, Eu Isolado, Eu Incrédulo e Eu Sensual.

Tipo 5 [Eu Isolado] — Com base na crença de que empobreceu, tenta entesourar conhecimento, tempo, espaço, energia e privacidade. Com medo de perder o pouco que tem, protege-se da intrusão em vez de reclamar a abundância que brota da vida interior do Espírito. (Ver Diagrama 7, Apêndice I)

> **Exercício para o Tipo 5**
> - **Concentre-se na região do ventre.**
> - **Imagine-se voltando toda a atenção para seus pensamentos, rompendo quaisquer conexões com o corpo, as sensações e os sentimentos.**
> - **Você vive em sua mente. Sinta a expansão dos pensamentos, a glória do conhecimento que possui. Que alívio poder viver nesse lugar secreto, longe dos acontecimentos inúteis que ocorrem fora de sua mente!**
> - **Aqui, no palácio de sua mente, você pode contemplar todos os acontecimentos com desapego e isenção.**
> - **Quanta segurança aqui, quanta privacidade! Você finalmente está só em seu espaço confinado!**

Tipo 6 [Eu Incrédulo] — Torna-se superatento e francamente cético, tentando obter segurança num mundo por natureza ameaçador em vez de buscar, em seu íntimo, a segurança absoluta do Eu Cristo invulnerável. (Ver Diagrama 8, Apêndice I)

> **Exercício para o Tipo 6**
> - **Concentre-se na região do coração.**
> - **Você trabalha para um chefe que não consegue entender. Que quer ele de você?**
> - **Num momento está carrancudo, no outro sorri. Quando lhe diz que você está fazendo um bom trabalho, você se**

pergunta: "Estará dizendo a verdade ou pensando e sentindo alguma coisa que não deseja revelar-me? Terei realmente feito bem meu trabalho? Talvez ele vá me despedir porque faltei um dia na semana passada, com gripe. Ontem, vi outra secretária saindo do escritório dele, rindo e olhando-me de lado".
- "Estarão falando mal de mim pelas costas? Afinal, em quem ou em quê posso acreditar?"
- Continuando a sentir-se em conflito quanto ao que realmente está acontecendo, sem saber o que dizer ou fazer para esclarecer o assunto, sinta a preocupação criada pela dúvida sobre a situação.

Tipo 7 [Eu Sensual] — Usa a busca do prazer e uma série de expedientes para evitar o sofrimento, o medo e a sensação de estar caindo numa armadilha. Procura inúmeras experiências no mundo para combater a dor de ter-se separado de Deus. A dor é disfarçada por algum tempo pelo prazer sensual proporcionado por essas experiências. (Ver Diagrama 9, Apêndice I)

Exercício para o Tipo 7
- Feche os olhos e concentre-se na região da cabeça.
- É seu primeiro ano de faculdade e você está num programa de intercâmbio com o exterior. Quer dizer e fazer tudo! Aprender novas línguas, conhecer pessoas, visitar lugares! Quantas escolhas à sua frente! "Talvez eu possa ir à Itália no próximo fim de semana ou mesmo à Grécia durante as férias."
- Você acaba de entrar na classe às oito da manhã. O professor, que vai se aposentar daqui a um ano, discorre sobre a agricultura na Idade Média. Mal se sentou em sua velha carteira e você já começa a se sentir inquieto e entediado. Que coisas prazerosas poderá fazer para combater o sofrimento e o tédio? Pense numa tarde ensolara-

> da, num passeio de bicicleta, numa taça de sorvete, num copo de vinho em companhia dos amigos. **Você consegue reter suas fantasias enquanto acompanha a aula?**

As Almas Filosóficas buscam a ligação vital com a abundância, a certeza e a totalidade de Deus. Sempre se sentirão tranqüilizadas ao evocar as palavras de Jesus: "Eu vim para dar vida, e vida em abundância" (Jo. 10:10).

Os nove tipos de personalidade da teoria do Eneagrama foram resumidos para os propósitos do presente livro. Os leitores interessados encontrarão análises mais profundas desses tipos em diversas obras, conforme já informamos. (Um diagrama de cada tipo de personalidade é fornecido no Apêndice I.)

IV

Estrutura da Personalidade Atual

Seus Chakras e Elementais

Vimos que o projeto humano, por intermédio de suas estruturas mentais, emocionais e físicas, manifesta-se em nove tipos de personalidade de acordo com a teoria do Eneagrama. Quando a personalidade, pela consciência, está separada de sua Fonte, essas personalidades atuais enfermas desenvolvem, cada qual à sua maneira, estratégias de sobrevivência graças às quais a alma possa trabalhar por algum tempo. Cedo ou tarde, a personalidade separada se abre para a luz do Cristo interior e é, pode-se dizer, "salva" — pois criou intencionalmente as condições para a verdadeira cura. Essa personalidade prossegue engendrando elementais positivos, ou virtudes, em substituição aos elementais negativos, ou "demônios", que antes a escravizavam. Em sua senda exclusiva para a iluminação, ou expiação, ela se torna uma só coisa com o espírito de sua própria alma e adquire, pela experiência, conhecimento de si mesma como um aspecto particular do amor encarnado.

É possível mostrar que cada um dos nove tipos de personalidade possui não só uma estratégia básica de sobrevivência, mas também a opção de avançar pela vereda comum rumo à integração suprema ou à desintegração, rumo à introversão ou à extroversão. Essas tendências energéticas gerais serão examinadas em capítulo posterior, quando discutirmos os processos de cura. Três tipos anímicos podem derivar das tríades da teoria do Eneagrama (8-9-1, 2-3-4, 5-6-7), exprimindo-se sobretudo por meio das esferas gerais da ação, do sentimento ou do pensamento, respectivamente. Conforme já dissemos, essas esferas não têm nenhuma correlação exata com a anatomia humana.

Toda personalidade, independentemente de seu tipo, possui também uma "microestrutura" de chakras e elementais por onde exprime suas amplas tendências energéticas. Os chakras costumam ser comparados aos órgãos e células do corpo físico, com uma localização anatômica real em relação a ele. Enquanto os órgãos físicos regulam e controlam funções físicas específicas, os chakras se encarregam de funções experienciais mais complexas e afetam os órgãos físicos em seu domínio. A natureza e a função geral dos chakras e seus elementais associados serão agora examinadas com certa profundidade. Finalmente, discutiremos as interassociações entre os diversos chakras. (Casos ilustrativos da prática clínica serão apresentados no Apêndice II.)

Os Sete Chakras

"*Chakra*" é uma palavra sânscrita que significa "roda" e tem sido comumente entendida como um vórtice de energia circular ao longo do qual a energia cósmica flui para níveis cada vez mais densos da criação. No interior de cada personalidade, cada chakra forma um vínculo energético entre o Eu Cristo e os corpos físico, emocional e mental num dado nível de experiência. Os chakras se localizam perto da coluna vertebral, descendo do alto da cabeça para a extremidade do cóccix. Assim como o prisma decompõe a luz branca nas cores do arco-íris, cada chakra refrata as energias cósmicas numa "cor" ou vibração específica. Tradicionalmente, a filosofia oriental reconhece sete grandes chakras e muitos outros menores. Os sete grandes chakras governam sete grandes áreas da experiência psicoespiritual e se relacionam notoriamente com sete importantes etapas de desenvolvimento da personalidade. Embora ocorra atividade em todos os chakras a cada etapa do amadurecimento da personalidade, cada um deles se sobressai em determinada idade cronológica entre a infância e a adolescência. De novo a "Lei do Sete" esotérica é demonstrada, à medida que o Espírito se manifesta por intermédio de cada um de nós.

Cada chakra, em seu particular estado de saúde ou doença, reflete o que a pessoa acha verdadeiro de si mesma nesse nível. Quando ela finalmente se conhece como o Cristo, tal qual sucedeu a Jesus, os chakras se abrem por completo e funcionam perfeitamente, como foi planejado. Formas-pensamento virtuosas envolvem a estrutura "celular" de todos os chakras, resultando daí, a cada nível, uma expressão unificada, livre e feliz da personalidade. Entretanto, quando um chakra reflete o autoconceito de uma personalidade separada, o movimento da luz e do amor do espírito ao longo do chakra é bloqueado por elementais negativos. Esse bloqueio ocorre com mais freqüência na idade específica de enfoque evolutivo atribuída ao chakra e pode manifestar-se como distúrbios físicos, emocionais ou mentais na esfera desse mesmo chakra. Portanto, os chakras são centros úteis para se obter informação sobre o bem-estar da pessoa em cada campo.

Na parábola do Espírito Imundo, é provável que Jesus se referisse à separação (ou doença) no nível do chakra:

> Quando o espírito imundo tem saído do homem, anda por lugares áridos, buscando repouso, e não o encontra. Então diz: Voltarei para a minha casa, donde saí. E voltando, acha-a desocupada, varrida e adornada. Então vai e leva consigo outros sete espíritos, piores que ele, e entrando habitam ali: e são os últimos atos desse homem piores que os primeiros. (Mt. 12:43-45)

O "espírito imundo" original é a forma-pensamento com a qual todos os elementais negativos vibram em uníssono. É o pensamento central que anima o "espírito imundo" porque diz: "Estou separado de Deus". Quando projetado por um ser humano, só encontra "lugares áridos" e não repousa fora do homem, já que não há na criação nenhum lugar verdadeiramente separado de Deus. Sendo uma forma-pensamento vazia, resta-lhe tão-somente regressar à morada ilusória de seu criador, que é a personalidade atual do homem. Eis o único lugar onde poderá revitalizar-se. Deparando com a casa vazia de virtudes, o espírito imundo sente-se livre para arrastar consigo mais sete espíritos da mesma igualha, "piores que ele". Esses espíritos passam então a ocupar os sete "quartos" da casa, deixando o criador do elemental negativo em situação ainda mais lastimosa. Os sete quartos são os sete chakras da personalidade atual.

Cada chakra, conforme dissemos, reflete uma crença sobre a própria pessoa dentro de um âmbito específico de experiência. O elemental interior, "Estou separado de Deus", exprime-se dentro de cada um dos sete grandes domínios da autoconsciência, ou chakras, por um "espírito imundo" correspondente, como vemos abaixo:

Domínio Psicoespiritual	**"Espírito Imundo"**
1. Auto-imagem	"Não mereço existir"
2. Sentimentos íntimos	"Sou vulnerável aos outros"
3. Autoconceito	"Estou perdido"
4. Auto-estímulo	"Estou sofrendo"
5. Auto-expressão	"Devo mentir para obter o que quero"
6. Autopercepção	"Só vejo imperfeições em mim mesmo"
7. Elevação de propósito	"Não tenho nenhum grande objetivo na vida"

A fim de esclarecer e explicar melhor a natureza dos problemas gerados pela presença de "espíritos imundos", examinaremos os chakras um por um. O processo de amadurecimento da

Estrutura da Personalidade Atual

personalidade será discutido em relação ao domínio de cada chakra, e forneceremos um exemplo bíblico ilustrativo de separação para cada um deles.

O Primeiro (Raiz) Chakra [Auto-imagem]

O primeiro chakra localiza-se na extremidade da espinha e controla problemas que dizem respeito à autopreservação física. Esses problemas incluem: sobrevivência, segurança e tranqüilidade, bem como desejos primitivos ligados ao sexo e à procriação. Temos nessa esfera o núcleo principal de desenvolvimento nas idades de 0 a 3 anos. É a época em que o ego auto-observador se manifesta no íntimo da personalidade, ou seja, quando a criança adquire a capacidade de "ver-se a si mesma".

Durante os primeiros meses de vida, o bebê não se distingue das coisas que o cercam nem das pessoas que cuidam dele. A simples presença de tensão física produzida por uma necessidade biológica, como fome ou frio, parece ser automaticamente aliviada pelo ambiente.[1] Se adequadamente cuidado, ele recebe a primeira garantia do universo de que pode confiar no fato da própria existência e de que merece existir.

Com cerca de 8 meses de idade, a criança distingue claramente os pais dos outros e percebe que são eles que aliviam suas tensões.[2] A separação desses seres especiais causa sempre ansiedade. Logo depois, a criança aprende a ficar de pé e a andar, adquirindo os meios de apartar-se ativamente do corpo da mãe. O "não!" do pequerrucho segue-se logo, com toda a naturalidade, à medida que ele começa a afirmar a independência do ego nascente.[3]

Entre uma série de conquistas mentais e sociais, a criança adquire duas importantes habilidades entre os 18 meses e os 3 anos, que aumentam grandemente sua capacidade de dominar o mundo e dar alívio agradável às tensões biológicas: a fala e o uso do banheiro. As palavras mágicas "Estou com vontade" podem promover intensas experiências sensuais e alívio do desconforto.

A mera imagem mental criada por uma palavra como "cachorrinho" pode trazer enorme prazer em si e por si mesma, ainda que o objeto do desejo não esteja literalmente presente.[4] Depois que consegue dominar os intestinos e a bexiga, o pequeno tem à disposição a faculdade de compreender e aliviar prazerosamente essas sensações distintas. A grande insistência no uso do banheiro induz a criança a prestar considerável atenção à localização anatômica do primeiro chakra.

Aí pelos 3 anos de idade ela já conta, entre suas muitas habilidades, com esta característica por excelência do ser humano: a autoconsciência do ego.[5] Já anunciou ao universo, de muitas maneiras: "Eu existo!" O que esse jovem ego vê então, quando observa a si mesmo, é vital para o que ainda verá por muito tempo. Se suas primeiras necessidades biológicas, emocionais e intelectuais foram atendidas de modo a promover um desenvolvimento sadio, a criança se sente valorizada e segura no mundo. Se teve convívio normal, um afeto consistente e carícias saudáveis, vê-se como uma criatura que ama e que merece amor. A base de um "ego saudável" foi lançada.

No entanto, se as necessidades da criança não forem corretamente atendidas, será muito difícil para ela perceber o amor profundo do Eu Cristo interior à medida que vai amadurecendo e ver-se como o filho especial de Deus que na verdade é. Foram criadas as condições para que surja um entranhado senso de desvalia e insegurança, bem como para a paixão da vergonha. Sentindo-se indigna de viver, a pessoa engendra diversas formas-pensamento elementais associadas, como:

"Não mereço amor."
"Sou pobre demais para ser aceito."
"Não quero que você me conheça; se me conhecer, não me amará."
"Tenho vergonha do que sou."
"Não consigo amar."
"O universo me esqueceu."

Estrutura da Personalidade Atual

"Ninguém me aceita como sou."
"Sou sempre malcompreendido."
"Ninguém me respeita."

Pessoas assim tentam compensar esses sentimentos comprando, conservando e controlando bens materiais — apegando-se às coisas. Agravos físicos podem ocorrer na esfera do primeiro chakra (sacro, cóccix, ânus, genitais, etc.).

A história bíblica de Zaqueu ilustra bem o problema do bloqueio no primeiro chakra, provocado por elementais negativos:

> E tendo Jesus entrado em Jericó, ia passando. E eis que havia ali um varão chamado Zaqueu, chefe dos publicanos e rico. E procurava ver quem era Jesus e não podia por causa da multidão, pois era de pequena estatura. Assim, correndo adiante, subiu a uma figueira brava para o ver, porque havia de passar por ali. E quando Jesus chegou àquele lugar, olhando para cima viu-o e disse-lhe: "Zaqueu, desce depressa porque hoje me convém pousar em tua casa". E descendo apressadamente, recebeu-o com muito gosto. E vendo todos isso, murmuravam, dizendo que entrara para ser hóspede de um homem pecador. E, levantando-se, disse Zaqueu ao Senhor: "Senhor, eis que eu dou aos pobres metade dos meus bens; e, se em alguma coisa tenho defraudado alguém, o restituo quadruplicado". E disse-lhe Jesus: "Veio hoje a salvação a esta casa, pois também este é filho de Abraão. Porque o Filho do Homem veio buscar e salvar o que se havia perdido". (Lc. 19:1-10)

Como publicano de destaque, o judeu Zaqueu fora empregado pelos arrogantes senhores romanos de Israel para coletar impostos de seus súditos judeus. Considerados traidores por seu próprio povo, os publicanos eram párias sociais que só sobreviviam graças à proteção romana. Não só eram bem pagos por seus serviços impopulares como tinham licença para extorquir dinheiro extra, que embolsavam sem receio de punição. Zaqueu era um desses patifes endinheirados que só pensavam em salvar a pele e acumular riquezas. Sem dúvida, acabou por sentir vergonha da vida que levava por trás da fachada de sua segurança física. Também não deve ter contribuído muito para sua auto-imagem o fato de ser tão baixinho que precisou trepar a uma árvore para ter uma ligeira visão de Jesus.

Que surpresa deve ter sentido Zaqueu quando o afamado mestre Jesus estacou no meio da multidão e avisou que iria passar a noite em casa dele! A surpresa de Zaqueu só pode ser comparada ao ódio dos inimigos de Jesus ante o comportamento deste. O drama se encerra de modo ainda mais vívido quando Zaqueu anuncia à multidão seu projeto de dar metade de seus bens aos pobres e restituir quadruplicado aquilo que extorquiu.

A história de Zaqueu e Jesus oferece um exemplo expressivo e tocante das conseqüências da separação ou bloqueio no nível do primeiro chakra, assim como do que ocorre quando o vínculo com a Fonte é reatado pelo perdão. Depois que a pessoa descobre que É tudo, para que possuir ou agarrar o que está fora dela — mesmo o próprio corpo físico? Haverá algo que não possa ser dado livremente, quando necessário, sabendo-se que recursos ilimitados para qualquer carência pessoal encontram-se na abundância do Eu Cristo interior?

O Segundo (Sacro) Chakra **[Sentimentos íntimos]**

O segundo chakra localiza-se diante da espinha, à altura do baixo-ventre, e é geralmente considerado o centro emocional da personalidade. Ele sustenta e controla os sentimentos dos contatos a dois, inclusive a sexualidade no contexto de um relacionamento. É a esfera dos "problemas limítrofes", no jargão dos psicólogos. Isso significa que constitui o centro onde a alma se percebe ao mesmo tempo única (ou "limitada") em relação aos outros e ligada intimamente a eles (ou "ilimitada"). Essa verdade paradoxal dos relacionamentos, essa dicotomia divina, surge da natureza igualmente paradoxal da própria alma: o Filho do Homem e o Filho de Deus. Assim, os relacionamentos humanos lançam um desafio complicado e interessante à alma, semeando incontáveis perplexidades e quedas ao longo do caminho. No entanto, o perfeito desenvolvimento da função do segundo chakra é inteiramente satisfatório para a alma. A paixão da força vital criativa alimenta a vontade e a personalidade. A personalidade pode então dar e receber amor sem medo, livremente, da maneira apropriada.

O domínio psicoespiritual do segundo chakra constitui o foco primário de desenvolvimento nas idades de 3 a 7 anos. É o período em que o ego recém-consolidado arrisca-se pela primeira vez no processo de auto-observação e autodescoberta. Depois de dar por assente que "Eu existo", a criança inicia a perene caminhada rumo à descoberta do "Quem sou eu?". A natureza do "Eu", nessa fase, é apreendida sobretudo pela relação da pessoa com o que "não sou eu", ou seja, a família nuclear. Embora a evolução mental se dê a passos largos, o processo de autodescoberta ocorre principalmente antes no nível sentimental que no nível intelectual. O relacionamento emocional com os pais é que determina, em grande medida, como a criança se vê. Ela necessita de uma sensação de segurança emocional, de pais afetuosos que amenizem suas dores e sosseguem os medos que brotam de sua imaginação ardente e de seu pensamento mágico.[6]

O relacionamento emocional entre pais e filhos é amplamente determinado pela maneira como os pais encaram a atividade dos filhos e reagem a ela. Até os 3 anos, essa atividade consistiu sobretudo em libertar-se dos pais. Agora, segundo o psicólogo do desenvolvimento Erik Erikson, folguedos e iniciativas valem por si mesmos, sendo muitíssimo importantes na vida da criança.[7] Sem dúvida, os pais é que lhe ensinam o que é o "bom" (ou amável) ou o "mau" (ou grosseiro) comportamento. Nessa idade, as crianças anseiam pela estima dos pais porque a maneira como elas próprias se vêem é crucial. Desse modo, seu comportamento agora pode ser moldado com mais facilidade pelas expectativas dos pais. A disciplina deve ser adequada à idade e encarar de frente o comportamento indesejável. Ela suscita na criança um remorso passageiro, mas saudável, que previne as reincidências do comportamento danoso.[8] As crianças adquirem também a capacidade de identificação, isto é, de "pôr-se no lugar dos outros", segundo a psicóloga infantil Selma Fraiberg. "Como você se sentiria se fosse aquela criança?" torna-se uma ferramenta pedagógica útil.[9] Mas as crianças são igualmente capazes de compartilhar e colaborar com alegria.

Todas essas aquisições removem a criança do centro do mundo para uma posição proporcional no seio da humanidade. A conquista suprema da etapa de desenvolvimento do "segundo chakra" é o alvorecer da consciência. Esta se desenvolve quando as escolhas certas ou erradas em relação aos outros brotam de dentro e não de controles externos.[10] Com o advento da consciência vem a capacidade de avaliar conceitos de escolha pessoal e responsabilidade, bem como de adquirir valores morais genuínos e empatia verdadeira.

Um aspecto importante do ato de aprender "quem sou eu", nessa etapa, é a descoberta de "quem sou eu como menino" e "quem sou eu como menina". Garotos e garotas aprendem sobre as diferenças de sexo por comparação mútua e jogos eróticos. Primeiro, detectam sensações agradáveis na área genital. O comportamento distinto de homens e mulheres resulta não apenas de diferenças genéticas, mas também do desejo de corresponder às expectativas dos pais com respeito a essas diferenças. A atitude para com o próprio corpo e a própria sexualidade tende a refletir igualmente as atitudes dos pais.

Dada a complexidade do aprendizado da criança sobre si mesma em relação aos outros, nessa etapa, não é difícil perceber que o medo e a culpa podem surgir caso não haja uma educação normal no lar. Quando a criança é negligenciada, abandonada ou privada da devida atenção, ela se sente amedrontada e sem atrativos. Disciplina frouxa também pode provocar certos problemas

Estrutura da Personalidade Atual

nessa idade. Se as iniciativas normais da criança forem constantemente frustradas por um punho de ferro ou uma negatividade inadequada, ela desenvolve o sentimento de culpa destrutiva, uma "Gestapo subconsciente" que vê o mal em seus atos mais comezinhos e cerceia ou mesmo paralisa a personalidade. À falta de disciplina, a criança pode exibir descontrole e insensibilidade, crescendo na expectativa de que os outros lhe tolerarão toda sorte de falhas se realmente a amarem. Caso seus pais sejam infelizes, ela se julgará responsável. Caso lhe ensinem que o seu corpo é "mau" ou por algum modo repelente, ela se sentirá culpada e receosa de sensações eróticas nos futuros relacionamentos. A dor se intensificará nos casos de abusos sexuais patentes. Experiências adultas ou culturalmente condicionadas podem igualmente causar bloqueio no segundo chakra.

Qualquer que venha a ser o motivo, a separação nesse nível de consciência interrompe o livre fluxo do amor entre a pessoa e os outros. O amor fica condicionado por aquilo que parece seguro ao eu separado. A pessoa cria então uma legião de elementais negativos relacionados com o "espírito impuro" que diz: "Eu sou vulnerável aos outros". Eis alguns exemplos desses elementais:

"Que ninguém se aproxime de mim."
"O amor compromete o meu bem-estar, só causa dor e sofrimento."
"Sinto-me inseguro."
"Tenho medo de ficar sozinho."
"Desconfio de todos."
"Não sei se poderei amar ou obter o que quero de um relacionamento."
"É arriscado entrar num relacionamento."
"Ninguém me ama o bastante para me suportar."
"Não posso ser eu mesmo num relacionamento sem magoar o parceiro."

Os que se separaram do Eu Cristo no nível do segundo chakra freqüentemente tentam escapar ao medo e à dor entregando-se ao sexo, ao drama, às emoções fortes, à excitação. Distúrbios físicos podem manifestar-se na região dos órgãos reprodutores, bexiga, intestinos e vértebras lombares (parte baixa das costas).

A história bíblica da "Mulher Junto ao Poço" ilustra o problema do bloqueio ou separação no nível do segundo chakra:

> Foi, pois [Jesus], a uma cidade da Samaria chamada Sicar, junto da herdade que Jacó tinha dado a seu filho José. E estava ali o poço de Jacó. Jesus, cansado do caminho, assentou-se então junto ao poço. Era isso quase à hora sexta. Veio uma mulher de Samaria tirar água; disse-lhe Jesus: Dá-me de beber. (Porque os seus discípulos tinham ido à cidade comprar comida.)
>
> Disse-lhe, pois, a mulher samaritana: Como, sendo tu judeu, me pedes de beber a mim, que sou mulher samaritana? Os judeus não se comunicam com os samaritanos.
>
> Jesus respondeu e disse-lhe: Se tu conhecesses o dom de Deus e quem é o que te diz "Dá-me de beber", tu lhe pedirias e ele te daria água viva.
>
> Disse-lhe a mulher: Senhor, tu não tens com que a tirar e o poço é fundo; onde, pois, tens a água viva? És tu maior do que o nosso pai Jacó, que nos deu o poço, bebendo ele próprio dele, e os seus filhos, e o seu gado?
>
> Jesus respondeu e disse-lhe: Qualquer um que beber desta água tornará a ter sede; mas aquele que beber da água que eu lhe der nunca terá sede porque a água que eu lhe der se fará nele uma fonte de água que salte para a vida eterna.
>
> Disse-lhe a mulher: Senhor, dá-me dessa água para que eu não mais tenha sede e não venha aqui tirá-la.
>
> Disse-lhe Jesus: Vai, chama o teu marido e vem cá.
>
> A mulher respondeu e disse: Não tenho marido.
>
> Disse-lhe Jesus: Disseste bem: não tenho marido. Porque tiveste cinco maridos e o que agora tens não é teu marido; isso disseste com verdade.

Disse-lhe a mulher: Senhor, vejo que és profeta. Nossos pais adoravam neste monte e vós dizeis que é em Jerusalém o lugar onde se deve adorar.

Disse-lhe Jesus: Mulher, crê-me que a hora vem, em que nem neste monte nem em Jerusalém adorareis o Pai. Vós adorais o que não sabeis; nós adoramos o que sabemos porque a salvação vem dos judeus. Mas a hora vem, e é agora, em que os verdadeiros adoradores adorarão o Pai em espírito e em verdade; porque o Pai procura aqueles que assim o adorem. Deus é Espírito e importa que os que o adoram o adorem em espírito e em verdade.

A mulher disse-lhe: Eu sei que o Messias, que se chama o Cristo, vem; quando ele vier, nos anunciará tudo.

Jesus disse-lhe: Eu o sou, eu que falo contigo.

E nisto vieram os seus discípulos, e maravilharam-se de que estivesse falando com uma mulher; todavia, nenhum lhe disse: Que perguntas? ou Por que falas com ela? (Jo. 4:5-15, 21-27)

Achando-se sozinha com Jesus à beira do poço, a mulher samaritana mostrou seu sentimento de vulnerabilidade dizendo: "Como, sendo tu judeu, me pedes de beber a mim, que sou mulher samaritana?" A separação no nível do segundo chakra resultou, nesse caso, de influências culturais dominantes, adquiridas talvez na infância. O bloqueio está também implícito, em âmbito mais pessoal, na sucessão de maridos daquela mulher, o que sugere que ela deve ter enfrentado consideráveis dificuldades em seus relacionamentos interpessoais.

Para melhor avaliar o embaraço da samaritana, lembremos que era considerado impróprio na época, para qualquer homem que se prezasse, até mesmo conversar com uma mulher em público, especialmente se considerada imoral. As mulheres, por natureza, eram tidas como inferiores ao homem espiritualmente.[11] (Evocando a história matrimonial e sexual da samaritana, Jesus deixou claro que estava ciente de sua suposta imoralidade, sem condenar ou absolver-lhe o comportamento.) Pior ainda, para um judeu, era conversar com samaritanos. Os judeus nutriam fundos preconceitos contra eles por causa de um velho antagonismo histórico.[12] Judeus e samaritanos não tinham relações.

Quando os discípulos voltaram e viram Jesus conversando tão intimamente com uma mulher da Samaria, estacaram em silêncio, perplexos ("... nenhum lhe disse: Que perguntas? ou Por que falas com ela?"). No entanto, o que mais impressiona é o conteúdo do diálogo de Jesus com a samaritana. Este é o primeiro episódio registrado nos Evangelhos em que Jesus disse abertamente a alguém que era o Libertador da profecia. O receio da mulher poderia impedi-la de receber a mensagem salvadora de Jesus, por estar a sós com ele; mas falando-lhe direta e familiarmente sobre si mesmo, bem como sobre Deus, Jesus logrou curá-la no segundo chakra, onde a cura era necessária — além de ministrar-lhe uma suprema mensagem de salvação espiritual.

Apesar de a missão de Jesus parecer estritamente espiritual e não cultural ou política, ele não hesitou em romper às claras com os costumes sociais atrasados, quando isso se revelou necessário para curar espiritualmente certas pessoas. Foi sem dúvida em virtude de exemplos arrojados e eloqüentes como esse que os primitivos judeus convertidos ao cristianismo passaram a aceitar mulheres e gentios como seus iguais em espírito. Como seria de esperar, os primeiros cristãos terminaram por reverter aos seus históricos preconceitos contra as mulheres. O exemplo de Jesus, posto que vigoroso, estava muito avançado no tempo. Achamos encorajador que os ensinamentos de Jesus sobre a igualdade entre homens e mulheres triunfassem por fim, para grande benefício de todos.

O Terceiro (Plexo Solar) Chakra **[Autoconceito]**

O terceiro chakra se localiza diante da espinha, na área do plexo solar, e lida com problemas relacionados à auto-estima, trabalho e valores sociais. É geralmente considerado a central de força da personalidade, permitindo à pessoa estar "no mundo" e alimentando-se de um Poder que não é "do mundo". O terceiro chakra é a esfera psicoespiritual da concentração primária dos 7 aos 12 anos, correspondentes mais ou menos ao período da escola elementar. Freud chamava a esses anos, que precedem a puberdade, de "período de latência". Durante esse tempo, a criança amplia sua concepção do "quem sou eu" explorando o lugar que ocupa em relação ao mundo exterior, à sua família. Segundo Erikson, toda cultura propicia algum tipo de instrução sistemática aos jovens dessa idade a fim de prepará-los para serem trabalhadores e provedores. Assim resume ele as tarefas do período de latência.

> Ela [a criança] adquiriu um sentimento de finalidade ao constatar que não havia nenhum futuro viável no seio de sua família. Assim, tornou-se apta a cultivar determinadas habilidades e tarefas, que vão muito além da mera expressão gratificante do trabalho de seus órgãos ou do prazer encontrado na função de seus membros. Ela agora desenvolve o senso de indústria — ou seja, ajusta-se aos Princípios inorgânicos do mundo mecanizado. Pode tornar-se uma unidade ativa e integrada de uma situação produtiva. Levar a termo uma situação produtiva é objetivo que vai aos poucos suplantando as fantasias e desejos lúdicos.[13]

O que a criança pensa de si mesma nessa fase depende em grande parte do modo como considera sua competência na sala de aula, na quadra de esportes e no convívio com os colegas. Ela sente necessidade de se pôr à prova e precisa de apoio para fazê-lo. O perigo, na "fase do terceiro chakra", reside na possibilidade de desenvolver um complexo de inferioridade e inadequação. Talvez sua vida familiar não a prepare para a escola nem a estimule em seu aprendizado. Talvez até esteja preparada, mas a escola a decepciona. Talvez a classe social, as deficiências físicas ou intelectuais e o preconceito de raça trabalhem contra ela. Qualquer que seja a desvantagem, a criança acaba se considerando inerme ante uma sociedade esmagadora e reage com uma ira crônica.[14]

Sem a devida correção desse defeito original na auto-estima, será de todo impossível sentir o verdadeiro poder do Eu Cristo interior. Ao atingir a maturidade, aqueles que se separaram no nível do terceiro chakra muitas vezes tentam compensar seus sentimentos de inadequação por meio de um comportamento autoritário, exigente ou velhaco. Podem viciar-se no trabalho como um modo de fugir à dor, mas sem encontrar alegria genuína em suas realizações ou apreciar o valor de seus esforços para o bem maior. Não raro se sentem vitimizados e, por isso mesmo, justificados ao reivindicar o que desejam sem olhos para os direitos ou sentimentos alheios. Podem transformar-se em conformistas indiferentes, fáceis de ser explorados. Criam inúmeros elementais negativos porque se julgam indefesos. Exemplos:

"Você tem de fazer isso por mim."
"Não posso cuidar de mim mesmo."
"Meu êxito depende de você."
"Minha sobrevivência depende de você."
"Faço o que me mandam."
"Tenho de me esforçar muito para conseguir alguma coisa."
"Ser vítima me deixa furioso."
"Nada é fácil na minha vida."
"Não tenho forças para mudar minha vida."
"Tiranizo aqueles que amo."
"Todos se aproveitam de mim."

No nível físico, o terceiro chakra influencia a maioria dos grandes órgãos da digestão e excreção: fígado, vesícula, estômago, pâncreas, baço, rins e glândulas supra-renais. As vértebras lombares superiores também são afetadas. Uma doença em qualquer desses órgãos ou na parte inferior da espinha costuma refletir distúrbios no terceiro chakra.

Estrutura da Personalidade Atual

A história bíblica do rei Herodes e os Magos ilustra os casos de profunda separação no nível do terceiro chakra:

> E tendo nascido Jesus em Belém da Judéia no tempo do rei Herodes, eis que uns magos vieram do Oriente a Jerusalém, dizendo: Onde está aquele que é nascido rei dos judeus? Porque vimos a sua estrela no Oriente e viemos a adorá-lo.
>
> E o rei Herodes, ouvindo isso, perturbou-se, e toda Jerusalém com ele. E, congregados todos os príncipes dos sacerdotes e os escribas do povo, perguntou-lhes onde havia de nascer o Cristo.
>
> E eles lhe disseram: Em Belém da Judéia, porque assim está escrito pelo profeta. "E tu, Belém, terra de Judá, de modo nenhum és a menor entre as capitais de Judá, porque de ti sairá o Guia que há de apascentar o meu povo de Israel".
>
> Então Herodes, chamando secretamente os magos, inquiriu exatamente deles acerca do tempo em que a estrela lhes aparecera.
>
> E, enviando-os a Belém, disse: Ide e perguntai diligentemente pelo menino; e, quando o achardes, participai-mo, para que também eu vá e o adore.
>
> E tendo eles ouvido o rei, partiram; e eis que a estrela, que tinham visto no Oriente, ia adiante deles até que, chegando, se deteve sobre o lugar onde estava o menino.
>
> E, vendo eles a estrela, alegraram-se muito com grande alegria. E entrando na casa, acharam o menino com Maria sua mãe e, prostrando-se, o adoraram. E abrindo os seus tesouros, lhe ofereceram dádivas: ouro, incenso e mirra.
>
> E, sendo por divina revelação avisados em sonhos para que não voltassem para junto de Herodes, partiram para a sua terra por outro caminho.
>
> E, tendo-se eles retirado, eis que o anjo do Senhor apareceu a José em sonhos, dizendo: Levanta-te, toma o menino e sua mãe, e foge para o Egito, e demora-te lá até que eu te diga; porque Herodes há de procurar o menino para o matar.

E, levantando-se ele, tomou o menino e sua mãe de noite, e foi para o Egito.

E esteve lá até a morte de Herodes, para que se cumprisse o que foi dito da parte do Senhor pelo profeta, que diz: "Do Egito chamei o meu filho".

Então Herodes, vendo que tinha sido iludido pelos magos, irritou-se muito e mandou matar todos os meninos que havia em Belém e em todos os seus contornos, de dois anos para baixo, segundo o tempo que diligentemente inquirira dos magos.

Então se cumpriu o que foi dito pelo profeta Jeremias, que diz: "Em Rama se ouviu uma voz, lamentação, choro e grande pranto; Raquel chorando os seus filhos e não querendo se consolar, porque já não existem". (Mt. 2:1-18)

Como já vimos, a separação do ego, ou egotismo, pode ser considerada uma tentativa fútil de "fazer-se de Deus". Quase sempre, essa tentativa é empreendida de maneira um tanto sutil, sem consciência plena. O rei Herodes, porém, não foi nada sutil nesse exemplo extremo de separação do terceiro chakra. Ele leva suficientemente a sério a antiga profecia hebraica da vinda do Messias para perceber uma futura ameaça a seu domínio político na Judéia. Sentindo-se frágil diante de Deus por causa de seu medo supersticioso, decide "engabelar" Deus chacinando todos os meninos de Belém que pudessem mais tarde cumprir a profecia. Hoje, chamaríamos Herodes de verdadeiro monstro, embora suas ações trágicas e absurdas nem de longe se comparem às de alguns tiranos muito conhecidos do século XX.

Muita gente se confunde com o problema do poder pessoal porque não entende a verdadeira natureza do poder. Deus governa um vasto universo pelo poder do amor. Assim também governamos os nossos universos pessoais pelo amor, pois todas as potências dignas desse nome provêm do amor. O poder real é o "poder com", não o "poder sobre" — e ele põe termo à vitimização. O verdadeiro poder aumenta quando a pessoa o compartilha; diminui quando a pessoa tenta enfraquecer os outros. O verdadeiro poder é modesto; a fraqueza é arrogante. O verdadeiro poder pode ser exercido com facilidade e alegria, já que nos permite vencer no mundo sendo nós mesmos. Somente a fraqueza se dá grandes ares e combate a natureza genuína do ser humano. O grande líder exerce o poder com eficiência, reconhecendo e incentivando as inclinações nobres de sua equipe. O demagogo a todos enfraquece apelando para o denominador comum mais baixo da consciência grupal. A personalidade necessita de muita sabedoria e muita experiência para avaliar e contornar os paradoxos do poder.

Todo sucesso legítimo e duradouro, em sociedade, vem do poder ilimitado do Eu Cristo interior e do desejo de partilhar o poder do amor com o mundo. A falsa realização, destinada a compensar o sentimento de fragilidade, é obra da personalidade atual, que tenta sobreviver com um terceiro chakra bloqueado. O sucesso mundano, obtido natural e instintivamente graças a um terceiro chakra aberto, em conexão com o Espírito Santo, representa uma função elevada da alma. O paradoxo com essa personalidade bem-sucedida e espiritualmente evoluída é que a ela pouco se lhe dá semelhante êxito, tão natural e facilmente alcançável. Considerando-se que essa alma gravita na esfera angélica do divino ministério, é-lhe tão fácil ignorar o reconhecimento do mundo quanto aceitá-lo. A escolha, como sempre, depende da Vontade de Deus — pois a Vontade de Deus e a vontade da alma dotada de verdadeiro Poder são uma só e mesma coisa.

O Quarto (Coração) Chakra **[Auto-estímulo]**

O chakra do coração está situado diante da coluna espinal, mais ou menos no nível do coração físico. É geralmente considerado o centro do amor da personalidade, refletindo a presença do amor tanto humano quanto divino na vida da pessoa. No nível físico, tende a refletir a saúde do coração, pulmões, brônquios, seios, diafragma, artérias, parede torácica e espinha dorsal.

A despeito de o chakra do coração ser "apenas o número 4",

é o mais importante de todos. Isso acontece porque está situado no próprio cerne da experiência anímica, sendo portanto o centro da unificação da personalidade. O coração reflete igualmente o "Filho do Homem" e o "Filho de Deus": ele dirige a alma em meio às incontáveis perplexidades engendradas por essa profunda dicotomia. O coração recebe ao mesmo tempo a sabedoria divina do Pai "em cima" e a inteligência instintiva divina do Espírito Santo "embaixo". Um coração aberto não tem barreiras, mas ainda assim, constantemente, busca um meio de satisfazer a legítima necessidade da alma por individuação e limitação. O coração precisa determinar quando deve mostrar-se terno e dedicado, e quando deve mostrar-se rígido e inabordável. O coração fala uma língua de paradoxos misteriosos, uma língua que Lao-tsé capturou eloqüentemente no venerando clássico taoísta, o *Tao-Te King*.* Referindo-se às virtudes da gratidão e aceitação, diz ele:

> Contenta-te com o que tens,
> Goza as coisas como são.
> Quando vês que nada falta,
> O mundo é o teu quinhão.[15]

Nas "Bem-aventuranças", Jesus estatuiu a mesma verdade paradoxal: "Bem-aventurados os mansos, porque eles herdarão a terra" (Mt. 5:5). Essa compreensão profunda do coração não faz sentido para um intelecto baseado no ego.

Somente o amor pode operar, simultânea e efetivamente, em todos os níveis da experiência multidimensional da alma, integrando céu e terra, espírito e vontade, consciente e inconsciente, sabedoria e poder, energia e forma. A personalidade fica completamente perdida e desavorada sem a orientação do amor. A experiência mais pura e mais direta do Eu Cristo, na carne, é a experiência do amor divino incondicional que se acha no centro do coração. O coração despertado pelo Eu Cristo projeta seu amor

---

* *Tao-Te King*, publicado pela Editora Pensamento, São Paulo, 1987.

livremente, naturalmente e graciosamente no mundo. Amor e serviço propiciam a alegria mais inefável e o prazer mais verdadeiro, muitas vezes impelindo a personalidade a ações heróicas de dedicação, segundo sua maneira arrebatada, mas prática. Depois que o coração, centro do universo pessoal, foi curado, surge a esperança de curar também as orlas mais afastadas da personalidade.

Embora a experiência espiritual abranja incontáveis elementos da vida, não surpreende que Jesus haja decidido penetrar no próprio âmago das coisas durante seu curto ministério terreno. Ele quis concentrar sua existência no coração, e seus ensinamentos num evangelho de amor e serviço. Certa feita, um homem perguntou a Jesus o que deveria fazer para herdar a vida eterna. Jesus respondeu que lhe bastaria seguir a maior das antigas leis dos hebreus: "Amarás o Senhor teu Deus de todo o teu coração, de toda a tua alma, de todas as tuas forças e de todo o teu espírito, e ao teu próximo como a ti mesmo" (Lc. 10:25-28). Pouco antes de sua morte, Jesus deu aos apóstolos um novo mandamento: "Amai-vos uns aos outros tanto quanto eu vos amei ... Assim todos os homens saberão que sois meus discípulos" (Jo. 13:34-35). No budismo, o ideal tradicional do Bodhisattva perfilha o espírito dessa instrução final de Jesus. O Bodhisattva é um ser iluminado que devota toda a sua existência ao serviço amorável da humanidade.

O centro do coração é a esfera principal nos anos de adolescência, dos 12 aos 17 anos. O início da adolescência prenuncia um novo e difícil desafio a esta eterna pergunta: "Quem sou eu?". As rápidas mudanças físicas e psicológicas, inclusive a erupção da libido, são tão decisivas quanto as da primeira infância. Essas mudanças físicas impõem ao adolescente a necessidade de expandir com mais presteza e atenção sua idéia do eu. Ele deve sustar a continuidade da infância e forjar um novo senso de continuidade adulta a partir dessa fase transicional de relativo caos. Deve integrar as habilidades, o instrumental e o eu da infância numa nova identidade e numa nova carreira de adulto. Terá assim de avançar da moralidade e dos valores da infância para a ética e o objetivo da idade adulta.[16]

A rebelião dos adolescentes contra a autoridade dos mais velhos presta-se ao mesmo propósito que a negatividade da criancinha. Os dois episódios constituem uma fase em que se estabelece uma identidade recém-descoberta do ego. A rebelião dos adolescentes é, sem dúvida, mais complexa e portanto mais variável. Não importa o grau de agressividade da rebelião, os adolescentes sempre se voltam para seus iguais a fim de descobrir "quem sou eu". A uniformidade e o exclusivismo da adolescência são um indício de sua ânsia de fabricar logo uma nova identidade. O adolescente se preocupa muito com sua aparência perante os colegas, pois é assim que se vê — e essa é a base do amor que sente por si mesmo. Sua sexualidade nascente transforma o amor romântico num caminho possível para melhor explorar e definir a própria identidade como ser erotizado.[17]

Tanta preocupação com a auto-imagem, refletida nos olhos dos colegas, gera a possibilidade do cuidado por si mesmo. É o cuidado que se manifesta quando o adolescente percebe e aprecia a própria alma, tal qual refletida em termos espirituais nas almas dos outros. À medida que o seu coração se abre, ele começa a seguir naturalmente o grande mandamento de Jesus: "Ama o teu próximo como a ti mesmo". O amor genuíno dos outros sempre se refletirá no amor do eu, e vice-versa.

A separação, no chakra do coração, resulta de algum incidente que arruína a capacidade da pessoa de cuidar de si mesma. Dificuldades na primeira infância são muitas vezes responsáveis por isso. A separação pode ocorrer também em qualquer fase da vida adulta, mas a adolescência representa uma ameaça especial (e também uma oportunidade) no desenvolvimento do centro do coração. Os adolescentes têm tamanha consciência da imagem que uma imagem positiva aos olhos dos colegas quase sempre estimula, ao passo que uma imagem negativa esmaga. O adolescente rejeitado por motivo de raça, classe econômica, falta de traquejo social, aparência modesta ou mera incapacidade de se impor ao grupo pode ficar literalmente de "coração partido". O adolescente que não tem limites nem peias pode sentir-se oprimido pelos desafios dessa idade. As relações com o sexo oposto às vezes fortalecem, mas às vezes enfraquecem a identidade sexual. Ter filhos na adolescência freqüentemente interrompe o processo natural de autodescoberta, impondo responsabilidades prematuras.

De que modo a personalidade responde quando o seu centro do coração está separado da Fonte do amor? Responde, muitas vezes, perseguindo sentimentos românticos — e apenas eles — como um sucedâneo do amor, não raro numa série compulsiva de relacionamentos. Todos têm notícia de casos extremos de "falta de coração", quando a personalidade se absorve num processo destrutivo e se torna absolutamente insensível ao próximo. Na vida real, a separação costuma assumir um disfarce que nem sempre é fácil de reconhecer. Esse bloqueio tão comum é ilustrado na seguinte história bíblica:

> E aconteceu que, estando eles a caminhar, [Jesus] entrou numa aldeia; e certa mulher, por nome Marta, o recebeu em sua casa. E tinha esta uma irmã chamada Maria, a qual, assentando-se também aos pés de Jesus, ouvia a sua palavra. Marta, porém, andava distraída em muitos serviços e, aproximando-se, disse: Senhor, não se te dá de que minha irmã me deixe servir só? Dize-lhe, pois, que me ajude.
> E Jesus, respondendo, disse-lhe: Marta, Marta, estás ansiosa e afadigada com muitas coisas. Mas uma só é necessária e Maria escolheu a boa parte, a qual não lhe será tirada. (Lc. 10:38-42)

Maria assentou-se aos pés de Jesus, absorta em suas palavras e no regalo de sua companhia. Marta, azafamada, ressentia-se de que a irmã não deixasse Jesus e viesse em seu auxílio. Marta é como muitos de nós: trabalhamos com dedicação e alegria graças a um senso de responsabilidade, mas aborrecemo-nos quando outros não se sentem igualmente obrigados a sacrificar seus melhores interesses. Ao nos separarmos do Eu Cristo no nível do coração, como Marta se separou literalmente de Jesus, criamos esse elemental negativo nuclear: "Estou sofrendo". Eis alguns elementais derivados desse "espírito imundo":

"Sempre pago um preço pelo amor."
"Nunca terei de volta aquilo que perdi."
"Sempre falta alguma coisa na minha vida."
"Carrego o peso do mundo nos ombros."
"Sinto-me culpado por não poder fazer o que deveria."
"O amor sempre parece trazer sofrimento."
"É meu dever aceitar o pior."
"Preocupo-me mais que os outros."

O coração que se separou do amor sofre realmente. Sente uma profunda mágoa, uma nostalgia infinda de estar distante da maior e mais sublime experiência da vida. Curva-se ao peso esmagador dos muitos "eu devia", mas ainda assim é incapaz de se sacrificar para cumprir suas responsabilidades. A conseqüência inevitável é a culpa, que esgota as energias da personalidade abismando-a na preocupação pelos erros do passado. O vínculo com o amor e o Eu superior torna-se praticamente impossível quando existe culpa.

Um coração escravizado pela treva do egoísmo adota uma estratégia ousada para sobreviver ao sofrimento e salvar ao menos uma parcela de significação. Precisa enobrecer sua tragédia e transformar a consciência de vitimização em "conquista espiritual". Assim, nós optamos como indivíduos, e certamente como instituições religiosas, por glorificar o martírio ao longo dos séculos. Consideramos a morte de Jesus na cruz como o sacrifício supremo... e desse modo fingimos justificar nosso próprio auto-sacrifício como os eternos "cordeiros de Deus". Mas o que de fato exibimos com isso é a ignorância da verdadeira natureza do amor e da lição singela que Jesus tenta afetuosamente nos ensinar.

Estrutura da Personalidade Atual 77

Se uma mãe corre para um edifício em chamas a fim de salvar seu filho e perde a vida, acaso chamamos a isso de martírio? Não, é claro que não! Chamamos a isso amor. Embora um dom tão grande como a vida possa parecer um enorme sacrifício aos olhos do observador distanciado, aquele que dá a partir das profundezas do amor genuíno não alimenta nenhum senso de sacrifício, martírio ou perseguição. A plena identificação com o amor leva a um vínculo tão estreito com os outros, a tamanha profundidade de Essência que toda perda pessoal, no plano físico, parece relativamente pequena. Seja como for, o dom feito com amor sempre enriquece, jamais empobrece o amor.

Jesus disse certa feita a seus discípulos: "Ninguém tem maior amor que este, o de dar a vida pelos seus amigos" (Jo. 15:13). Jesus morreu e ressuscitou dos mortos a fim de demonstrar, de uma vez por todas, que a nossa verdadeira vida é a vida do Espírito, que a nossa realidade como Filhos de Deus jamais pode ser ameaçada por coisa alguma que aconteça ao corpo físico. Era uma mensagem de paz, conforto e promessa. Jesus revelava um Deus de amor incomensurável, não um deus de cóleras e terrores que precisa ser aplacado. Não admiramos a cólera e a vingança em seres humanos. Iremos então projetar esses defeitos em Deus? Não poderemos ao menos tentar distinguir em nós os traços mais nobres de Jesus e apreciá-los como uma revelação do amor divino? Podemos encarar a crucificação sem medo?

Apesar de o coração aberto não sofrer de vitimização, às vezes ele se entristece, em sua capacidade humana, por simpatia ao sofrimento alheio. Entretanto, sempre responde naturalmente, espontaneamente e apropriadamente a fim de aliviar as dores com que se depara. Nas "Bem-aventuranças", Jesus enfrenta o paradoxo do coração humano espiritualmente vinculado, que também padece, afirmando: "Bem-aventurados os que sofrem, pois eles serão consolados" (Mt. 5:4). Referia-se à atitude emocionalmente simpática com a qual um coração aberto responde a todo sofrimento. O amor nunca é empedernido. E Jesus prosseguia: "Bem-aventurados os puros de coração, pois eles verão a

Deus face a face" (Mt. 5:8). Nada mais verdadeiro, porquanto os puros de coração conhecem a Criação e zelam por ela como parte de seu próprio Eu.

De fato, o quarto chakra é de todos o maior porque preside à missão da alma encarnada: conhecer-se a si mesma como amor.

O Quinto (Garganta) Chakra **[Auto-expressão]**

O quinto chakra localiza-se na área geral do pescoço e da garganta. É tido como o centro de comunicação da personalidade. Reflete a aptidão para reconhecer a própria verdade e as próprias necessidades, transmitindo-as aos outros. A comunicação se faz por meio de palavras, qualidade vocal da fala e linguagem corporal. O quinto chakra influencia a boca, as cordas vocais, a traquéia, o esôfago, a glândula tireóide e as paratireóides, bem como as vértebras e sua musculatura de apoio.

Quando o quinto chakra está desobstruído e saudável, a personalidade expressa sua verdade de maneira livre, criativa e efetiva. Assim, as necessidades dela são atendidas normalmente, como se se tratasse de um subproduto. A verdade expressa pode ser física, emocional, intelectual ou espiritual por natureza, originando-se da área de qualquer um dos sete chakras. De um ponto de vista espiritual, o corpo físico não tem propósito maior que comunicar as verdades íntimas da pessoa aos outros, na carne. No budismo tibetano, o quinto chakra também é considerado a central que controla o processo onírico. Ela se ativa intencionalmente para promover um sonho autoperceptivo ou lúcido, visando com isso à expansão da consciência.

O quinto chakra, assim como o coração, é um núcleo primário de desenvolvimento dos 12 aos 17 anos. O desafio feito ao adolescente pela consolidação do ego é refutado, em grande parte, pelos pensamentos "buliçosos" e as idéias dos colegas, bem como pela partilha de experiências. A teoria de Erikson explica a estreita relação entre os centros do coração e da comunicação na vida do adolescente:

Estrutura da Personalidade Atual 79

O perigo maior, nessa idade, é a confusão de papéis. ... Para se manter juntos, eles se superidentificam temporariamente, a ponto de parecer que perderam por completo a identidade, com os heróis do momento. Isso dá início à fase das "paixões", que não é de forma alguma inteiramente, ou mesmo originalmente, uma questão sexual — exceto quando os costumes o exigem. Em grande medida, o amor do adolescente é uma tentativa de conquistar a definição da identidade por meio da projeção da imagem do próprio ego difuso numa outra pessoa, na expectativa de que ela se reflita e aos poucos se esclareça. Eis o motivo de os adolescentes falarem tanto sobre namoro.[18]

Como a separação do chakra do coração, a do chakra da garganta pode ocorrer em qualquer etapa do desenvolvimento e manifestar-se como fracasso a fim de transmitir, a outro chakra, a dor daí oriunda. Na adolescência, as causas da separação do centro do coração, já discutidas antes, tendem a resultar num bloqueio correspondente do quinto chakra.

Sempre que ocorrer separação, a personalidade estará tentando sobreviver comunicando-se a partir de um estado de falsidade cósmica. A verdade é vista como ameaça e a verdade real de sua separação é dor. Assim, a personalidade atual evita dizer a verdade, a menos que sua angústia subjacente revele a falsidade de sua separação do Eu Cristo. Ela manipulará todas as situações à vontade, a fim de preservar sua ilusória auto-imagem. Criará este poderoso pensamento-desejo: "Preciso mentir para obter o que quero". As mentiras da separação podem brotar de qualquer um dos chakras e incluir elementais negativos como estes:

"Se eu me atrever a expressar meus sentimentos, serei ridicularizado."
"Se eu descobrir o ponto fraco das pessoas, poderei manipulá-las."
"Devo ficar de boca fechada, do contrário parecerei um idiota."

"Devo dizer às pessoas apenas o que elas querem ouvir ou elas me rejeitarão."
"Ser franco não é comigo."
"Tenho de falar o tempo todo para me valorizar."
"Se eu agir bem, arrancarei o que quiser das outras pessoas."
"Devo ser amável para ter sexo; devo dar sexo para ter amor."
"Se eu contar como sofro, despertarei a piedade das pessoas e chamarei sua atenção."
"Se eu for durão, intimidarei as pessoas a ponto de elas me darem o que desejo."

Jesus se deparou com muita velhacaria durante sua missão pública, sobretudo da parte dos líderes religiosos que temiam a influência dele sobre o povo. A tática mais comum daquela gente era achegar-se a Jesus diante de todos, com ares de sinceridade, e fazer-lhe perguntas ardilosas para incriminá-lo. Mas sempre Jesus replicou à mentira com uma verdade, que servia de instrução sem magoar ninguém. Eis um notável exemplo desse tipo de episódio:

> E enviaram-lhe alguns dos fariseus e dos herodianos, para que o apanhassem em alguma palavra.
> E chegando-se a ele, disseram-lhe: Mestre, sabemos que és homem de verdade e de ninguém se te dá, porque não olhas à aparência dos homens, antes com verdade ensinas o caminho de Deus; é lícito dar o tributo a César ou não? Daremos ou não daremos?
> Então ele, conhecendo a sua hipocrisia, disse-lhes: Por que me tentais? Trazei-me uma moeda para que eu a veja.
> E eles lha trouxeram. E disse-lhes: De quem é esta imagem e inscrição? E eles lhe responderam: De César.
> E Jesus, respondendo, disse-lhes: Dai, pois, a César o que é de César e a Deus o que é de Deus.
> E maravilharam-se dele. (Marcos 12:13-17).

Estrutura da Personalidade Atual

Se Jesus respondesse que era legítimo pagar o tributo a César, enfureceria e afastaria as massas judaicas, que detestavam o jugo do imperador. Se dissesse que o tributo era ilegal, ver-se-ia às voltas com a autoridade romana e sem dúvida seria preso no mesmo instante. Respondendo com uma verdade simples sobre a jurisdição legítima dos poderes divino e temporal, ele não apenas escapou à armadilha como usou a ocasião para ministrar um ensinamento.

Os fariseus eram uma elite piedosa que chefiava os judeus palestinos. Dedicavam suas vidas inteiramente à compreensão e observância da Lei Hebraica (a Torá). A partir dessa lei criaram uma confusa e opressiva rede de normas para virtualmente todos os pormenores da vida social. Apegavam-se furiosamente à antiga crença de que a medida do favor divino dependia do grau em que observassem a Lei.[19] Embora muitos fossem sinceros e bem-intencionados, fazendo numerosas obras de caridade,[20] não conseguiam alçar-se ao nível do ensinamento de Jesus, segundo o qual Deus é um Pai-Criador misericordioso, que ama os homens e as mulheres incondicionalmente como a seus próprios filhos.

O tradicionalismo dos fariseus vinha dos tempos remotos do judaísmo, quando Yahweh (o nome hebraico de Deus) era visto como um deus ciumento e nacionalista, sempre pronto a julgar, que fulminava das alturas do monte Horebe e impunha os Dez Mandamentos. No entanto, vale a pena notar que a idéia que Jesus fazia de Deus tinha um precedente óbvio nos escritos de diversos profetas hebreus do último período, especialmente Isaías. Não era um deus mesquinho, vingativo e nacionalista que proferia estas palavras pela boca do profeta Isaías:

> Porque assim diz o alto e o sublime, que habita na eternidade e cujo nome é santo: Num alto e santo lugar habito, e também com o contrito e abatido de espírito ..." (Isa. 57:15)
>
> Assim diz o Senhor: O céu é o meu trono e a terra, o escabelo de meus pés ..." (Isa. 66:1)
>
> Trazei meus filhos de longe e minhas filhas dos confins

da terra. A todos os que são chamados pelo meu nome e os que criei para a minha glória: eu os formei, sim, eu os fiz. ... Esse povo eu o formei para mim, a fim de que me louvasse. ... Eu, eu mesmo, sou o que apaga as tuas transgressões por amor de mim, e dos teus pecados não me lembro. (Isa. 43:6-7, 21, 25)

Quando lemos essas palavras ternas e edificantes sobre a natureza de Deus, escritas pelos grandes profetas de Israel, a seguinte declaração de Jesus faz muito sentido: "Não cuideis que eu vim destruir a lei ou os profetas; eu vim, não para ab-rogar, mas para cumprir" (Mt. 5:17). A vida de Jesus foi uma revelação das mais sublimes concepções de Deus que já engrandeceram o planeta, bem como uma evidência das leis universais de amor e verdade viva.

Jesus citava freqüentemente as escrituras em hebraico, esmiuçando sempre o melhor das coisas antigas para arrazoar e fundamentar os seus próprios ensinamentos. Embora respeitasse as veneráveis tradições religiosas de seu povo, ele não obstante se recusava a retocar o retrato que fazia de Deus como um Criador-Pai amoroso, que se apiedava e perdoava. Não podia acomodar-se cegamente a uma Lei que restringia sua experiência pessoal da natureza divina. As constantes tensões entre Jesus e os fariseus originavam-se do choque entre suas diferentes concepções de Deus.

Hoje em dia, no âmbito da religião, encontramos também diferenças paralelas que surgem de crenças contrastantes sobre a natureza divina. E muito dessa controvérsia continua a alimentar-se da Escritura. Acaso não percebemos que toda palavra escrita é apenas um símbolo da palavra falada, a qual, por seu turno, só toscamente se aproxima da verdade que tenta exprimir? Não deveríamos seguir o exemplo de Jesus e dos mestres espirituais, que vivenciam e comunicam a verdade brotada naturalmente do âmago de sua própria alma? Jesus disse: "Nem dirão: Ei-lo aqui, ou Ei-lo ali; porque eis que o reino de Deus está entre vós" (Lc. 17:21). Quando a Escritura é lida com espírito esclarecido, capaz de apreender sua verdade interior, ela se presta a uma finalidade sagrada. Mas a substituição da verdade espiritual viva pela Escritura é idolatria.

A verdade é a verdade, mentiras são mentiras; o amor é o amor, o medo é o medo — não importa o disfarce que tais energias assumam, nem se esse disfarce é antigo, tradicional e "respeitável", ou novo, rebelde e "radical". Quando estamos ligados à Fonte por intermédio de um quinto chakra desbloqueado e saudável, nós comunicamos a nossa verdade livremente, intrepidamente, coerentemente. Podemos expressar sem medo até nossa dor e vulnerabilidade humana, pois sabemos que a paz e o poder da realidade final jamais serão ameaçados.

Como disse Jesus certa vez, "Conhecereis a verdade e a verdade vos libertará" (Jo. 8:32).

O Sexto (Testa) Chakra [Autopercepção]

O sexto chakra localiza-se em posição mediana um pouco acima das sobrancelhas. É às vezes chamado de o "terceiro olho" porque constitui a sede da visão espiritual e do discernimento moral. Fornece orientação consciente aos chakras inferiores, tal qual os olhos orientam o corpo físico. Quando desobstruído e saudável, propicia um vislumbre intuitivo e lúcido da própria vida muito mais confiável do que a análise intelectual. Expansões sensoriais como a clarividência e a clariaudiência podem manifestar-se quando ele atua nas esferas existentes entre a matéria e o espírito. O sexto chakra afeta os olhos, os ouvidos, o nariz, os seios da face, a glândula pituitária e, de um modo geral, a função endócrina, além de alguns aspectos do sistema nervoso central.

Jesus seguramente se referia ao "terceiro olho" na seguinte passagem: "A luz do corpo são os olhos; se, pois, teus olhos forem aguçados, todo o teu corpo terá luz" (Mt. 6:22). A acuidade de visão conquista-se pela percepção direta da Unicidade de toda a criação. Ela é a consciência da presença do Espírito subjacente a toda manifestação física, emocional e mental. Essa acuidade equivale ao perdão universal. Guiado por tanta lucidez e tamanha consistência de visão, naturalmente que "todo o teu corpo terá luz". A percepção dualista de "eu" e "você" existe ainda no nível do chakra da testa, embora a consciência esteja engendrando um estado místico que transcende por completo a percepção e conhece apenas a unidade. Esse é o estado de expiação *(atonement)*, que em termos literais significa "a uma só mente" *(at-onement)*. Sobretudo nos círculos ocidentais, é mais apropriado chamar esse estado de "iluminação".

As tradições hinduístas desde muito reverenciam a consciência unificada dos ensinamentos de Jesus como a maior das expansões dessa faculdade e como a forma suprema de iluminação. Os *Vedas*, completados por volta do século VI a.C., englobam as escrituras hinduístas básicas. Os *Upanishads*, ou *Vedanta*, aparecem ao final da literatura védica e contêm os fundamentos da filosofia dos hindus. A seguinte passagem dos *Upanishads* resumem o conceito e a base de seu ideal de iluminação:

> Certamente o homem que consegue ver todas as criaturas em si mesmo e a si mesmo em todas as criaturas não conhece a dor.
> Como se desiludiria e se inquietaria o homem sábio que, inteirado da unidade da vida, lobrigasse em si mesmo todas as criaturas?
> Aquilo é perfeito. Isto é perfeito. O perfeito nasce do perfeito. Subtraí o perfeito do perfeito, o resto é perfeito.
> Possa a paz, a paz e a paz estar em todos os lugares.[21]

Shankara (686-718 d.C.), o grande filósofo e yogue indiano, fundou a escola de hinduísmo Advaita Vedanta. O princípio fundamental de Shankara é que a única realidade é Deus. Textos como o excerto que citamos a seguir tiveram profunda influência no pensamento hindu e serviram de inspiração no curso dos séculos:

Este universo nada mais é que Brahman (Deus). Contemplai Brahman em toda parte, sob quaisquer circunstâncias, com os olhos do espírito e um coração sereno. Poderiam olhos físicos ver outra coisa que não objetos físicos? Pensaria o espírito do homem iluminado em algo mais que a Realidade?

Aquele que aprendeu a descortinar a Realidade única em toda parte é o meu Mestre — seja brâmane ou intocável.[22]

A visão iluminada de que falam Jesus e Shankara é, na verdade, a visão dos anjos, que moram nas esferas do espírito e conseguem aceitar até mesmo os humanos encarnados como companheiros de glória.

O domínio do sexto chakra é o grande centro de evolução do final da adolescência e começo dos tempos de juventude, mais ou menos entre os 17 e os 21 anos. Depois de navegar muito tempo nos mares turbulentos da adolescência, em busca de uma sólida identidade de ego, o jovem adulto está enfim pronto para juntar seu "eu" estabilizado e maduro a outros, num propósito comum e consciente. Torna-se independente da família de origem e dispõe-se a buscar relações íntimas, carreira e afiliações sociais ou religiosas. A educação superior sem dúvida estimula-o a pensar objetivamente sobre si mesmo e estrutura suas crenças a respeito da vida. O jovem está aberto às carências e objetivos da humanidade, explorando valores pessoais na medida em que se relacionam com o mundo social. Aprende a comunicar-se de uma maneira ainda mais honesta e eficaz. Aprende a subordinar o ego às necessidades do grupo, quando um propósito comum o exige — uma guerra, por exemplo.[23]

O bloqueio no sexto chakra revela um distúrbio da autopercepção, daí resultando perda da visão espiritual e da capacidade de discernimento. Esse bloqueio pode ser conseqüência dos episódios e escolhas da vida. No início da idade adulta, a separação geralmente ocorre em virtude de alguma dificuldade em familiarizar-se com os mais velhos e perfilhar causas comuns. O bloqueio,

86 *O Despertar do Amor*

nessa idade, caracteriza-se, muitas vezes, por isolamento, autoabsorção e autocrítica. Sempre que o Eu Cristo é obliterado, a personalidade perde a aptidão para perceber sua realidade última, que se esconde sob inúmeras falhas superficiais. Não possuindo nenhuma base sólida para o tirocínio moral, ela tenta compensar a lacuna criando — e às vezes desastradamente — um mundo particular do bem e do mal, do certo e do errado, do branco e do preto, dos "devo" e dos "não devo". A personalidade pode cair nas garras de uma tendência compulsiva a alcançar a perfeição, em seus próprios termos. Como, inevitavelmente, fracassa nesse ideal, a personalidade se entrega à culpa e acredita que merece castigo. Vendo-se de uma maneira tão negativa, não é de estranhar que se torne ainda *mais* crítica em relação aos semelhantes, que talvez não aceitem de chofre os mesmos padrões. A vida do eu separado no nível do sexto chakra transmuda-se num exercício de julgamento, pois só vê no mundo imperfeição. A partir desse elemental nuclear, criam-se outros como os que se seguem:

"Eu estou errado e você também."
"Não consigo fazer nada direito."
"A culpa é minha e sua também."
"Não posso perdoá-lo."
"Sou cheio de defeitos."
"Eles não são bons o bastante."
"Os deslizes devem ser punidos."
"O pior ainda está por vir."
"Eu não passo de um miserável pecador e mereço o fogo do inferno."
"Não vale a pena participar da sociedade."
"Nada tenho a oferecer ao mundo."
"Os relacionamentos não passam de armadilhas."

No "Sermão da Montanha", Jesus examinou diretamente o vínculo entre obstrução da visão espiritual e julgamento pessoal dos outros:

Estrutura da Personalidade Atual 87

Não julgueis para que não sejais julgados. Porque com o juízo com que julgardes sereis julgados, e com a medida com que tiverdes medido vos hão de medir a vós. E por que reparas tu no argueiro que está no olho do teu irmão, mas não vês a trave que está no teu olho? Como dirás ao teu irmão: "Deixa-me tirar o argueiro do teu olho", se há uma trave no teu? Hipócrita, tira primeiro a trave do teu olho e depois cuidarás em tirar o argueiro do olho do teu irmão. (Mt. 7:1-5)

A "trave no teu próprio olho" é o bloqueio da percepção espiritual, que precisa ser removido antes de se poder ver a realidade do próximo. De outro modo, vemos apenas imperfeição, preocupando-nos com ninharias como "o argueiro no olho do teu irmão". A personalidade espiritualmente alerta é sempre misericordiosa. O julgamento e o castigo das infrações é, por direito, um dever exclusivo da coletividade.

A seguinte história bíblica fornece um exemplo do bloqueio no nível do sexto chakra, novamente pondo em cena líderes religiosos e a solução proposta por Jesus ao problema:

Porém Jesus foi para o monte das Oliveiras. E de manhã cedo voltou para o templo, e todo o povo vinha ter com ele. [Jesus], assentando-se, os ensinava.

E os escribas e fariseus trouxeram-lhe uma mulher apanhada em adultério. E, pondo-a no meio, disseram-lhe: Mestre, esta mulher foi apanhada no próprio ato, adulterando. E na lei nos mandou Moisés que as tais sejam apedrejadas. Tu, pois, que dizes?

Isso diziam eles tentando-o, para que tivessem de que o acusar.

Mas Jesus, inclinando-se, rabiscava com o dedo na terra. E como insistissem, perguntando-lhe, endireitou-se e disse-lhes: Aquele dentre vós que estiver sem pecado atire contra ela a primeira pedra.

E, tornando a inclinar-se, rabiscava na terra.

Quando ouviram isso, saíram um a um, a começar pelos mais velhos até os últimos. Ficaram apenas Jesus e a mulher que estava no meio. E Jesus, endireitando-se e não vendo mais ninguém, além da mulher, disse-lhe: Mulher, onde estão aqueles teus acusadores? Ninguém te condenou?

E ela disse: Ninguém, Senhor. E disse-lhe Jesus: Nem eu também te condeno. Vai-te, e não peques mais. (Jo. 8:1-11)

Os escribas e fariseus, de tudo esquecidos a não ser do suposto pecado da mulher, julgavam-na merecedora de condenação e suplício. Mas Jesus, ciente da verdade interior da acusada, só podia considerá-la uma irmã em Espírito. Recusando-se a condená-la e salvando-lhe a vida, patenteou novamente a natureza misericordiosa e amorosa de Deus.

A história da mulher apanhada em adultério suscita não apenas o problema metafísico da cegueira espiritual como também questões filosóficas a respeito da moralidade. Muita gente ainda perguntará por que não continuamos a aplicar a lei mosaica como um guia do que é certo e errado. Não ouvimos tantas vezes, hoje em dia, críticas à nossa sociedade pluralista e secular, por ter perdido seu "critério moral"? É uma crítica típica do conservador social ou religioso, que clama pelo retorno a um código idealizado de conduta, capaz de estabelecer em definitivo os padrões do certo e do errado. Nos círculos cristãos, semelhante código derivaria antes dos ensinamentos de Paulo do que da Lei de Moisés.

Homens e mulheres, de há muito, discutiam o papel adequado das leis religiosas e dos códigos de comportamento na criação de padrões morais. Mas Jesus, está visto, achava-os inadequados e mesmo perigosos para o bem-estar espiritual. Eis um exemplo das lições de Jesus a seus discípulos sobre esse tema:

> E eles se esqueceram de levar pão e só tinham um no barco. E [Jesus] ordenou-lhes, dizendo: Olhai, guardai-vos do fermento dos fariseus e do fermento de Herodes.
> E arrazoavam entre si, dizendo: É porque não temos pão.
> E Jesus, conhecendo isso, disse-lhes: Para que arra-

zoais que não tendes pão? Não considerastes nem compreendestes ainda? Tendes ainda o vosso coração endurecido? Tendo olhos, não vedes? E tendo ouvidos, não ouvis? (Mc. 8:14-18)

Jesus censurava os discípulos porque eles o interpretavam demasiado literalmente e não lhe captavam as metáforas. O "fermento dos fariseus", contra o qual advertia, era a devoção farisaica às formas exteriores da religião, em lugar da substância; a devoção à Escritura, em lugar da verdade espiritual viva; a devoção à lei, em lugar do amor; a devoção ao julgamento, em lugar da misericórdia; a devoção à instituição de Deus, em lugar do próprio Deus. Em vez de examinar o comportamento, Jesus se voltava para a atitude que, no coração da pessoa, gerava esse comportamento. Disse ele: "Bem-aventurados os que têm fome e sede de justiça, pois eles serão saciados" (Mt. 5:6). E ainda: "Bem-aventurados os mansos, pois serão chamados filhos de Deus" (Mt. 5:9). Em vez da lei, Jesus enfatizava a fé, o amor e a visão espiritual direta como os verdadeiros guias para o supremo discernimento moral.

No *Tao-Te King*, Lao-tsé proclama: "Jogai fora a moralidade e a justiça que as pessoas passarão a agir bem".[24] Poder-se-ia objetar com facilidade que as culturas tanto do Oriente quanto do Ocidente estão atrasadas demais para consultar o Caminho do universo (o Tao) ou o Pai do Céu a fim de obter instrução moral direta e específica. Talvez o "fermento dos fariseus" seja ainda necessário para evitar que o mundo se abisme na decadência, no hedonismo, no despautério.

Contudo, o "fermento dos fariseus" não é o "fermento dos mestres espirituais". Não é o fermento do aspirante espiritual que quer conhecer-se a si mesmo como o Cristo e o Todo. No caso de uma pessoa que possui ampla visão espiritual do caminho da expiação, podemos falar legitimamente de um "critério moral" apenas com referência à orientação do Eu Cristo a atuar por intermédio de um sexto chakra desobstruído. Qualquer outro padrão, inclusive a Escritura, será pouco confiável para a orientação constante de que necessitamos ao navegar pelos meandros da vida. A moralidade suprema, a moralidade de Jesus, brota da percepção espiritual insuflada pela Palavra de Deus, que fala diretamente à alma da pessoa. Essa palavra dá nascença, de um modo bastante natural, à experiência genuína da misericórdia e do perdão, pois é a única base de que dispomos para captar a essência espiritual de nossos semelhantes e de nós mesmos.

Este diálogo entre o apóstolo Pedro e Jesus mostra a natureza radical do verdadeiro perdão, que conduz a uma misericórdia infinita:

> Então Pedro, aproximando-se dele, disse: Senhor, até quantas vezes pecará o meu irmão contra mim e eu lhe perdoarei? Até sete?
> Jesus lhe disse: Não te digo que até sete, mas até setenta vezes sete. (Mt. 18:21-22)

Para o egoísta, incapaz de conceber o perdão a não ser como martírio e farisaísmo, esse conselho é absolutamente insensato. Para aquele cujo olho é "aguçado", no entanto, o perdão é um modo de vida natural e agradável — agradável porque "o corpo inteiro se enche de luz".

Os iluminados de qualquer tradição religiosa, no correr das eras, confirmarão a verdade destas palavras de Jesus: "Bem-aventurados os que perdoam, pois eles serão perdoados" (Mt. 5:7). Como poderia ser de outra forma? Eles, tal qual Jesus, ouviram o julgamento único e derradeiro de Deus sobre seus Filhos: "Este é o meu Filho bem-amado, em quem ponho toda a minha complacência" (Mt. 3:17).

O Sétimo (Coroa) Chakra [*Elevação de Propósito*]

Uma discussão sobre o sétimo chakra sequer faria sentido se empreendida fora do contexto espiritual. Alguns sistemas metafísicos reconhecem a existência de chakras ainda mais elevados, os quais, entretanto, não consideraremos aqui. O chakra da coroa localiza-se bem no alto da cabeça e influencia as funções cerebrais superiores no nível físico. Com justiça foi considerado o primeiro e não o último porque é a porta de entrada das energias espirituais para a personalidade. Assim, é em geral o primeiro ponto de contato consciente entre o Espírito e a mente humana. Configura o domínio dos mais rudimentares vislumbres de uma realidade invisível por trás dos planos físico, emocional e intelectual, bem como de que deve haver um propósito superior no seio dessa realidade não-vista. A própria tendência íntima a encetar uma busca espiritual já é prova de que o Filho de Deus está abrindo caminho rumo ao Filho do Homem, no nível consciente do chakra da coroa.

O despertar para a presença divina interior foi chamado de salvação por Jesus. É possível que a personalidade não lhe dê esse nome nem outro qualquer. Pouco importa. O que importa é que a pessoa esteja agora livre das cadeias da matéria e da tirania do tempo. A cura ainda não se realizou, é claro, mas a salvação proporcionou ao homem que buscava uma perspectiva anímica mais ampla, necessária ao início de uma cura verdadeira e duradoura. Como filho consciente da eternidade, ele está capacitado a começar o processo de domínio da carne e do mundo, acenando-lhes com os objetivos supremos do universo. Já é possível aceitar finalmente a responsabilidade que Deus impôs ao homem na aurora da criação: "Crescei e multiplicai-vos, enchei a terra e subjugai-a; e dominai sobre os peixes do mar, e sobre as aves dos céus, e sobre todo animal que se move sobre a terra" (Gên. 1:28). Semelhante domínio só pode ser interpretado como um amável pastoreio, quando o "senhor" se acha sob a orientação do espírito.

É difícil discutir a abertura do chakra da coroa em termos evolutivos convencionais. A busca espiritual consciente pode começar bem cedo na vida ou não começar nunca. Seria adequado dizer que o sétimo chakra provavelmente recebe considerável atenção no início da maturidade, quando o sexto chakra se desobstrui. Os domínios de ambos estão estreitamente relacionados e se vinculam com facilidade em termos de percepção quando a isso propende a pessoa. Atenção aos valores morais, relacionamentos íntimos e obras sociais prendem-se naturalmente ao propósito espiritual superior. A separação no sétimo chakra tende a ocorrer quando a pessoa se deixa embair pelo materialismo e pelas preocupações egoístas de qualquer espécie. As experiências negativas com a religião, na juventude, afastam muita gente da busca espiritual, seja ela qual for.

O Evangelho de João inicia-se com uma portentosa descrição cosmológica do problema que, para o homem, precede a salvação no estado de bloqueio do sétimo chakra:

> No princípio era o Verbo, e o Verbo estava com Deus, e o Verbo era Deus. Ele estava no início com Deus. Todas as coisas foram feitas por ele e sem ele nada do que foi feito se fez. Nele estava a vida, e a vida era a luz dos homens. E a luz resplandecia nas trevas, e as trevas não a compreenderam. (Jo. 1:1-5)

Quando o sétimo chakra está obstruído, não conseguimos compreender o Eu Cristo que brilha nas trevas de nosso entorpecimento espiritual. Aquela "luz verdadeira, que ilumina todo homem que vem ao mundo" (Jo. 1:9), não chega à nossa consciência. Espiritualmente "perdidos", não encontramos significação alguma na vida, afora os mutáveis e passageiros objetivos do mundo como ganho material, condição social e prazeres físicos. Concluímos então que a vida não tem uma finalidade superior. A partir desse elemental negativo, engendramos muitos outros, como os que se seguem:

Estrutura da Personalidade Atual

"Não sei bem o que eu quero."
"Minha vida tem mais significado que a dos outros."
"Meu maior sonho é o sonho de minha pátria."
"Só o que quero é passar bem e evitar o sofrimento."
"Meu objetivo capital é trabalhar duro para ter conforto."
"Para mim, o que importa é um estilo de vida agradável, com todos os luxos modernos."
"Eu me sinto realizado se as pessoas me admiram."
"O mais importante para mim é a saúde física."

Nesta última história em que aparece um fariseu, contada freqüentemente nas igrejas, Jesus analisa o problema do bloqueio do sétimo chakra e os elementos cruciais da salvação:

> E havia entre os fariseus um homem chamado Nicodemos, príncipe dos judeus. Ele foi ter de noite com Jesus e disse-lhe: Rabi, bem sabemos que és Mestre, vindo de Deus, porque ninguém pode fazer esses sinais que tu fazes, se Deus não estiver com ele.
> Jesus, respondendo, disse-lhe: Em verdade, em verdade te digo que aquele que não nascer de novo não poderá ver o reino de Deus.
> Disse-lhe Nicodemos: Como pode um homem nascer, sendo velho? Porventura entrará de novo no ventre de sua mãe e nascerá?
> Jesus respondeu: Em verdade, em verdade te digo que aquele que não nascer da água e do Espírito não poderá entrar no reino de Deus. O que é nascido da carne é carne; o que é nascido do Espírito é espírito. Não te maravilhes de que te tenha dito: É necessário nascer de novo. O vento assopra onde quer, e ouves a sua voz; mas não sabes de onde vem nem para onde vai; assim é todo aquele que nasceu do Espírito. (Jo. 3:1-8)

Podemos inferir que Nicodemos entendeu essas palavras segundo os padrões de seu próprio tempo e lugar. Como prócer dos judeus na antiga Palestina, pertencia à elite religiosa e social, sendo sem dúvida muito rico materialmente. Não há motivo para deduzir que padecesse de algum distúrbio emocional, físico ou mental sério. No entanto, um impulso de sua alma induziu-o a procurar algo mais e a correr o risco de visitar Jesus na calada da noite. Pode-se imaginar a surpresa desse homem maduro e íntegro ao ouvir dos lábios de Jesus que era preciso "nascer de novo". Jesus usou a imagem do renascimento para realçar a mudança radical de visão de mundo que acontece quando alguém "nasce do Espírito" e quando a treva, finalmente, "compreende a luz".

Jesus, sem dúvida, gostava também de empregar a metáfora da visão infantil da vida para esclarecer a natureza da salvação espiritual. A seguinte história é muito conhecida de qualquer escolar cristão:

> E traziam-lhe meninos para que lhes tocasse, mas os discípulos repreendiam aos que lhos traziam. Jesus, porém, vendo isso, indignou-se e disse-lhes: Deixai vir a mim os pequeninos e não os impeçais — porque deles é o reino de Deus. Em verdade vos digo que qualquer que não receber o reino de Deus como menino de maneira alguma entrará nele. E, tomando-os nos seus braços e impondo-lhes as mãos, os abençoou. (Mc. 10:13-16)

A criança normal, numa família normal, achega-se aos pais num estado de completa dependência e com uma confiança absoluta, pura e inocente. Entre pais e filhos, há um afeto natural que não precisa ser merecido nem negociado. A criança recebe, gratuita e confiantemente, o amor e a bondade de seus genitores. Mesmo num lar onde grassam o abuso e a infelicidade, nenhum filho questionaria jamais o fato biológico do parentesco!

É essa mesma atitude que Jesus nos insta a tomar com relação ao Pai do Céu. Conforme disse certa vez, "Que homem, quando o filho lhe pede pão, lhe dá uma pedra? Ou quando lhe pede um peixe, lhe dá uma serpente? Pois se vós, que sois maus, sabeis dar boas coisas aos vossos filhos, quanto mais não vos dará o vosso Pai que está no céu, se lho pedirdes?" (Mt. 7:9-11). Embora os homens, historicamente, venham oferecendo sacrifícios para aplacar a cólera dos deuses, Jesus ensinou que a salvação era um dom gratuito, a ser recebido pela fé — a mesma fé que uma criança inocente depõe num pai amoroso. O dom da salvação nada mais é que a salvação da ignorância — a ignorância de que somos para todo o sempre filhos bem-amados de Deus. Ele é recebido no momento em que imploramos essa certeza. O apóstolo Paulo, de maneira conspícua, exprimiu os ensinamentos de Jesus sobre a salvação nesta passagem: "Porque pela graça sois salvos, por meio da fé; e isso não vem de vós, é dom de Deus. Nem vem das obras, para que ninguém se encha de orgulho" (Ef. 2:8-9).

A fé, como experiência íntima inteiramente subjetiva, representa um passo difícil para uma sociedade que aprendeu a reverenciar a ciência e a razão humana como os deuses dos tempos modernos. A ciência é talvez o único instrumento legítimo de apreensão do universo material; mas, ao explorar a vida humana, esbarra com este paradoxo embaraçoso: a realidade objetiva, absoluta e final de nossa existência — o espírito do Eu Cristo que habita dentro de nós — só pode ser conhecida com segurança por via subjetiva. Qualquer ateu sagaz pode "desaprovar" a existência de Deus, recorrendo a argumentos lógicos, com a mesma facilidade do teólogo ao "provar" essa existência unicamente pela razão. A crença ou descrença em Deus como exercício mental é pura tolice. O conhecimento direto de Deus, graças à fé inteligente, é a salvação. Essa fé se mostra humilde, franca, isenta de preconceitos e inocente — mas não pueril. A salvação pela fé lança os alicerces de toda cura e de toda esperança final no progresso humano.

A história da jornada espiritual do homem começa e acaba no sétimo chakra. Tem início com a salvação quando nós, à semelhança de Nicodemos, permitimos que esse chakra se abra para a possibilidade da vida eterna. Deus apressa-se a acorrer para assegurar que assim seja. Graças à contínua abertura e expansão desse chakra, nosso propósito de vida não mais se distingue do propósito de Deus em relação a nós. O perdão transforma nossa percepção. Nossa alegria é a alegria de Deus.

Nesta ou em uma vida futura, o perdão se completa e a história termina na glória da expiação. Pode-se dizer que a expiação, ou iluminação, marca o começo da verdadeira cidadania cósmica, pois o iluminado operou uma conexão unificada e supraconsciente com o cosmos e suas finalidades. Ela é o ápice da longa busca do "Quem sou eu?" Para além da dualidade, e no entanto individualmente, nós trabalhamos em parceria com Deus para criar beleza e maravilha imperecíveis. Só a eternidade bastará para exprimir plenamente essa luz que "ilumina todo homem que vem ao mundo".

Conexões dos Chakras e a Mente

Na jornada épica rumo à expiação, cada domínio de chakra apresenta ao viandante espiritual um "nível" distinto de mente junto ao qual ele poderá descobrir o Eu que jaz para além de toda forma e definição — o Eu Cristo ou "Eu-ego-espírito". Esses níveis são classicamente conhecidos como mente subconsciente, mente consciente e mente supraconsciente. Daskalos, por sua vez, reconhece os níveis mentais subconsciente, autoconsciente e auto-supraconsciente.

A mente subconsciente, vislumbrada pela primeira vez por Freud, pode ser considerada o repositório das primeiras experiências da vida e o centro da percepção instintiva. Por definição, essas antigas lembranças encontram-se o mais das vezes abaixo do nível da percepção consciente. Não obstante, elas dominam a personalidade atual, que não direcionou a energia imanente a essas lembranças para a percepção consciente, com propósitos de cura. No contexto da cura, torna-se por isso mesmo muito importante estudar e trabalhar com os conteúdos do subconsciente. A mente subconsciente, em sua relação com os sete chakras, será agora examinada por alto. Uma análise mais completa do subconsciente, bem como dos níveis mentais superiores, será apresentada nos capítulos seguintes.

Os domínios dos chakras 1, 2 e 3 — biológico, interpessoal e social — envolvem três níveis de memória que são predominantemente inconscientes. São, portanto, os domínios que albergam desde o início os elementais da mente subconsciente. A natureza da separação desses três domínios já foi discutida. A personalidade atual é a tal ponto avassalada pelos elementais subconscientes da separação que, diríamos, ela reside na mente subconsciente no nível dos chakras 1-2-3.

Embora sejam apresentados sistemática e individualmente, é óbvio que os chakras não funcionam isolados uns dos outros. Todo domínio de experiência influencia outro. Quando o egotismo se apossa da personalidade, a visão consciente que o ego tem de si mesmo fica escravizada pelos elementais negativos da mente subconsciente. O ego descortina um eu falso e com ele se identifica; faz-se de estrategista manipulador com um plano intencional para levar a cabo a missão de separação que agora o governa. Não consegue ver o reflexo das virtudes e valores supremos, nem servir a uma finalidade anímica maior. O ego executa sua missão por intermédio dos chakras 4-5-6, que em essência exprimem, num nível mais consciente, os elementais dominantes da separação que existiam já nos chakras 1-2-3. Os centros superiores e mais conscientes acham-se de fato mais próximos à realidade da mente subconsciente nessa condição enfermiça.

Existe um vínculo natural entre os chakras inferiores e os chakras superiores. A imagem da amamentação, por exemplo, ilustra essa conexão entre o primeiro chakra (raiz) e o quarto (coração). Quando a mente está dominada pelo elemental subconsciente "Não sou digno de existir" (nº 1), só com dificuldade cuidará de si mesma. Curva-se à dor e ao desespero. Uma ligação entre o segundo chakra (sacro) e o quinto (garganta) existe no âmbito do romance e do erotismo. Se o elemental "Sou vulnerável aos outros" (nº 2) predomina, o quinto chakra tenta proteger o eu pela manipulação e a burla, escondendo seus medos. Os relacionamentos, nesse caso, serão sabotados. O vínculo entre o terceiro chakra (plexo solar) e o sexto (testa) mostra-se na relação entre conquistas e visão na sociedade. Se o elemental "Sou frágil" (nº 3) predomina, então o "Só vejo imperfeições em mim" (nº 6) destina-se a bloquear meu sucesso. A escravização dos seis chakras inferiores é acompanhada por um bloqueio do sétimo (coroa), o qual se manifesta sob a forma do sentimento de incerteza e falta de objetivo que já discutimos anteriormente.

V

A Sede da Personalidade Atual
A Mente Subconsciente

Os tipos de personalidade do Eneagrama são definidos de acordo com as tendências energéticas provocadas pela separação do Espírito. De um ponto de vista superior, seria mais acertado dizer que os tipos são os nove aspectos primários sob os quais a personalidade parece ser o que *não* é. A esse respeito, trata-se de uma incursão no absurdo. Aliás, a própria separação é um absurdo cósmico. Investigar o que uma coisa qualquer é, inclusive a personalidade, significa no final das contas adentrar o reino do mistério profundo. Entretanto, certos aspectos da entidade chamada personalidade podem ser descritos, embora não necessariamente entendidos.

A personalidade é sempre, singular e imutavelmente, reconhecida como *eu*, ainda que a alma de sua associação esteja em perpétuo processo de crescimento e mudança. Por intermédio da autopercepção do ego, ela nunca deixa de se reconhecer como individuada, quer se identifique com o corpo de um mamífero, quer com um espírito informe de luz divina. A personalidade tem livre-arbítrio e capacidade de autodeterminação. É capaz de alterar o curso de seu destino pela escolha, a qualquer momento e em qualquer nível concebível de consciência. Daskalos chama a verdadeira personalidade de personalidade permanente, conforme vimos no Capítulo II, e descreve-a como uma projeção direta da forma na alma, por ato do Eu-ego-espírito, o qual é em si mesmo informe.[1] Pode a outorga da personalidade individual ser outra coisa senão um dom de Deus, do mesmo Deus que nos fez filhos e filhas por graça de Eu Cristo e nos aquinhoou com a supersubstância mental para uso irrestrito? Em verdade, "Toda boa dádiva e todo bem perfeito vêm do alto, descendo do Pai das Luzes, em quem não há mudança nem sombra de variação" (Tg. 1:17).

Nessa etapa inicial de nossa jornada anímica, e para os propósitos do presente livro, convém examinar de perto a personalidade atual, que Daskalos define como a soma das criações mentais de um elemental. Também é prático, para fins de cura, considerar o tipo de personalidade do Eneagrama de uma pessoa como se fosse essa própria pessoa. Embora o motivo para determinada tendência de separação, o tipo de personalidade, seja às vezes um mistério, o Eneagrama presume que há um propósito anímico no processo. Ele expõe os pontos cegos da percepção de um modo tal que a pessoa possa descobrir seu caminho para a mudança e a autoconsciência, despertando o Cristo em seu coração. Essa é uma das tarefas anímicas primárias, ou objetivo de vida. Cura emocional e objetivo de vida estão intimamente ligados na existência da alma. Assim, a alma não nos permitirá ignorar as sombras da personalidade atual, que se baseiam na mente subconsciente. A alma tem que verter luz sobre os lugares tenebrosos, onde o amor foi esquecido. Isso é o que examinaremos agora mais a fundo.

As Casas da Ilusão

Cada tipo de personalidade da teoria do Eneagrama reside nos domínios psicoespirituais dos sete chakras. Como na parábola do "Espírito Imundo", antes discutida, os sete chakras podem ligar-se a sete quartos de uma casa. Os três primeiros chakras, ou "quartos", localizam-se abaixo da superfície, no porão da casa. Esse nível subterrâneo representa a mente subconsciente, que fica fora de vistas. Os outros quatro quartos da casa estão no pavimento térreo e representam os chakras 4-5-6-7.

A casa da personalidade atual vê-se escravizada pelas trevas do egotismo e governada pelo "Príncipe dos Demônios", que diz: "Estou separado de Deus". Não bastasse essa nefanda e formidável presença assombrar toda a casa, ela ainda convocou mais sete mestres da ilusão, "piores que ela mesma", para fazer o "serviço sujo" da casa. Cada qual é especialista na tarefa de dominar um chakra. Os três mais poderosos, os "senhores do subconsciente", servem a seu Mestre em postos subterrâneos. O "senhor da desvalia" ocupa o quarto nº 1, o chakra da raiz, de onde pode com mais eficiência abalar a própria existência da personalidade cobrindo-a de vergonha. O "senhor da vulnerabilidade interpessoal" reservou-se o quarto nº 2, o chakra do sacro, e dali fustiga impunemente a personalidade com medos e culpas. O "senhor da impotência" reina no quarto nº 3, o chakra do plexo solar, de onde pode insuflar na personalidade sentimentos pueris de dependência e de incompetência no mundo.

Os três senhores do subconsciente, impiedosa oligarquia, repassam a lei aos "senhores da consciência" nos quatro quartos de cima. São estes que dizem: "Estou sofrendo" (nº 4, chakra do coração), "Devo mentir para obter o que quero" (nº 5, chakra da garganta), "Só vejo imperfeições em mim mesmo" (nº 6, chakra da testa), "Não tenho nenhum grande objetivo na vida" (nº 7, chakra da coroa). Esses quatro senhores recebem uma ordem final e abrangente: "Servi-nos como bem entenderdes e recrutai tantos assistentes quanto quiserdes, mas, acima de tudo, não permitais que a luz penetre nesta casa!"

Todavia, mesmo com os mais galhardos esforços egoístas, a confederação desses senhores não pode bloquear completamente o brilho da luz, que teima em derramar-se sobre a escuridão da personalidade atual. O resultado é uma configuração de manchas de sombra dentro da casa. Os sete senhores da ilusão, com seus tenebrosos monstrengos, perfazem o que já chamamos de "Judas interior" da personalidade. Os nove tipos de personalidade do eneagrama distinguem-se unicamente pela configuração especial de sombras em cada uma de suas casas de sete quartos. Uma casa não é, por natureza, melhor ou pior que outra. Analisando as influências particulares que os três senhores subconscientes exercem em cada casa, a "face de Judas", distinta para cada tipo de personalidade, pode ser vista com maior clareza e trazida conscientemente para a luz.

As Faces do "Judas Interior"

Quando separada da Fonte, a personalidade procura validar-se fora de seu Eu, tentando manipular ou controlar fatores externos a fim de compensar o que acredita estar faltando. Cada um dos nove tipos de personalidade empreende essa tarefa impossível à sua maneira característica. Causas potenciais de separação, ao longo do processo de desenvolvimento da personalidade, são apontadas no Capítulo IV. A separação no nível do chakra da raiz ocorre comumente nas idades de 0 a 3 anos; do chakra do sacro, de 3 a 7 anos, e do chakra do plexo solar, de 7 a 12 anos, porque essas são as fases de enfoque evolutivo enquanto a personalidade amadurece por intermédio dos domínios de chakra 1-2-3. As manifestações específicas da separação nos três domínios de chakra do subconsciente serão agora examinadas para cada tipo de personalidade. Foram observadas em aplicações clínicas da teoria do Eneagrama e dos chakras. Pela exposição das múltiplas faces do Judas interior, que trai o Cristo íntimo, é possível chegar a uma compreensão mais profunda de nossas motivações subconscientes e facilitar o processo de cura.

Separação no Primeiro Chakra (da Raiz)

Domínio: Auto-imagem — segurança biológica e física, libido, impulsos procriativos.
Idade de Separação: 0-3 anos.
Elemental Nuclear: "Não mereço existir".
Paixão: Vergonha.

Tipo Um [O eu Crítico] — "Acho que não mereço ter satisfeitos os meus desejos básicos. Preocupo-me com o que deveria fazer e não com o que quero fazer. Essa preocupação constante me deixa nervoso e irritadiço."
Tipo Dois [O eu Orgulhoso] — "Não me sinto seguro na vida, por isso preciso ser considerado o primeiro de todos a fim de me valorizar. E a melhor maneira de ser considerado o primeiro é atender às necessidades dos outros, tornando-me indispensável a eles. Essa é a minha melhor chance de conquistar segurança e receber tratamento especial."
Tipo Três [O eu Desonesto] — "Não creio ser digno de existir, por isso me preocupo constantemente com segurança, tranqüilidade e dinheiro. Para compensar tais sentimentos, preciso projetar uma imagem de conforto físico e confiança em minha capacidade de prover a mim mesmo. Sou impiedoso quando se trata de impor essa imagem, mas não sinto prazer ao fazê-lo."
Tipo Quatro [O eu Melodramático] — "Sinto-me imprestável, uma espécie de aberração da natureza. Não tenho o que é preciso ter na vida. Tudo me deprime. A única maneira de preencher esse abismo interior é fazer mais e mais, exceder-me, arriscar-me."
Tipo Cinco [O eu Isolado] — "Uma vez que não mereço existir, corro sempre o perigo de perder até o pouco que eu tenho. Minha melhor chance de sobrevivência é acumular todo o tempo, espaço, energia, conhecimento e bens que me for possível."
Tipo Seis [O eu Incrédulo] — "Uma vez que não mereço existir, devo estar sempre alerta para não ser destruído. O perigo ronda em toda parte."

Tipo Sete [O eu Sensual] — "Sinto-me um inútil, por isso tenho de inflar o sentimento de autovalor com uma série de experiências vazias e reforçar a auto-imagem associando-me a pessoas que me divirtam. Não posso fazer isso por mim mesmo."

Tipo Oito [O eu Controlador] — "Julgando-me indigno de existir, tento controlar tudo à minha volta e preservar minha segurança. A melhor defesa é o ataque."

Tipo Nove [O eu Negligenciado] — "Acho que devo aceitar de uma vez por todas o fato de ser insignificante e imprestável. Se conseguir encher os meus dias com um pouco de prazer e alguns êxitos triviais, talvez esqueça que não estou ganhando nada na vida."

Separação no Segundo Chakra (do Sacro)

Domínio: Sentimentos íntimos — amor interpessoal, sexual, emocional.
Idade de Separação: 3-7 anos.
Elemental Nuclear: "Sinto-me emocionalmente vulnerável nos relacionamentos."
Paixão: Medo.

Tipo Um [O eu Crítico] — "Tenho medo de, num relacionamento, perder o senso de proteção e controle interno. Evito essa sensação de vulnerabilidade censurando a outra pessoa pelo que ela não faz corretamente e acho que estou certo ao encolerizar-me."

Tipo Dois [O eu Orgulhoso] — "Temo seu poder sobre mim se você vier a conhecer-me ou procurar-me." Homem: "Evito esse medo assediando-a e cortejando-a, sem nunca externar meus verdadeiros sentimentos". Mulher: "Evito sentir-me subjugada apelando para um comportamento agressivamente sedutor e tornando-me indispensável, portanto amada."

Tipo Três [O eu Desonesto] — "Temo que você vá rejeitar-me se eu revelar toda a verdade sobre mim. Assim, conformo-me com uma imagem aceitável de homem ou mulher para ser aceito(a)."

Tipo Quatro [O eu Melodramático] — "Temo que, se ceder ao amor, meu parceiro me abandonará por causa de minha inferioridade. Preciso competir com ele para me sentir suficientemente bom para não ser abandonado."

Tipo Cinco [O eu Isolado] — "Temo ser engolido por um relacionamento. Tento compensar isso alijando o relacionamento para um compartimento isolado de minha vida, pois assim preservo tempo, espaço e energia para mim mesmo."

Tipo Seis [O eu Incrédulo] — "Receio ser magoado e explorado num relacionamento, uma vez que me sinto isolado da Fonte da força e da coragem. Tento compensar esse sentimento de vulnerabilidade encarnando uma pessoa enérgica e autoritária. Qualquer um pode desempenhar esse papel, mas alguém tem de fazê-lo."

Tipo Sete [O eu Sensual] — "Tenho medo de ser desmascarado como uma fraude. Devo compensar esse medo induzindo as pessoas a aceitar-me por meio da excitação, alegria, oportunismo e planos grandiosos."

Tipo Oito [O eu Controlador] — "Temo ser magoado ou explorado num relacionamento. Procuro evitar essa angústia reivindicando a posse e o controle da pessoa amada."

Tipo Nove [O eu Negligenciado] — "Temo que ninguém me veja ou ouça, num relacionamento, por causa de meu senso de insignificância. Mas posso compensar essa sensação de vulnerabilidade fundindo-me com o parceiro."

Separação no Terceiro Chakra (do Plexo Solar)

Domínio: Autoconceito — social, profissional.
Idade de Separação: 7-12 anos.
Elemental Nuclear: "Estou indefeso".
Paixão: Cólera.

Tipo Um [O eu Crítico] — "Sinto-me indefeso neste mundo porque tudo o que desejo parece chocar-se com as expectativas que a sociedade tem a meu respeito. Só o que me resta fazer é ir em frente, aceitando tudo o que a sociedade quiser, pois é isso o que uma boa pessoa faz. Não devo nunca ser egoísta. Ressinto-me de ter de ficar sempre por último; no entanto, se todos pensassem nos outros para variar, o mundo seria muito melhor."

Tipo Dois [O eu Orgulhoso] — "Sinto-me indefeso no mundo porque não tenho nenhum valor social inato. Supero esse sentimento dando-me grandes ares de altruísta. Preciso sentir-me necessário. O que me faz sentir bem comigo mesmo é aproximar-me de pessoas poderosas e tornar-me indispensável a elas. Se não reconhecerem o quanto precisam de mim e não me agradecerem, ai delas! Posso ficar uma fera e transformar sua vida num inferno."

Tipo Três [O eu Desonesto] — "Sou um membro de equipe que quer ir em frente e exige que todos os outros façam a sua parte. Caso não façam, pressiono-os duramente. O sucesso da equipe é muito importante para mim, pois só assim gozo meu próprio sucesso como pessoa. Se eles me desapontam, sinto-me totalmente perdido e furioso, mas, é claro, não deixo transparecer esses desagradáveis sentimentos — do contrário arruinaria minha boa reputação e minha imagem inatacável. Só o que tenho a fazer é camuflar meus sentimentos e romper adiante. Sem dúvida, o trabalho é uma maçada, mas as coisas melhorarão se eu der as cartas ali!"

Tipo Quatro [O eu Melodramático] — "Acredito na individualidade, em ser uma pessoa única, especial. Não vejo por que deva perder-me na multidão. Além disso, tenho de confessar que me aborreço quando os outros não percebem que sou muito especial e não aprovam meus modos independentes. Se isso acontece (e acontece quase sempre), sinto-me tão abandonado e inerme! Irrita-me que essas pessoas vulgares se saiam tão bem, mas em geral sinto-me envergonhado por não me adaptar. Pois muito bem, se as pessoas não me aprovam, que cuidem de mim! Bem feito para elas, pois valho muito mais do que pensam!"

Tipo Cinco [O eu Isolado] — "Divirto-me com as ninharias do mundo, mas prefiro não me envolver. Em vez disso, tento descobrir o meu lugar e controlar a minha vida acumulando conhecimentos. Infelizmente, a sociedade não aprecia a vida do espírito. E mesmo que o fizesse, jamais me procuraria para obter conselho e eu jamais sairia por aí tentando impor as minhas idéias. Sinto-me inseguro devido a certa incapacidade de influenciar realmente a sociedade. Respondo com raiva e frustração recolhendo-me em mim mesmo, numa vida toda interior. Nesse isolamento, às vezes me sinto esquisito, sem contato com a realidade. Acho que estou fazendo, de maneira compulsiva, coisas imprevisíveis e autodestrutivas."

Tipo Seis [O eu Incrédulo] — "Busco a aprovação dos colegas de trabalho e dos amigos para evitar as sanções da autoridade social, que temo muito. Faço bem o jogo fingindo-me responsável, leal e cordial, e consigo quase sempre ser benquisto. Contudo, nunca me disponho a confiar na autoridade à qual me submeto, seja o que for que eu faça. Devo tomar muito cuidado para não ser agredido. Sinto-me indefeso e frustrado diante de tamanha pressão e dúvida, que me assaltam na presença da autoridade social. Julgo-me inferior e vulnerável, e nunca sossego. Se algum figurão ameaça a mim ou a um pobre-diabo como eu, torno-me agressivo em nossa defesa, para não perder o controle da situação."

Tipo Sete [O eu Sensual] — "Sou, por natureza, um sonhador. Tenho muitos planos, inúmeras escolhas, grandes idéias. Bom conversador, gosto de ser o centro das atenções numa festa. Devo admitir, contudo, que fico nervoso quando tenho de *trabalhar* com outras pessoas. Gosto de fazer as coisas sozinho — o grupo estraga o meu estilo e limita terrivelmente as minhas opções. Mas, ai!, não tenho outra escolha a não ser fingir que estou muito bem no grupo, e isso me dá insegurança. Compenso-a impondo à minha vida uma ordem arbitrária, tornando-me até mesmo obsessivo-compulsivo. Não é agradável, mas pelo menos é o meu jeito."

Tipo Oito [O eu Controlador] — "Chefiar uma equipe e estar no controle faz-me sentir bem comigo mesmo. Quanto maior a equipe, melhor. Insinuo-me junto a cada um de seus membros e logo fico sabendo quem poderá desafiar minha autoridade e quem consentirá em aceitá-la. Procuro dar logo um fim aos desafios. Caso não mais contasse com o apoio da equipe e perdesse o meu cargo de chefe, reverteria a uma postura de mágoa, desconfiança e defesa."

Tipo Nove [O eu Negligenciado]— "Uma vez que não me julgo nada importante, tento obter aprovação social misturando-me ao primeiro grupo que apareça e evitando conflitos de qualquer espécie. Já tive problemas por afirmar-me e dizer "não", de modo que a minha vocação é ser usado e dominado pelo grupo. Isso, porém, me faz sentir inseguro. E essa insegurança se manifesta como comportamento passivo-agressivo, que chega a me paralisar."

As "faces de Judas", que emergem da morada subconsciente da personalidade atual, não passam de caricaturas de personalidades da vida real, apresentadas acima. Não obstante, exibem tendências de separação que a maioria de nós pode identificar pelo menos até certo ponto. Todos esses estados implicam a colaboração dos "senhores da consciência" nos chakras superiores e revelam uma atitude fundamentalmente defensiva. A personalidade tenta proteger-se dos sentimentos e conseqüências da vergonha, medo e insegurança que a governam, deixando intacto o estado separado que provocou tais sentimentos. No final, tudo não passa de um exercício de futilidade.

Seja como for que a personalidade atual tente defender o estado de separação, o que ela tenta defender mesmo é uma mentira em presença de uma verdade. Sofre e morre para sustentar a integridade de um padrão de sombras que julga ser ela mesma. Quem sabe quantos tesouros seriam revelados se permitíssemos que a luz interior banhasse nossas "casas tenebrosas"! Não haveria possibilidade de encontrar paz ao invés de cólera, alegria ao invés de sofrimento, amor ao invés de medo? Por que não aproveitar a oportunidade de descobrir? A parábola do Filho Pródigo, a ser analisada no capítulo seguinte, simboliza a jornada universal de transformação que se estende das trevas e do desespero até o amor e a luz.

VI

A Jornada Universal da Transformação
A Parábola do Filho Pródigo

Disse-lhes mais: Um homem teve dois filhos. E disse o mais moço deles a seu pai: Pai, dá-me a parte da fazenda que me pertence. E ele repartiu entre ambos a fazenda.

E poucos dias depois, o filho mais novo, ajuntando tudo o que era seu, partiu para uma terra longínqua, e ali dissipou toda a sua fazenda vivendo dissolutamente.

E havendo ele gastado tudo, houve naquela terra uma grande fome, e ele começou a padecer necessidades.

Retirou-se, pois, dali e acomodou-se com um dos cidadãos da tal terra. Este, porém, o mandou para os seus campos a apascentar os porcos.

Ele desejava encher o estômago com as bolotas que os porcos comiam, mas ninguém lhe dava nada.

E caindo em si, disse: Quantos empregados de meu pai têm pão com fartura, e eu aqui, morrendo de fome! Levantar-me-ei e irei ter com meu pai, e dir-lhe-ei: Pai, pequei contra o céu e perante ti! Já não sou digno de ser chamado teu filho; faze-me como um dos teus empregados.

E, levantando-se, foi para seu pai; e, quando ainda estava longe, viu-o seu pai, e se moveu de íntima compaixão, e, correndo, lançou-se-lhe ao pescoço e o beijou.

E o filho lhe disse: Pai, pequei contra o céu e perante ti; e já não sou digno de ser chamado teu filho.

Mas o pai disse aos seus servos: Trazei depressa o melhor vestido, e vesti-lho, e ponde-lhe um anel no dedo e sandálias nos pés! E trazei o bezerro cevado, e matai-o; e comamos, e alegremo-nos, porque este meu filho estava morto e reviveu, tinha-se perdido e foi achado!
E começaram a alegrar-se. (Lc. 15:11-24)

O valor da parábola, como instrumento de ensino, reside no fato de que Jesus podia plantar sementes de verdade no espírito de seus ouvintes permitindo que interpretassem as histórias de acordo com sua própria capacidade intelectual e acuidade espiritual. Esse era também um meio de furtar-se a controvérsias prematuras com as autoridades religiosas que o vigiavam. Elas procuravam sempre criar-lhe embaraços e forçá-lo a suspender sua missão. Por isso, "... sem parábolas nunca lhes falava. Mas, quando estavam sós, tudo explicava aos seus discípulos" (Mc. 4:34).

A parábola do Filho Pródigo é uma das que mais se contam de Jesus, pois revela muita coisa sobre o perdão e a misericórdia de Deus. Presta-se também a uma alegoria da jornada universal de transformação, dos abismos da separação até os píncaros da expiação, ao longo de diversas etapas da consciência. O processo de separação e retorno ao amor será apresentado passo a passo, segundo a parábola.

Um homem teve dois filhos. E disse o mais moço deles a seu pai: Pai, dá-me a parte da fazenda que me pertence. E ele repartiu entre ambos a fazenda.

Os versículos iniciais ilustram o estado de graça que existe na percepção da presença de Deus. É o mesmo estado que existiu para Adão e Eva antes da "Queda", simbolizado pela estrela inscrita no círculo. Deus divide graciosamente conosco até mesmo a sua "fazenda", esse fragmento de seu próprio Eu que chamamos de "Eu Cristo", "Eu-ego-espírito" ou "a verdadeira luz que ilumina todo homem que vem ao mundo" (Jo. 1:9). O que fazemos com os nossos dons cabe a nós, pois "ele [Deus] faz com que o seu sol se levante sobre os maus e os bons, e a chuva desça sobre justos e injustos". (Mt. 5:45).

> E poucos dias depois, o filho mais novo, ajuntando tudo o que era seu, partiu para uma terra longínqua, e ali dissipou toda a sua fazenda vivendo dissolutamente.

Esses versículos ilustram a entrada no estado ilusório do ego separado, a "Queda", em que a percepção da presença de Deus se perde. Simbolizamo-lo já colocando o triângulo inferior da estrela de seis pontas fora do círculo de expiação. Esta parte da história explica também por que tantos investigadores espirituais consideram a palavra "ego" como sinônimo de "demônio". O objetivo de alguns sistemas orientais é aniquilar completamente o ego e abismar-se no Absoluto sem o ônus da identidade individual.

As tradições religiosas ocidentais, porém, tendem a preservar filosoficamente o valor da individualidade. Não há registro de que Jesus alguma vez tenha amesquinhado o fato comezinho da personalidade individual. Na verdade, ele ensinou tão atentamente a homens, mulheres e crianças que afirmou, em atos e palavras, sua condição privilegiada de filhos de Deus. O ego, no sentido mais abstrato, é aquele aspecto misterioso da personalidade humana que permite à pessoa conscientizar-se de seu eu individual em qualquer etapa da consciência. O ego é um fator básico que distingue a humanidade do reino animal, sendo também um dom que constitui o elemento central de nossa natureza anímica em evolução.

O problema para as nossas personalidades, nas fases iniciais de evolução, não é a existência do ego e sim aquilo com que ele se identifica e, conseqüentemente, aquilo que ele acha que é. O que o ego vê são as criações da mente, ou seja, um acúmulo de elementais. Essa rede de elementais constitui a base da auto-imagem; portanto, o que vemos quando nos observamos por intermédio da função do ego é, bem literalmente, imaginário. Para a maioria de nós, essa auto-imagem é um "demônio" porque ficamos satisfeitos com "isto sou eu" e permitimos ao eu ilusório bloquear nossa visão do verdadeiro Eu Espírito. A identificação com as criações elementais chama-se egotismo, conforme já discutimos. O egotismo está na origem da personalidade atual e gera a experiência do inferno. O ego tende a equacionar-se com o egotismo, e isso não de todo irracionalmente, para instrução espiritual prática. Daí advém sua péssima reputação.

A parábola do Filho Pródigo lembra-nos, como ensina Daskalos, que nós quase sempre criamos elementais de maneira subconsciente, em resposta a necessidades materiais. Esses pensamentos-desejo, ou "espíritos imundos", prestam-se aos nossos anseios criando as condições de satisfação à custa da felicidade. Assim agindo, os elementais negativos atam a personalidade atual ao plano material, como sua escrava, suscitando as condições para o sofrimento. A parábola ilustra a escravização material primária da consciência viciosa e mostra como essa escravização dissipa a "substância" de nossa vida — que Daskalos chama de "vitalidade etérica".

Embora toda forma de egotismo se enraíze em alguma forma de escravização ao plano material, o egotismo às vezes assume disfarces mais sutis e insinuantes do que a simples substância material ou o vício do prazer. O ego avassalado pelo egotismo é tão ladino que consegue manipular, com êxito, situações onde tecnicamente não deveria meter o nariz. Com efeito, o ego avassalado prefere muitas vezes as esferas em que pode penetrar incógnito, pois mais confiadamente se preserva quando não o vêem como o "demônio" que de fato é. Excelentes exemplos desses subterfúgios do ego são encontrados na religião e na psicoterapia.

As personalidades apanhadas na armadilha do egotismo religioso, ou religiosidade, costumam examinar-se em termos moralistas que assumem o aspecto tanto inflado quanto desinflado de um determinado elemental negativo. Por outro lado, o egotismo religioso gosta de parecer forte e acha-se virtuoso, muito virtuoso. Essa é a carolice que Jesus tantas vezes encontrou entre os fariseus e outros líderes religiosos da época. Como Jesus fosse, ele próprio, objeto de profunda adoração como mestre espiritual, entendia que precisava estar alerta contra os ardis desse elemental inflado que se chama "farisaísmo". O episódio seguinte ilustra sua preocupação:

> *E perguntou-lhe um certo príncipe, dizendo: Bom Mestre, que hei de fazer para herdar a vida eterna?*
> *E Jesus lhe disse: Por que me chamas bom? Ninguém é bom exceto um, que é Deus.* (Lc. 18:18-19)

Embora possa parecer que Jesus censurava o príncipe, um exame mais atento revela que sua réplica destinava-se tanto a ele mesmo quanto ao príncipe, para que este renunciasse às artimanhas da religiosidade. Só depois Jesus respondeu à indagação do interlocutor.

Os autores perguntaram certa vez a Daskalos que forma de egotismo considerava ele a mais perniciosa. Daskalos respondeu prontamente: "Um demônio disfarçado de anjo de luz". O orgulho é o mais notório desses demônios, o que provocou a queda do poderoso anjo Lúcifer, segundo as tradições semíticas. O orgulho farisaico não poderia existir sem um gêmeo "desinflado", uma forma invertida chamada culpa. A culpa, na acepção empregada neste contexto, não é aquele senso de remorso salutar e passageiro que se faz necessário para mudar uma atitude ou comportamento; é, isso sim, o elemental desinflado da religiosidade que diz: "Sou um miserável pecador e mereço as chamas do inferno". Jesus estava livre ao mesmo tempo das influências da culpa e do farisaísmo. Uma de suas seguidoras mais fiéis, Maria Madalena, havia sido prostituta. E as prostitutas eram tidas no número dos piores "pecadores miseráveis" ao tempo de Jesus. Este vivia sob os ataques dos líderes religiosos por andar em companhia de "publicanos e pecadores". Seu jeito de relacionar-se até mesmo com os "pecadores" contumazes, qual verdadeiro irmão deles em espírito, muito fez para eliminar as culpas quando empreendia trabalhos de cura.

A culpa mantém a pessoa aferrada aos equívocos e atitudes do passado, tornando a mudança efetiva *agora* quase impossível. Enquanto o egotismo religioso se infla e desinfla incessantemente como o peixe baiacu, esquece a verdadeira grandeza e a verdadeira santidade do Eu Cristo interior. A religião deverá ajudar a desenergizar os tenazes elementais gêmeos do farisaísmo e da culpa, se quiser inspirar mudanças legítimas na personalidade.

O egotismo se infiltra na psicoterapia do mesmo modo que na religião. A finalidade do egotismo é sempre validar a existência do eu falso, separado, e seus desejos irrealizados, mesmo à custa de sofrimento e aflição para a personalidade. Em psicoterapia, ele consegue isso substituindo uma auto-imagem por outra, inflando um elemental e desinflando outro. Finge-se forte e congratula-se por ser "bom", e em seguida atormenta os elementais desinflados que o tornam "mau". O ego escravizado está sempre contente consigo mesmo, pois manteve aqueles elementais vitalizados dando-lhes toda a atenção e conseguiu preservar-se. O ego escravizado pode continuar "inflando-se" na psicoterapia durante anos, fascinado por auto-análises sem fim e satisfeito por, desse modo, estar impedindo quaisquer mudanças genuínas, quando é isso o que a personalidade deseja. A personalidade atual pode ser muito esperta quando se apega às suas ilusões e distancia-se da cura!

A psicoterapia enfrenta um desafio comum e difícil da parte do egotismo astucioso quando encara as conseqüências emocionais dos traumas da primeira infância. A terapia tenta trazer essas lembranças traumáticas para a percepção consciente, a fim de curá-las. Se a terapia for baseada estritamente no ego, este poderá perpetuar involuntariamente o senso de vitimização e impotência que brota da visão de mundo imatura da "criança interior" magoada. Segundo o eminente psicólogo junguiano James

Hillman, esse é o erro que freqüentemente sabota o trabalho da criança interior.[1]

Hillman perfilha a idéia de que toda criança possui, dentro de si, uma "bolota", a semente de uma missão anímica que é estimulada pelas circunstâncias particulares da criança e, por seu turno, influencia profundamente a sua vida. Dessa perspectiva, os traumas e dificuldades podem ter um significado bem mais amplo do que o psicólogo desenvolvimentista, baseado no ego, consegue avaliar. Hillman cita diversos exemplos de grandeza na idade adulta que foi precedida, na infância, por dificuldades e traumas correspondentes — a vida de Winston Churchill é um deles. Churchill, quando criança, tinha imensas dificuldades lingüísticas, tanto na leitura quanto na escrita, fala e dicção. Hillman postula que essas dificuldades de infância surgiram da convicção anímica de que um dia salvaria o mundo ocidental graças ao seu talento como comunicador — e isso, simplesmente, era demais para um menino.[2]

Hillman chega a afirmar: "Em tua patologia está a tua salvação".[3] Esse mesmo tema é tratado, de diferentes maneiras, ao longo do presente livro. Cada forma de psicoterapia lança seu tipo específico de sombra da separação sobre domínios específicos da psique. Essas sombras, apesar de vivenciadas como sofrimento, atribuem à alma sua missão exclusiva de encarnação, que é combater as trevas e o medo com o amor e a luz. A alma, sob a orientação insondável do Eu-ego-espírito, abre caminho rumo aos desafios de que carece para realizar sua missão específica de grandeza. Muitos dos desafios de nossa alma provêm dos traumas físicos, emocionais, mentais e espirituais da infância. Diz Hillman: "Feridas e cicatrizes constituem o estofo do caráter. A palavra 'caráter' significa, na raiz, 'marcado ou esboçado com linhas firmes", tal qual as incisões iniciáticas".[4] É graças ao choque com os traumas e as provações que a alma tem a oportunidade de ganhar forças e flexibilidade.

Como adultos, andaríamos melhor se aceitássemos de bom grado os desafios da alma, em vez de nos lamentarmos perpetuamente. Não estamos, é claro, justificando de maneira alguma um mal infligido conscientemente a uma criança ou adulto. Como disse Paulo, "Não vos enganeis: Deus não se deixa escarnecer, porque tudo o que o homem semear, isso colherá" (Gál. 6:7). O espírito pode, no entanto, colher nossos mais acirrados esforços, e mesmo as falhas abissais da ignorância e da separação, para transformá-los em bem. Não existe alegria maior, para a alma, do que participar dessa divina aventura. O Filho Pródigo está prestes a sofrer as conseqüências de sua parva escolha da separação e iniciar a jornada de volta para o amor.

E havendo ele gastado tudo, houve naquela terra uma grande fome, e ele começou a padecer necessidades.

O Filho Pródigo, tendo esbanjado por causa de uma consciência viciosa a "substância" do que lhe fora graciosamente atribuído, isolou-se da Fonte de toda vitalidade e já não tem como reabastecê-la. Naquela "terra de grande fome" que é o estado de separação, ele passa necessidade. Está separado no domínio do primeiro chakra, que regula as questões de autopreservação, sobrevivência física e segurança. Sua vida é governada pelo elemental subconsciente que diz: "Não mereço existir". Olha para fora de si mesmo, para aquela terra devastada, a fim de obter ajuda... e só o que divisa é um dos nove "planos de controle" para sobreviver à separação do primeiro chakra, conforme já discutimos no capítulo anterior.

Retirou-se, pois, dali e acomodou-se com um dos cidadãos da tal terra. Este, porém, o mandou para os seus campos a apascentar os porcos.

Na terra da separação e da escassez, o Filho Pródigo penetra agora o domínio do segundo chakra (mente subconsciente), que é o dos relacionamentos pessoais. Procura validar-se como entidade pessoal, mas volta a fazê-lo fora de si mesmo, por um senso de carência. Ele e o cidadão da tal terra juntam-se num estado solidário de medo e vulnerabilidade. Nenhum confia realmente no outro, mas usam-se de modo a preservar seu mútuo egotismo. Cada qual o faz segundo uma das nove maneiras que já examinamos, separados que estão no nível do segundo chakra. O elemental nuclear, "Sou vulnerável aos outros", e seus elementais associados são os "porcos" que o Filho Pródigo alimenta e seu sócio mantém. Num relacionamento dirigido por forças subconscientes, ambos os sócios se sentem insatisfeitos e explorados, porque nenhum consegue preencher o vazio do outro.

Ele desejava encher o estômago com as bolotas que os porcos comiam, mas ninguém lhe dava nada.

Agora o Filho Pródigo se sente completamente inerme no mundo, em virtude da separação do terceiro chakra. A vida dele é uma luta. Nada conquistou, não fez jus a reconhecimento ou respeito. Enquanto isso o "porco" subconsciente, que nutre um relacionamento impotente com o mundo, consome sua energia vital. Os dois não logram outra coisa que não a simples preservação da existência. Tentam manter o Filho Pródigo na certeza de que, insignificante como é, será absolutamente nulo no mundo sem eles. Sabem muito bem que seu poder cessará caso a personalidade do Filho Pródigo adquira forças reais. Ele se agarra a um dos nove planos de controle da separação do terceiro chakra numa tentativa desesperada de validação social — mas "nenhum homem lhe dá" respeito ou reconhecimento. Seu plano de controle é um rematado fracasso. Enquanto isso, continua a alimentar submissamente o seu "porco interior".

A personalidade atual do Filho Pródigo instalou-se no véu dos elementais negativos nos domínios dos três primeiros chakras, que compreendem a mente subconsciente. As faculdades superiores do espírito outra coisa não fazem que servir o porco, ora senhor do subconsciente. Esses "espíritos imundos", criados para saciar a fome física da personalidade, acabam traindo o Fi-

A Jornada Universal da Transformação

lho Pródigo acorrentando-o de mãos e pés ao mundo da matéria. Ele sofre e sangra na cruz, incapaz de vislumbrar a luz de seu próprio Eu Cristo, que rápida e facilmente o salvaria na escuridão da noite de sua alma. Esse estado de crucifixão, que antecede a salvação e a cura, foi simbolizado no Capítulo III como a cruz num véu de elementais negativos fora do círculo de expiação.

E caindo em si, disse: Quantos empregados de meu pai têm pão com fartura, e eu aqui, morrendo de fome! Levantar-me-ei e irei ter com meu pai, e dir-lhe-ei: Pai, pequei contra o céu e perante ti! Já não sou digno de ser chamado teu filho; faze-me como um dos teus empregados.

Depois de muito sofrer, o Filho Pródigo reconhece enfim a ferida original da separação. Admite que quase morreu de fome por causa dos elementais subconscientes do vício, que ele mesmo alimentava. Decide que é preferível servir ao pai humildemente, como empregado, do que continuar engordando aqueles porcos. Aceitará das mãos de seu Pai o dom gratuito da salvação e tomará as rédeas do seu destino. O Filho Pródigo acha-se agora no domínio do quarto chakra, o primeiro nível de percepção consciente: abriu-se para ele o caminho da cura e da transformação. Os "espíritos imundos" do subconsciente, que fazem seu coração sofrer, estão perdendo o império sobre sua mente consciente. Com o tempo esses porcos cairão, enfraquecidos, num estado de dormência, porque ele os negligenciará conscientemente. Vai substituí-los por virtudes quando encetar a jornada de volta ao lar.

Parece necessário para todos nós, como sucedeu ao Filho Pródigo, descobrir à custa de nossas próprias experiências que as ilusões do egotismo simplesmente não funcionam. Embora possível na teoria, é bastante raro que alguém "caia em si" sem o acicate de uma certa dose de dor e sofrimento. O tempo que leva esse processo, bem como a intensidade do sofrimento que daí advém, varia grandemente de alma para alma. A filosofia budista repousa, com efeito, na premissa de que o sofrimento existe como fato universal da experiência humana. Essa é a "Primeira Nobre Verdade" do budismo.

Sofrer para sempre não é necessário, independentemente das circunstâncias externas da pessoa. A determinada altura adquirimos a capacidade de escolher nosso tipo de vida. Como diz Daskalos, podemos viver conscientemente no amor, na luz e na alegria ou continuar a habitar subconscientemente as trevas, tangidos pelos "açoites do destino". Se aceitamos ser salvos, ocorre no coração um grande desdobramento de consciência e brota ali uma saudade imensa da Fonte da Vida. A personalidade desperta encontra meios de observar conscientemente os elementais da separação que ela mesma criou nos centros inferiores. A partir daí, a personalidade *desidentifica-os* graças a um processo que afirma: "Eu criei vocês, mas não sou vocês. Doravante, são inúteis para mim". Em lugar deles, ela instala virtudes ou elementais positivos. Seja como for que levemos a cabo esse processo, a intenção-chave é sempre "levantar-se e ir em busca do pai".

> *E, levantando-se, foi para seu pai; e, quando ainda estava longe, viu-o seu pai, e se moveu de íntima compaixão, e, correndo, lançou-se-lhe ao pescoço e o beijou. E o filho lhe disse: Pai, pequei contra o céu e perante ti; e já não sou digno de ser chamado teu filho.*

O Filho Pródigo subiu agora ao domínio do quinto chakra, essa esfera de consciência onde o amor devotado se estende aos outros e a personalidade expressa sem medo a sua verdade. Pode ser considerado o campo do relacionamento consciente, em que a comunicação flui com desenvoltura e franqueza, a partir de um vínculo consciente com o coração. O pai corre de longe para encontrar o filho e abraçá-lo, exprimindo aquela "alegria no céu por um pecador que se arrepende, mais do que por noventa e nove justos que não necessitam de arrependimento" (Lc. 15:7). O Filho Pródigo, sentindo-se indigno da compaixão do pai, exprime remorso por ter sido tão insensatamente ingrato. O que ele pede, no fundo, é o perdão.

Esses poucos versículos da parábola revelam os ingredientes essenciais da psicoterapia e de todo relacionamento bem-sucedido, no caso. Haverá progressos mesmo nos sistemas de terapia que mais recorrem ao ego se o terapeuta interessar-se realmente pelo cliente e o cliente se sentir de fato motivado a dizer a verdade, alterando a maneira de pensar sobre o "Quem sou eu?". A psicoterapia eficaz, ou arrependimento, traz os "espíritos imundos" e os "pecados" que eles provocam para o amplexo consciente e misericordioso do terapeuta. Cada um desses "demônios", se examinados de perto, mostrará que traz oculta alguma virtude angélica, a qual apenas aguarda ocasião para emergir e expressar-se por meio da personalidade. Nos braços do pai, o filho da deslealdade e da ingratidão rebelde se transforma num filho de incontida devoção e afetuoso reconhecimento.

Mas o pai disse aos seus servos: Trazei depressa o melhor vestido, e vesti-lho, e ponde-lhe um anel no dedo e as sandálias nos pés! E trazei o bezerro cevado, e matai-o; e comamos, e alegremo-nos, porque este meu filho estava morto e reviveu, tinha-se perdido e foi achado!

Com persistente devoção ao amor, à verdade e à caridade, a consciência se desdobra naquele estado que Daskalos chama de autoconsciência. Trata-se da percepção do eu como Eu-ego-espírito ou Eu Cristo. Após a percepção do eu como Espírito, vem a percepção dos outros como Espírito: eis o domínio da expansão do sexto chakra, chamado perdão, do qual Jesus e Shankara falavam tão apaixonadamente. É o domínio da resignação final à verdade, que o Filho Pródigo agora adentra. A autoconsciência ainda cultiva a percepção dualista do eu-e-tu, mas já inicia a verdadeira transformação da personalidade.

Como pode a personalidade, que só se via como uma rede de elementais por intermédio da função do ego, passar a ver-se como aquilo que está além da mente e de todas as suas criações? Segundo Daskalos, a única maneira de ver o Eu espiritual superior é recorrer a um processo de reflexão. Conforme dissemos no Capítulo II, a mente superior, ou "mente de Cristo", funciona como um espelho para refletir o Eu Cristo em nossa percepção. Quão nitidamente veremos e conheceremos o Eu Cristo como nosso verdadeiro eu, isso depende da qualidade do "espelho mental". Essa qualidade é aperfeiçoada por um contínuo processo de purificação, ou seja, pela criação de formas-pensamento virtuosas dentro do domínio de cada chakra, as quais irão substituir os "espíritos imundos" que enxovalham a pureza da mente nesse nível. Quanto maior for a pureza da mente em qualquer domínio, mais fácil e mais natural será para a luz do Cristo refletir-se em nossa percepção — e menos probabilidade haverá de nos identificarmos com os elementais nesse nível. No que diz respeito à alma, tal é o objetivo precípuo da virtude. Uma virtude não é virtude se o ego a contemplar diretamente e identificar-se com ela; nesse caso, o elemental passa por uma "força" da personalidade, quer dizer, é um elemental negativo inflado.

O grande desafio do perdão reside na necessidade de finalmente estendê-lo a todos sem exceção, em qualquer situação concebível. Se o perdão não for radical e geral, estaremos num impasse, o de descobrir as pessoas em quem o Espírito *não* esteja presente. Por isso Jesus transmitiu aos seus discípulos esta lição sem precedentes:

> *Ouvistes que foi dito: Amarás o teu próximo e aborrecerás o teu inimigo. Eu, porém, vos digo: Amai a vossos inimigos, bendizei os que vos maldizem, fazei bem aos que vos odeiam, e orai pelos que vos maltratam e vos perseguem, para que sejais filhos do vosso Pai que está nos céus.* (Mt. 5:43-45)

O Filho Pródigo alcançou o perdão que procurava. O pai vê, por sob o tecido de falhas humanas de seu filho, a realidade de sua verdadeira natureza. Reverencia o filho como a um ser divino quando expressa o espírito desta bela saudação indiana: "*Na-*

maste!" ("Ao divino que está em ti"). O Filho Pródigo palmilha em segurança a vereda da iluminação.

E começaram a alegrar-se.

Com cordial devoção ao amor e à verdade, após estender um perdão efetivo a todos os seres, a personalidade finalmente mergulha no estado que Daskalos chama de auto-supraconsciência. É a esfera da consciência unificada, ou expiação (*atonement*), em que a personalidade se *conhece* num estado de "a-uma-só-mente" (*at-one-ment*) com o Tudo, preservando embora a identidade individual. A princípio, essa condição só pode ser vislumbrada. Depois que a iluminação se estabiliza, níveis ainda mais altos de percepção e verdadeira compreensão ainda precisam ser alcançados. Essas tarefas enigmáticas de potencial divino jazem no domínio do sétimo chakra e mais acima. Daskalos se refere também a essa experiência final de conhecimento de Deus como "*teose*".[5]

É nessa esfera que o Filho Pródigo acaba de penetrar, um estado místico de unicidade e júbilo banhado pela luz de Cristo. A expiação assinala o início da verdadeira cidadania universal e de uma eterna "carreira cósmica" de co-criação com Deus. É o coroamento da alma. O amor sem peias reina incontestes na personalidade e nada fica sem perdão. Nem a própria eternidade pode exaurir o potencial inestancável do Eu Cristo.

A Jornada Simbólica da Transformação

Os níveis da consciência podem ser resumidos neste diagrama da personalidade atual, ainda "crucificada" e à espera da cura de sua separação de Deus no âmbito da percepção:

124 *O Despertar do Amor*

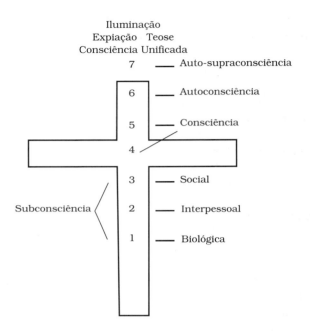

A "Queda" de Adão e Eva foi apresentada alegoricamente no Capítulo III como a nossa própria queda no âmbito da percepção. Foi descrita, simbolicamente, como a separação do ego seguida pela crucifixão da personalidade. Conforme já vimos, esses símbolos podem ser utilizados da mesma maneira para narrar a partida do Filho Pródigo rumo à "terra da grande fome" e os sofrimentos que ali suportou. Agora que ele está de volta ao regaço do Pai, a cura da separação e a jornada de transformação, aplicáveis a todos nós, serão igualmente simbolizadas.

O processo da cura começa no momento em que "caímos em nós" e, pela fé, convidamos o Eu Cristo a manifestar-se na nossa consciência. Isso é salvação, a entrada num estado de autodeterminação consciente por um ato volitivo. Quando nos "levantamos e partimos para junto do Pai", tomamos nossas próprias decisões inteligentemente, sob a inspiração do Eu Cristo, e não

A Jornada Universal da Transformação

subconscientemente, por ordem dos elementais negativos que habitam os chakras inferiores. Depois que nos "desidentificamos" com esses "espíritos imundos", eles começam a debilitar-se e a perder o controle de nossas mentes. Em seu lugar criamos virtudes no nível de todos os chakras para purificar a mente. Assim:

Elementais Negativos da Separação	**Virtudes Correspondentes de Cura**
Chakra da raiz (nº 1) — "Sou indigno de existir."	"Como Filho de Deus, tenho um valor infinito."
Chakra do sacro (nº 2) — "Sou vulnerável nos relacionamentos."	"Confio em qualquer outro Filho de Deus."
Chakra do plexo solar (nº 3) — "Estou indefeso."	"Posso fazer tudo por meio de Cristo, que me fortalece." (Filip. 4:13)
Chakra do coração (nº 4) — "Estou sofrendo."	"Como amor encarnado, cuido do meu próximo e de toda a criação como do meu próprio eu."
Chakra da garganta (nº 5) — "Devo mentir para obter o que quero."	"Digo a verdade livremente e sem medo."
Chakra da testa (nº 6) — "Só vejo imperfeições."	"Percebo a perfeição do Espírito em todos os seres."
Chakra da coroa (nº 7) — "Não tenho nenhum grande objetivo na vida."	"Sou um co-criador eterno com Deus."

A mente vai se tornando cada vez mais lúcida e mais refinada, servindo de espelho para refletir nosso próprio Eu Espírito e os dos outros em nossa percepção. O perdão flui naturalmente quando nos identificamos cada vez mais com o Espírito e cada vez menos com os elementais criados por nossa mente. A consciência se expande.

Esse processo de cura e transformação é a seguir simbolizado pela cruz (a personalidade atual) inscrita na estrela (a alma, reunificação do divino e do humano); estrela e cruz, por seu turno, se inscrevem no círculo de expiação (as ilimitadas possibilidades da consciência única em eterna expansão, ou iluminação):

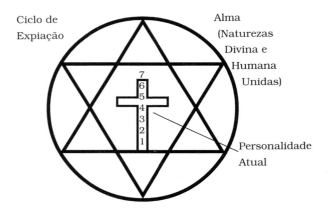

Depois que tudo foi perdoado e a personalidade penetrou a esfera de expiação, as condições mentais que haviam criado o sofrimento da personalidade atual já não existem. A cruz pode agora regressar ao "pó de que viera" (Gên. 3:19). A personalidade permanente, uma só com a sua própria alma, renasce do pó da personalidade atual e sabe-se unificada com toda a criação na luz do Cristo. A alma se reuniu conscientemente no Jardim que de fato nunca abandonou, mas agora munida do conhecimento experimental de si mesma como a encarnação do amor assim simbolizada:

A Jornada Universal da Transformação

Personalidade Permanente Iluminada

Para Compreender Zorba

Danço a dor até que ela permaneça
qual ácida salmoura de azeitonas
sobre o meu rosto.

Danço as lágrimas cristalinas
que de há muito transformam
meus ombros em pedra.

Danço as tristezas de amor
transformadas em ódio
e de ódio em indiferença.

Danço o medo da solidão
e da angústia
do abandono.

Danço a cólera até
que ela se liberte
e escorra por meus braços
como rios.

Danço a decepção
das expectativas irrealizadas
e os sonhos eternamente
adiados.

Danço todos os meus demônios
que são pó sob os meus pés
e os afasto de mim
em redemoinhos.

Só então posso dançar
aquilo que me canta
no coração e no sangue.

No espaço
entre os espaços
que jazem entre as palavras,

Onde palavras nada significam,
Eu danço e a alegria EXISTE...

Donna Overall

VII

Como Despertar Conscientemente o Amor
Nove Caminhos de Volta

A Decisão de Voltar

A separação assume tantas formas quantas são as criaturas humanas, embora tenda a acontecer segundo as linhas gerais que discutimos anteriormente. A qualquer tempo e sob quaisquer circunstâncias, a luz da percepção arrefece e o "Judas interior" assume o controle da personalidade, enquanto a experiência do amor diminui e o sofrimento se manifesta. Essa "Queda" que nos isola da graça na percepção, bem como o egotismo que preserva a ignorância, são processos subconscientes. O regresso ao lar, entretanto, tem de ser empreendido conscientemente. Como na parábola do Filho Pródigo, a decisão de salvar-se é tomada quase sempre sob a pressão e a desilusão geradas por certo grau de sofrimento — aquele que, invariavelmente, nasce da ignorância. A graça da luz do Cristo interior aguarda apenas a nossa decisão de aceitá-la novamente na consciência, por intermédio da fé.

A percepção salvadora da luz interior provoca uma mudança radical na mente, com respeito ao "quem sou eu?" e ao "o que quero criar na vida?" A palavra grega *metanoia* significa originalmente "mudança de idéia" e é traduzida em nossa língua por "arrependimento". O conceito de arrependimento caiu até certo ponto em desgraça nos tempos modernos por causa de seus laivos de religiosidade. O verdadeiro arrependimento, porém, não implica que a pessoa se considere "má" e decida ser "boa". Implica, isso sim, renunciar a toda noção de "bom" e "mau" e aceitar a própria santidade como filho ou filha de Deus. O arrependimento não é apenas um ato de contrição e remorso, mas também o alinhamento do ser total da pessoa com Deus. O arrependimento encontra a graça do coração, enquanto prossegue a jornada que cura e transforma.

Conforme enfatizamos, a salvação e a cura derivam, em última análise, da livre escolha. As duas características principais do ser humano são a autopercepção e o livre-arbítrio. Nenhum poder, nenhuma personalidade do céu ou da terra podem interferir com o direito, dado por Deus, de nos vermos e construir nossas realidades pessoais do modo que queremos. Tão vigorosa e fundamental para a realidade é a vontade humana que podemos dizer sem receio: "Desejo despertar o amor em meu coração" — e isso imediatamente acontecerá. A iluminação do Buda, sob a árvore Bodhi, ocorreu como resultado de uma intenção suprema e definitiva. No entanto, nem o Buda atingiu a bem-aventurança antes de enveredar, durante anos, por caminhos que pareciam fúteis.[1]

Como Encontrar o Caminho

A capacidade para dar o salto final na expiação, ou estado "búdico", é estimulada pela percepção dos pontos cegos da personalidade; em seguida, é preciso agir conscientemente para perdoar ou trazer luz a esses lugares sombrios. No entanto, a personalidade gosta de ignorá-los. Sem o foco consciente no "Judas interior", o investigador espiritual pode simplesmente intensificar a percepção da luz quando ela já está presente. Assim, ele evita quaisquer desafios concretos à personalidade atual e vale-se da espiritualidade para fugir à cura verdadeira. A iluminação da própria sombra é sempre desconcertante, vindo acompanhada de certa dose de perturbação e confusão. O "desaprendizado" implícito na caminhada rumo à luz deve, pois, ser empreendido com a máxima consciência possível.

A teoria do Eneagrama é útil porque pode levar a pessoa a identificar o vício principal, tantas vezes ignorado, à cuja volta a personalidade atual se organiza. O fato de a energia seguir-se ao pensamento é uma lei metafísica; dessa forma, quanto mais atenção for dada ao elemental nuclear, mais ele será vitalizado. O único caminho direto para a libertação do controle do vício é substituí-lo por sua virtude correspondente. Como disse Paulo, "Não te deixes vencer pelo mal, mas vence o mal com o bem" (Rom. 12:21).

A virtude é criada de acordo com um princípio espiritual, e um ou mais princípios espirituais que dirigem a criação de uma virtude podem ser identificados. Por extensão, o mesmo princípio governa a direção do tipo de personalidade, cujo objetivo é criar aquela virtude. A virtude é vivenciada como uma sensação corporal de verdade e exprime-se em atos de bondade espontâneos, não-premeditados. Essas expressões são reflexos diretos do Eu-ego-espírito na vida diária da pessoa. São os atos mais elevados e naturais do comportamento ético porque não brotam tanto do senso de dever quanto da intenção de amar. A expressão virtuosa não se ocupa de pôr o eu à prova; isso cabe ao ego separado.

Os supremos anseios espirituais da humanidade concretizam-se na busca de harmonia com os princípios espirituais mais elevados que governam a nossa vida e toda a criação. A prece que Jesus ensinou aos seus discípulos, conhecida como "Pai-Nosso", exprime esses anseios:

> *Pai nosso, que estás nos céus, santificado seja o teu nome; venha a nós o teu reino, seja feita a tua vontade, assim*

na terra como no céu. O pão nosso de cada dia nos dá hoje, e perdoa as nossas dívidas assim como nós perdoamos aos nossos devedores. E não nos induzas à tentação, mas livra-nos do mal, porque teu é o reino, e o poder, e a glória para sempre. Amém. (Mt. 6:9-13)

Bennett mostrou uma correlação entre o Pai-Nosso e os nove pontos do Eneagrama.[2] Nove instruções específicas, cada qual aplicável a um dos nove pontos, podem ser identificadas no Pai-Nosso. Elas ajudam qualquer tipo de personalidade a entender o princípio espiritual (ou princípios) que governa sua existência. Essa instrução dirige a personalidade para a criação de sua virtude principal, a partir das feridas de seu principal vício: "Na nossa patologia está a nossa salvação".

A ascensão da escravização subconsciente para a liberdade da expiação, tal qual foi discutida na parábola do Filho Pródigo, é o elemento vertical de mudança simbolizado pela haste da cruz. Em cada domínio de chakra, a personalidade se volta para determinada área de conhecimento e proficiência. Ao mesmo tempo, um desenvolvimento horizontal passa a ocorrer em cada chakra baseado na dualidade da experiência masculina e feminina da vida. A teoria chinesa se refere ao princípio arquetípico masculino como *yang* e ao princípio arquetípico feminino como *yin*.

Carl Jung, por sua vez, chama o arquétipo masculino de *animus* e o arquétipo feminino de *anima*. A extensão horizontal da experiência é simbolizada pela trave da cruz: o braço direito representa a orientação masculina (*yang*), o braço esquerdo representa a orientação feminina (*yin*). O domínio masculino, ou *yang*, inclui as experiências do hemisfério esquerdo do cérebro: realidades externas, raciocínio abstrato, intelecto, objetividade, atividade, dever, trabalho, ciência, etc. O domínio feminino, ou *yin*, inclui as experiências do hemisfério direito do cérebro: realidades internas, intuição, emoção, subjetividade, receptividade, arte, lazer, sensualidade, música, etc.

A Mandala Terapêutica

O símbolo da cura pode ser adaptado especificamente a cada um dos nove tipos de personalidade para figurar o fluxo ideal das correntes curativas para cada tipo. Desse modo, o símbolo funciona como uma mandala para sua personalidade afim. A mandala é uma representação visual simbólica do fluxo das energias espirituais. É tipicamente circular, com padrões geométricos equilibrados, e é usada para facilitar a contemplação de determinados problemas. Tradicionalmente, o uso das mandalas tem sido associado sobretudo ao budismo tibetano.

A mandala terapêutica, tal qual será utilizada no contexto do presente livro, mostra no ápice da cruz a instrução do Pai-Nosso e o(s) princípio(s) espiritual(ais) ligados a ele. O vício principal aparece ao pé da cruz; as qualidades ideais *yin* e *yang* a serem desenvolvidas, na viga transversal. Em larga medida, é a qualidade particular da expansão masculino-feminina que orienta o processo de transformação. A virtude principal, ou "tarefa anímica de autocompreensão", surge no chakra do coração, onde a haste e essa viga se cruzam. Visualmente, fica claro por que o amor no coração é vital para o processo de transformação e por que a unificação da personalidade ocorre com mais eficiência e confiabilidade nesse nível. O coração é o ponto de encontro da ascensão da personalidade por meio do arrependimento e da descida do Espírito para a personalidade por meio da graça. É também o sítio do "matrimônio divino" entre os aspectos arquetípicos masculino e feminino da personalidade. O coração funciona como um "centro de comando" da alma, pois é ali que o Filho do Homem se une ao Filho de Deus e o *animus* se une à *anima*.

A personalidade, depois de unificada e expandida no coração, pode continuar a se mover para o alto, na consciência, rumo à expiação — expandindo-se sempre sem nunca sacrificar nenhum de seus ganhos. A ascensão vertical prematura, sem um concomitante desenvolvimento emocional, físico, interpessoal e social, costuma gerar um estado mental de bem-aventurança e encantamento, mas desvinculado da natureza humana e desestabilizador. Como o mítico Ícaro, há o risco de a personalidade voar muito perto do sol com "asas de cera" e despencar na terra quando elas se derreterem. Já um desenvolvimento integrado, no coração, fortifica as "asas" da experiência mortal, ensejando uma subida segura e confiante para as esferas superiores da consciência divina. O coração desperto não deixará parte alguma de si mesmo para trás, no curso da jornada, porque estará ligado a tudo. Ele exige que a pessoa leve consigo seu corpo, suas emoções e sua mente mesmo quando estende a mão aos outros durante a caminhada.

Quando a personalidade avança na direção das qualidades da flexibilidade, segundo a teoria do Eneagrama, está avançando na direção de sua virtude principal integradora, no nível do coração. Faz isso tanto pela ascensão quanto pela expansão horizontal. Ao voltar para o seu lado sombrio, tende a aferrar-se ainda mais à separação do seu vício principal, adiando a iluminação e prolongando o sofrimento. A direção de transformação e regressão, para cada tipo de personalidade, é dada nos gráficos do Eneagrama no Apêndice.

A estrutura geral da mandala terapêutica será esboçada. Seguir-se-á um exame acurado de cada um dos nove tipos de personalidade. Para fins dessas apresentações, somente a cruz será extraída da mandala terapêutica e usada para mostrar os detalhes do fluxo energético curativo de cada tipo. Cada discussão incluirá uma instrução específica do Pai-Nosso, bem como uma parábola ou exemplo da vida de Jesus, a fim de propiciar um conhecimento prático dessa instrução. Das instruções e dos exemplos extrairemos princípios espirituais orientadores para o tipo de personalidade envolvido. Citações e lições tiradas das tradições espirituais serão fornecidas para cada um, seguindo-se uma breve discussão pertinente. Apontaremos a direção da transformação e regressão, juntamente com o tipo anímico e o eu transformado de cada ponto.

As discussões se encerrarão com um exercício prático específico para a cura de cada padrão de lesão. Todos os exercícios podem ser executados independentemente do tipo de personalidade e a qualquer tempo, talvez como parte de um programa de sete passos. Cada um de nós já entrou em contato, em maior ou menor grau, com os padrões de separação próprios de cada tipo.

A MANDALA TERAPÊUTICA

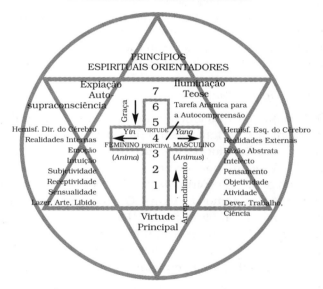

VÍCIO PRINCIPAL — PREGUIÇA
EXPRESSÃO DA PERSONALIDADE DO
FILHO PRÓDIGO: O EU NEGLIGENCIADO

Instrução: "Pai Nosso"

Exemplos: A Videira e as Varas, A Parábola da Ovelha Desgarrada

Eu sou a videira, vós sois as varas; quem está em mim, e eu nele, esse dá muito fruto; porque sem mim nada podeis fazer. Se alguém não estiver em mim, será lançado fora como a vara e secará; e os colhem e os lançam ao fogo, e ardem. Se vós estiverdes em mim e as minhas palavras estiverem em vós, pedireis tudo o que quiserdes e vos será dado. Nisto é glorificado meu Pai, que deis muito fruto; e assim sereis meus discípulos. (Jo. 15:5-8)

> Que vos parece? Se um homem tiver cem ovelhas e uma delas se desgarrar, não irá pelos montes, deixando as noventa e nove, em busca da que se desgarrou? E se porventura a acha, em verdade vos digo que maior prazer tem por aquela do que pelas noventa e nove que se não desgarraram. Assim também não é vontade de vosso Pai, que está nos céus, que um destes pequeninos se perca. (Mt. 18:12-14)

Lição: O Princípio da Unicidade

O Princípio da Unicidade é um princípio espiritual que decorre diretamente do fato mesmo da existência de nosso Pai. A realidade de um Criador obriga que todas as coisas criadas provenham dele e sejam, por isso mesmo, uma só eternamente. Como almas dotadas do espírito desse Criador-Pai, nossa vida flui da Videira da qual somos as varas. O fruto que cada um de nós é convocado a dar em parceria com Deus é um fruto sagrado; e uma vara não é mais ou menos importante que outra. Nosso Pai irá em busca do mais humilde dos filhos que se perderam, pois todos são essenciais para completar o todo, até mesmo Seu próprio Ser.

Discussão

Para o Eu Negligenciado, a tarefa da alma consiste em solucionar a dicotomia entre fundir-se no Um e exprimir-se como ser individual na unidade divina. Consiste em permanecer ligado, no âmbito da percepção, à videira, sem com isso deixar de ver-se como uma vara única que é chamada a dar o seu próprio fruto intencionalmente. Só o amor no coração pode resolver esse dilema de ordem divina. Depois que a personalidade "desgarrada" sen-

Como Despertar Conscientemente o Amor

tir-se alvo do afeto do Bom Pastor, perceberá a insensatez de negligenciar o próprio eu. Apenas pela correta valorização de seu próprio eu ela conseguirá fundir-se amorosa e significativamente com Deus e o resto da criação.

Essa consciência é expressa assim pelo escritor sufi (místico muçulmano) Shaykh Bahauddin Ibrahim Ata-ullah Ansari:

> Quando o sufi se lava da nódoa da sensualidade e da natureza, seu coração fica puro e seu espírito escapa a todas as relações mundanas, no amor de Deus. Sua vida está nas mãos do Todo-poderoso. O sufi pode fazer o que quiser por Ordem de Deus.
> Nesse estado, o que quer que o sufi faça, ele o faz por Ordem de Deus; o que quer que diga, ele o diz por Ordem de Deus; e o que quer que veja, ele o vê por Sua Ordem. Esse estado chama-se *Ittisaf*, isto é, "estar adornado com os atributos de Deus." ...
> Quando o ferro é posto ao fogo, adquire os atributos do fogo e chega a ser chamado fogo, pois agora possui as mesmas propriedades do fogo. Pode queimar outras coisas.[3]

Eis como o Shah Isma'il Shahid comenta a passagem acima:

> O pedaço de ferro é, na realidade, apenas ferro; no entanto, devido ao grande número de chamas que brotam dele, sua natureza se oculta juntamente com suas propriedades e efeitos — quer dizer, os mesmos efeitos e propriedades que emanam do fogo começam a emanar dele também. Mas até isso, estritamente falando, não é correto; o que se deveria dizer é que tais efeitos estão agora emanando apenas do fogo, que envolve o pedaço de ferro. Todavia, como o fogo fez desse objeto seu suporte e passou a considerá-lo o trono de seu reino, seus efeitos e propriedades podem ser relacionados com o pedaço de ferro. Assim os versos: "Não o fiz por querê-lo ... Quem o quis foi o teu Senhor" referem-se ao mesmo estado.
> Resumindo: houvesse o pedaço de ferro sido aquinhoa-

do com o dom da fala, vociferaria numa centena de línguas sua identificação com a própria essência do fogo, esquecendo por algum tempo sua realidade e bradando: "Eu sou uma brasa do fogo que arde; sou aquilo de que depende por completo o trabalho do ferreiro, do cozinheiro, dos artesãos, dos técnicos." De igual modo, quando os vagalhões da atração divina arrastam o eu perfeito do devoto para as funduras abissais do oceano da Unidade, ele grita involuntariamente:

"Eu sou Deus (Ana'l Haqq),
Não há em mim senão Deus.
Glória a mim, sublime em majestade:
Sou o único Ator no mundo".[4]

Transformação, Expansão e Regressão

Quando o Eu Negligenciado se transforma no Ministro da Finalidade, expressa ação intencional, mostrando ao mesmo tempo iniciativa e correção nas diversas situações da vida. Está presente e automotivado para o autodesenvolvimento. Exprime sua força, talentos e habilidades — a individualidade se acentua. A expansão "masculina", ou *yang*, é automotivação e autodireção. A expansão "feminina", ou *yin*, envolve auto-reconhecimento e auto-suficiência.

Quando o Eu Negligenciado resiste à transformação, aferra-se mais teimosamente ao seu vício; preguiça ou auto-esquecimento. Mostra confusão, paralisia e auto-sabotagem, tornando-se ambivalente quando se trata de praticar uma ação correta. Torna-se também receoso de novos males, amplificando desmesuradamente o medo e as condições adversas.

Essas tendências energéticas estão em consonância com o tipo nove da personalidade do Eneagrama.

Tipo Anímico: Angélico

Eu Separado	**Princípio Transformador**	**Eu Transformado**
Eu Negligenciado	*Princípio de Unicidade*	*Ministro da Finalidade*

Como Despertar Conscientemente o Amor

> ***Exercício para o Eu Negligenciado: "Pai Nosso"***
>
> **Respire profundamente e relaxe.**
> **Visualize uma pessoa que você tem negligenciado ou a quem não vem se mostrando agradecido como deveria. Procure ver a situação com clareza. Ao visualizar a pessoa, olhe-a no fundo dos olhos e imagine que, saindo de seu próprio corpo, penetra no dela.**
> **Contemple a você mesmo pelos olhos dessa pessoa. Como se sente sendo ignorado e desprezado?**
> **Volte agora ao seu próprio corpo e olhe novamente com os seus olhos para a pessoa que tem negligenciado. Torne-se o seu eu amoroso, sinta o amor de Cristo em você e envie seu amor à pessoa desprezada, tocando-lhe o coração. Tente perceber o amor dela. Reconheça que ambos são um só.**

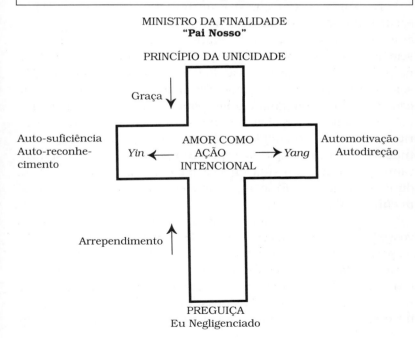

VÍCIO PRINCIPAL — CÓLERA FARISAICA
EXPRESSÃO DA PERSONALIDADE DO
FILHO PRÓDIGO: O EU CRÍTICO

Instrução: "Que Estás nos Céus"

Exemplo: Parábola — O Tesouro Escondido

> Também o reino dos céus é semelhante a um tesouro escondido num campo, que um homem achou e escondeu; e, pelo gozo dele, vai e vende tudo quanto tem, e compra aquele campo. (Mt. 13:44)

Lição: O Princípio da Auto-suficiência, O Princípio do Crescimento do Amor

Daskalos ensina que o Ente Infinito Absoluto, ou Deus, existe num estado de Absoluta Auto-suficiência. Tudo o que é necessário à existência e à auto-expressão pode ser encontrado no seio do Ente Absoluto. Dele provém, igualmente, a autoridade final sobre toda a criação. Esse dom individualizado do Ente Absoluto, o Eu-ego-espírito, está eternamente presente dentro de cada alma humana, guiando-nos com a mesma autoridade divina e atendendo a todas as nossas necessidades. O Eu-ego-espírito é o "tesouro escondido no campo" pelo qual o homem vende tudo o que tem e compra o próprio campo. O tesouro é a sua garantia perene de auto-suficiência completa. Ensinou Jesus: "Nem dirão: Ei-lo aqui ou Ei-lo ali; porque eis que o reino de Deus está entre vós" (Lc. 17:21).

Jesus também ensinou: "Sede perfeitos como perfeito é o vosso Pai que está nos céus" (Mt. 5:48). Note-se que ele disse "sede perfeitos" e não "agi com perfeição". Ser perfeito é reclamar a perfeição do "tesouro escondido no campo", o reino dos céus interior, e aceitar-lhe a orientação. Paradoxalmente, ser perfeitos nesse sentido é reconhecer as nossas limitações humanas e aceitar que, independentemente do que façamos e de quanto avancemos em direção ao amor, jamais alcançaremos a perfeição final do Eu Cristo fora da eternidade. A perfeição de nossa natureza divina implica a imperfeição de nossa natureza humana. Se achamos o tesouro no campo, somos naturalmente induzidos a reverenciá-lo cultivando o próprio campo — nossa natureza humana — tão cuidadosamente quanto possível. Passo a passo, vida após vida, aproximamo-nos da finalidade do amor, que jaz nas profundezas do Eu Cristo divino e perfeito.

Discussão

Os princípios espirituais que governam a perfeição divina na criação apontam a boa estrada para o Eu Crítico. O Eu Crítico refoge a esses princípios quando procura autoridade e padrões de perfeição fora e não dentro de si mesmo. Em vez de aceitar com simplicidade o amor que já aí está, ele tenta concretizar o amor agindo com perfeição segundo os sistemas externos arbitrários. A pessoa que se deixou apanhar em semelhante armadilha perde contato com o seu verdadeiro eu, acabando por sentir-se insatisfeita, vazia, frustrada, irritada e compulsiva na vida.

A tarefa anímica do Eu Crítico cifra-se em encontrar paz de espírito voltando-se para a perfeição do ser absoluto interior. Ciente de que se encaminha para a perfeição dentro de si mesmo, mas também de que jamais a logrará plenamente na experiência, ele talvez precise de tempo para descontrair-se, gozar a vida e achar prazer no mero fato de existir. A plenitude, então, torna-se mais importante que a perfeição. Dessa serenidade fluirá um tipo de ação e realização que a personalidade, em vias de transformar-se, nunca houvera crido possível. Lao-tsé compreendeu muitíssimo bem a relação entre ser e fazer, entre perfeição divina e imperfeição humana nesta passagem do clássico taoísta *Tao-Te King*:

> A verdadeira perfeição parece imperfeita,
> mas é perfeitamente ela própria.
> A verdadeira plenitude parece vazia,
> mas está plenamente presente.

A verdadeira linha reta parece curva.
A verdadeira sabedoria parece tola.
A verdadeira arte parece tosca.

O Mestre permite que as coisas aconteçam.
Ele molda os acontecimentos que sobrevêm.
Desvia-se do caminho
e deixa o Tao (Caminho) falar por si mesmo...

O Meste faz sem nada fazer
e ensina sem nada dizer.
As coisas surgem sem que ele o impeça;
as coisas desaparecem e ele não se preocupa.
Ele tem e não possui,
age mas não espera.
Feito o trabalho, esquece-o.
Eis por que este dura para sempre.[5]

Transformação, Expansão e Regressão

Quando o Eu Crítico se transforma no Consolador Misericordioso, obtém a tranqüilidade e, no processo, torna-se mais jovial, otimista, inventivo, criativo e produtivo. Começa a aceitar as limitações inevitáveis da realidade e a usufruir da vida. O desdobramento na direção *yang* gera manifestações de ideais, amparo caridoso e ação decisiva. A expansão *yin* resulta em lazer, espontaneidade, harmonia interior, renúncia aos esforços e comportamento adaptativo.

Quando o Eu Crítico resiste à transformação, abisma-se no seu vício, a cólera farisaica, e desilude-se dos ideais tornando-se deprimido, autodestrutivo e rabugento com a vida tal qual é. Sente-se deslocado e invejoso daqueles que parecem conseguir realizar-se.

Essas tendências energéticas estão em consonância com o tipo um de personalidade do Eneagrama.

Tipo Anímico: Angélico

Eu Separado	**Princípio Transformador**	**Eu Transformado**
Eu Crítico	Principio de Auto-suficiência	Consolador
	Principio de Crescimento do Amor	Misericordioso

Exercício para o Eu Crítico: "Que Estás nos Céus"

Feche os olhos. Respire profundamente.
Olhe bem à frente, como num espelho grande. Alimente o desejo de alcançar a verdadeira perfeição e autonomia na vida. Imagine que as portas do espelho se abrem, convidando-o a penetrar num formoso jardim de luz de um templo.

Olhando para dentro do templo, peça que o Eu Cristo lhe apareça. Deixe que ele pouse a mão sobre o seu coração. Sinta o amor dele como se fosse o seu próprio. Ele lhe diz: "Em alguma parte deste jardim está escondido o tesouro de seu Ser, a pérola inestimável que você é. Gostaria de encontrá-lo?"

Deixe que ele o tome pela mão e o leve a mostrar o local. Após encontrar o tesouro, ponha-o no coração e pergunte a respeito de sua vida. Ouça a resposta. Se esta não vier imediatamente, peça para que venha mais tarde ou que lhe seja dado um sinal capaz de despertar sua compreensão.

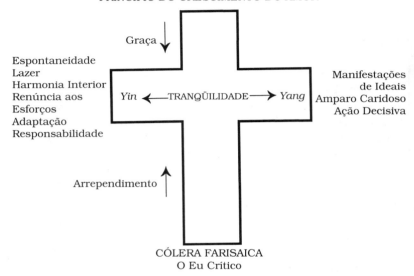

VÍCIO PRINCIPAL — ORGULHO
EXPRESSÃO DA PERSONALIDADE DO
FILHO PRÓDIGO: O EU ORGULHOSO

Instrução: "Santificado seja o teu nome"

Exemplos: Parábola dos Dez Talentos, O Grande Mandamento

Porque o reino dos céus é também como um homem que, partindo para fora da terra, chamou os servos e entregou-lhes os seus bens. A um deu cinco talentos, a outro dois e a outro um, a cada qual segundo a sua capacidade, e ausentou-se logo para longe.

E, tendo ele partido, o que recebera cinco talentos negociou com eles e granjeou outros cinco talentos. Da mes-

Como Despertar Conscientemente o Amor

ma sorte, o que recebera dois granjeou também outros dois. Mas o que recebera um foi, cavou a terra e escondeu o dinheiro do seu senhor.

E muito tempo depois voltou o senhor daqueles servos e fez as contas com eles. Então aproximou-se o que recebera cinco talentos e trouxe-lhe outros cinco, dizendo: Senhor, entregaste-me cinco talentos; eis aqui outros cinco que granjeei com eles. E o seu senhor lhe disse: Bem está, servo bom e fiel. Sobre o pouco foste fiel, sobre o muito te colocarei: entra no gozo do teu senhor.

E, chegando também o que tinha recebido dois talentos, disse: Senhor, entregaste-me dois talentos; eis que com eles granjeei outros dois. Disse-lhe o seu senhor: "Bem está, bom e fiel servo. Sobre o pouco foste fiel, sobre o muito te colocarei: entra no gozo do teu senhor.

Mas, chegando também o que recebera um talento, disse: Senhor, eu te conhecia, és um homem duro que ceifas onde não semeaste e ajuntas onde não espalhaste. Atemorizado, escondi na terra o teu talento; aqui tens o que é teu.

Porém o seu senhor, respondendo, disse: Mau e negligente servo, sabes que ceifo onde não semeei e ajunto onde não espalhei. Devias então ter dado o meu dinheiro aos banqueiros e, quando eu voltasse, recebê-lo-ia com juros. Tirai-lhe, pois, o talento e dai-o ao que tem dez talentos. Porque a qualquer que tiver será dado e terá em abundância; mas ao que não tiver, até o pouco que tem lhe será tirado. (Mateus 25:14:29)

E um deles, doutor da lei, interrogou-o para o experimentar, dizendo: Mestre, qual é o grande mandamento na lei?

E Jesus disse-lhe: Amarás o Senhor teu Deus de todo o teu coração, e de toda a tua alma, e de todo o teu pensamento. Esse é o primeiro e grande mandamento. E o segundo, semelhante a ele, é: Amarás o teu próximo como a ti mesmo. Desses dois mandamentos depende toda a lei e os profetas. (Mt. 22:35-40)

Lição: O Princípio da Graça de Deus, O Princípio do Amor

A graça e o amor estão próximos demais do Coração de Deus para serem definidos em palavras. Mas pode-se dizer com segurança que o Princípio da Graça de Deus e o Princípio do Amor operam inteiramente ao arrepio das leis do mundo. Eis por que a parábola dos Dez Talentos, que fala da graça, não faz sentido quando analisada de um ponto de vista material. Os talentos, ou graça, são entregues a cada servo segundo a sua "capacidade", que podemos interpretar como a aptidão de receber. A aptidão de receber é, na verdade, uma medida de gratidão. Os dois servos que duplicaram os seus talentos fizeram-no conforme o Princípio do Amor partilhado: o amor em nossos corações aumenta quando é dado livremente. Eles seguiram o "grande mandamento" no afeto por seu senhor, e o segundo, "Amarás o teu próximo como a ti mesmo". O servo que enterrou o seu talento de fato nunca o recebeu; de outro modo tê-lo-ia partilhado e ele aumentaria segundo a verdadeira natureza do amor. Seu pecado foi a ingratidão e o orgulho nela implícito.

Em certo sentido, graça e amor definem-se mutuamente. A graça é a partilha livre, ilimitada e espontânea do amor. A graça dá livremente devido à natureza incondicional do amor: nada espera de volta. O amor, é claro, expande-se por intermédio da graça uma vez que, assim fazendo, cresce. A gratidão é a resposta mais natural ao amor de Deus, constituindo o meio pelo qual o coração se abre para receber ainda mais amor: "Porque a qualquer um que tiver será dado, e terá em abundância".

A humildade é a consciência de estarmos sendo sustentados pela graça. A verdadeira humildade conhece as próprias necessidades a cada momento, ao mesmo tempo que exulta ante a graça que se apresenta para atender a elas. Como disse Jesus: "Vosso pai sabe o que vos é necessário antes de vós lho pedirdes" (Mt. 6:8). A graça, entretanto, não se limita à satisfação das próprias necessidades. Transborda naturalmente para os outros na caridade, sem nada pedir a ninguém. O fluxo do amor retorna do mundo em abundância e gratidão ainda maiores, e o ciclo pros-

Como Despertar Conscientemente o Amor

segue. A suprema prece está contida no "santificado seja o teu nome", pois trata-se de uma prece de gratidão e humildade. A graça nos sustenta, a graça nos desperta, a graça nos guia para nós mesmos — sem nenhum esforço.

Discussão

A graça e o amor se erguem como o maior dos desafios às sutilezas do egoísmo. Por isso, o ego muitas vezes gosta de enfrentá-los por meio do "demônio disfarçado em anjo de luz" chamado orgulho. Apresentando-se solidário e nobre, o Eu Orgulhoso achou uma maneira particularmente insidiosa de isolar-se da percepção da graça de Deus. Ao dar graciosamente com u'a mão, tenta recuperar com a outra o amor que acredita não ter. Esse tipo de generosidade é às vezes chamado de "egocêntrico", pois dá para receber. O Eu Orgulhoso reprime a percepção de suas necessidades reais, evitando a graça que as satisfaria. Procura colocar o eu separado na frente até da própria graça, mas faz isso de modo a parecer nobre. Não admira que o martírio nos tenha dominado coletivamente, em conseqüência do egoísmo religioso, e individualmente, em nossa vida cotidiana!

O martírio perde logo o apelo ao Eu Orgulhoso em fase de mudança, cujo coração bem-nutrido se torna um motor de santidade. Em harmonia com os princípios da Graça e do Amor, esse coração gera amor perpétua e abundantemente por meio da gratidão, humildade, generosidade irrestrita e serviço ao próximo. A personalidade transformada, agora o Servo Humilde, compreende o verdadeiro significado deste conselho de Jesus: "E qualquer que entre vós quiser ser o primeiro seja vosso servo" (Mt. 20:27).

Disse o apóstolo João: "Nós o amamos porque ele nos amou primeiro" (I Jo. 4:19). O amor e a graça de Deus são louvados na seguinte passagem do místico persa Abu Hamud Al-Ghazali:

> O homem ama a Deus porque existe afinidade entre a alma humana e sua fonte. Aquela compartilha da nature-

za e dos atributos divinos, pois, mercê do conhecimento e do amor, consegue alcançar a vida eterna e tornar-se semelhante a Deus. Esse amor, quando forte e poderoso, chama-se paixão, que é o amor firmemente estabelecido e sem limites. Nada mais razoável que concedê-lo ao Um de que todas as boas coisas visivelmente proviram. Em verdade, nada há de bom, belo e amável neste mundo que não tenha emanado de sua ternura e não seja dom de sua graça — um gole do mar de sua generosidade. Pois tudo o que é agradável, justo e sublime no mundo, percebido pelo intelecto, a visão, a audição e os demais sentidos, da criação até o termo do universo, das alturas das Plêiades às profundezas da terra, não passa de uma partícula do tesouro de seus cabedais e de um raio do esplendor de sua glória. Não é de crer se deva amá-lo, a ele assim descrito? Não é compreensível que aqueles que possuem o conhecimento místico de seus atributos se disponham a amá-lo cada vez mais, até que seu amor ultrapasse todos os limites? Empregar o termo "paixão" para esse amor é na verdade errôneo, pois ele não consegue exprimir-lhe a grandeza.

Seja a glória com aquele que se oculta aos olhares no brilho de sua luz. Se ele não se houvesse velado com setenta véus de luz, o esplendor de sua face seguramente consumiria as pupilas dos que lhe contemplassem a beleza.[6]

João prossegue: "Se alguém diz: Eu amo a Deus, e aborrece a seu irmão, é mentiroso. Pois quem não ama a seu irmão, ao qual viu, como pode amar a Deus, a quem não viu? E dele temos este mandamento: que quem ama a Deus, ame também a seu irmão" (I Jo.4:20-21). O amor e a caridade são as pedras angulares do evangelho de Jesus.

Transformação, Expansão e Regressão

Quando o Eu Orgulhoso se transforma no Servo Humilde, começa a aceitar como válidas as necessidades concretas, sentindo-se digo de receber amor. Torna-se mais independente, criativo e singular em sua expressão. Nele arrefece o impulso a sacrificar-se constantemente.

Dilatando-se na direção *yang*, torna-se autônomo, criativamente motivado para a auto-realização, e aprende a dar amor com sinceridade. A expansão *yin*, por sua vez, engendra empatia verdadeira, valorização genuína das necessidades alheias, auto-apreciação e capacidade para receber amor autenticamente.

Quando o Eu Orgulhoso resiste à transformação, mergulha ainda mais em seu vício (egoísmo nobre) e se insurge furiosamente contra as necessidades não atendidas, tornando-se vingativo. Ele sabota oportunidades de receber. Sente-se dominado e envolve-se em questões de dependência *versus* liberdade. Tende a desenvolver distúrbios psicossomáticos como expressões indiretas de *stress* e fracasso. Dá respostas agressivas a sentimentos reprimidos de insegurança e medo, exigindo atenção, valorização, estabilidade e cuidados.

As tendências energéticas acima estão em consonância com o tipo dois da personalidade do Eneagrama.

Tipo Anímico: Heróico

Eu Separado	**Princípio Transformador**	**Eu Transformado**
Eu Orgulhoso	Princípio da Graça de Deus Princípio do Amor	Servo Humilde

Exercício para o Eu Orgulhoso: "Santificado seja o teu nome"

Um dos exercícios que você pode praticar a fim de voltar com humildade à expiação é dirigir-se à natureza, aos bosques. Vá até um lugar tranqüilo, onde só haja natureza e silêncio. Ali não haverá nada para você obter, não haverá sequer palavras. Apenas faça-se tacitamente esta pergunta: Quem sou eu?

Segundo Exercício

Feche os olhos e respire profundamente.

Visualize-se em casa, num dia comum, com seus pensamentos, sentimentos, ações, paixões e desejos cotidianos. Imagine, nos limites de sua propriedade, um abismo ou barranco íngreme. Por sobre esse abismo há uma ponte sólida. Caminhe até o meio da ponte e pergunte a si mesmo: "Se eu tivesse de cruzar esta ponte até um espaço vital inteiramente novo (ou seja, uma propriedade inculta), o que gostaria de levar comigo?"

Avance em seguida até a extremidade da ponte. Ali se posta o seu anjo da guarda. Pergunte-lhe, mirando-o bem nos olhos: "Do que realmente preciso no meu novo ciclo de vida (um novo começo)? A que posso renunciar?"

Como Despertar Conscientemente o Amor

VÍCIO PRINCIPAL — DESONESTIDADE
EXPRESSÃO DA PERSONALIDADE DO
FILHO PRÓDIGO: O EU DESONESTO

Instrução: "Venha a nós o teu reino"

Exemplo: Parábola do Semeador

> Eis que o semeador saiu a semear. E, quando semeava, uma parte da semente caiu ao lado do caminho; e vieram as aves e comeram-na. E outra parte caiu em pedregais, onde não havia terra bastante, e logo nasceu, porque não tinha terra funda. Mas, vindo o sol, queimou-se e secou-se, porque não tinha raiz. E outra parte caiu entre espinhos, e os espinhos cresceram e sufocaram-na. E outra caiu em terra boa e deu fruto: um a cem, outro a sessenta e outro a trinta.
> Quem tem ouvidos para ouvir, ouça.
> Escutai, pois, a parábola do semeador. Ouvindo alguém a palavra do reino e não a entendendo, vem o maligno e arrebata o que foi semeado no seu coração; este é o que foi semeado ao lado do caminho. Porém o que foi semeado em pedregais é o que ouve a palavra e logo a recebe com alegria. Mas não tem raiz em si mesmo, antes é de pouca duração; e, chegada a angústia e a perseguição por causa da palavra, logo se ofende. E o que foi semeado entre espinhos é o que ouve a palavra, mas os cuidados deste mundo e a sedução das riquezas sufocam a palavra, e fica infrutífera. Mas o que foi semeado em boa terra é o que ouve e compreende a palavra, e dá fruto, e um produz cem, outro sessenta e o outro trinta. (Mt. 13:3-9, 18-23)

Lição: O Princípio de Causa e Efeito, O Princípio da Crença

O Princípio de Causa e Efeito, conhecido como a Lei do Karma na metafísica oriental, é o princípio espiritual que afirma que a cada ação corresponde uma reação — ou, em outras palavras, que "colhemos aquilo que semeamos". É comumente interpretado na acepção de que recebemos o castigo que merecemos. Todavia, se de fato "recebemos o que merecemos", o Princípio de Causa e Efeito é na verdade um princípio espiritual impessoal, inerente à estrutura da criação e de atuação automática em nossas vidas. Segundo o pensamento oriental, o karma pode operar ao longo de muitas vidas. As ações destrutivas trazem um "mau karma", ou seja, um ajuste de contas.

O Princípio de Causa e Efeito pode ser amenizado pelo Princípio da Graça de Deus ou Princípio da Misericórdia Divina. Segundo Daskalos, é o arrependimento (*metanoia*) que provoca a intervenção dessas outras leis divinas, fazendo com que o Princípio de Causa e Efeito seja transcendido. A relação entre os princípios de Causa e Efeito, Graça e Misericórdia é no mínimo misteriosa. Eles se entrecruzam em nossas vidas segundo a visão transcendental que Deus tem de nossos corações. De igual modo, quando "coisas ruins acontecem a gente boa", é arriscado atribuir isso ao Princípio de Causa e Efeito. Aquilo que chamamos "mau" de nossa perspectiva humana pode não sê-lo do ponto de vista mais vasto do Eu Cristo, que procura preparar as nossas almas para grandes conquistas e supremas aventuras de eternidade.

Além de ilustrar o "colhemos o que semeamos", a parábola do Semeador mostra que "colhemos segundo a maneira e o local de semear". Jesus aprofundou esse conceito quando disse: "Não deis aos cães as coisas santas nem deiteis aos porcos as vossas pérolas, para que as não calquem aos pés e, voltando-se, vos despedacem" (Mt. 7:6). Ações positivas geram resultados positivos quando empreendidas conscientemente, com zelo e tirocínio, de sorte a obter o maior bem com o mínimo esforço. Eis um desafio na arte de viver que intriga e estimula quem quer que se envolva no ministério do amor.

Finalmente, a parábola do Semeador explica o que poderíamos chamar de "Princípio da Crença", nos termos do qual criamos as nossas realidades pessoais por meio da crença, do pensamento e da atitude. Conforme discutiremos no Apêndice III, logramos isso graças à elaboração de uma rede de elementais à maneira do universo, que é criado a partir da supersubstância da Mente por Vontade do Ser Infinito Absoluto. A imaginação e a fé moldam o nosso devir. Todo pensamento, como o de liberdade ou amor, se solidifica numa condição futura. Somos todos banhados, diariamente, com "sementes" de verdade e graça. Quer descuidemos ou cuidemos dessas sementes, quando elas criam raízes determinam a hora da "vinda do reino" aos nossos corações. Jesus disse: "Não andeis, pois, inquietos dizendo: Que comeremos ou que beberemos, ou com que nos vestiremos? ... Mas buscai primeiro o reino de Deus e a sua justiça, e todas essas coisas vos serão acrescentadas" (Mt. 6:31,33). A devoção e o modo como, por nossa vez, semeamos as sementes íntimas de amor e verdade que nos cercam determinarão quando o "reino de Deus" virá para o mundo.

Discussão

O Eu Desonesto ostenta esse nome porque, mais flagrantemente que qualquer outro tipo de personalidade, procura substituir o "Quem sou eu?" real por uma imagem. Assim, a transformação do Eu Desonesto muitas vezes acarreta uma experiência anímica profundamente desgastante de arrependimento, ou *metanoia*. A salvação, entendida em termos religiosos, sempre implica alguma mudança conceitual do "quem sou eu?". Assim o Eu Desonesto, agora Guerreiro Espiritual, pode dedicar-se completamente à salvação da "alma" da humanidade. Os Guerreiros Espirituais mostram-se bastante eficientes nessa tarefa devido ao seu otimismo, dinamismo e capacidade de atuar praticamente no mundo. Habilidosos, adaptam sua mensagem ao grau de entendimento ou às tendências das pessoas reais que encontram. "Semeadores" que são, conseguem logo achar terreno fértil onde depositar suas sementes de salvação — e, se necessário, até mesmo criam esse terreno. O coração do Guerreiro Espiritual coordena inúmeras tarefas complexas por meio do amor, sem em nada se desviar de seus objetivos espirituais.

Um dos principais ramos do budismo é o Mahayana. Seus

supremos ideais estão encarnados no *bodhisattva* (aquele cuja essência, ou *sattva*, é sabedoria perfeita, ou *bodhi*). O *bodhisattva* é um ser que atingiu os umbrais do nirvana, ou iluminação, mas regressou voluntariamente ao mundo para ajudar seus semelhantes a alcançar, também eles, o nirvana, pondo um fim a seus sofrimentos. Ele pode desempenhar essa missão compassiva era após era. A deusa da Misericórdia é a mais amada dos *bodhisattvas* em toda a Ásia. A passagem seguinte, extraída das *Escrituras Budistas*, descreve a missão de compaixão infinita do *bodhisattva*:

> Um bodhisattva decide: Tomo aos ombros o peso de todo o sofrimento ... Não fujo, não tremo e não temo ... Não volto as costas e nem me deixo abater.
> Por quê? ... Porque fiz votos de salvar todos os seres ... Devo resgatar por inteiro o mundo dos seres vivos, livrando-os dos terrores do nascimento-e-morte, do emaranhado das falsas concepções ... Meus esforços não se dirigem unicamente à minha libertação pessoal ... Devo libertar todos os seres do fluxo do Samsara ... A nenhum deles negarei o mérito ... Decidi permanecer em cada etapa de sofrimento por éons incontáveis; desse modo, ajudarei todos a se libertarem, em qualquer fase de dor que em qualquer dos mundos possa ser encontrada.
> Por quê? Porque mais vale sofrer eu sozinho que todos eles se abismarem na tribulação.[7]

O apóstolo Paulo pode ser considerado a quintessência do "*bodhisattva* cristão". Sua conversão, ou *metanoia*, na estrada de Damasco transformou-o de perseguidor implacável dos crentes num emissário da salvação. O historiador escocês W. H. C. Frend afirma: "Paulo é uma das poucas figuras da história que merecem o título de 'gênio religioso'".[8] Ele descreve a eficácia da pregação de Paulo a ouvintes tão diversos como os Judeus Helenísticos da Dispersão (a comunidade judaica fora da Palestina) e os romanos que cultuavam os Mistérios. Adequando engenhosamente suas palavras à audiência, Paulo espalhou com vigor a mensagem de salvação, tal qual a compreendia, por todo o Império Romano. Seu evangelho estava cheio de amor, era movido pelo amor. Jamais se escreveu tributo mais belo ao amor do que o contido em sua Primeira Epístola aos Coríntios, capítulo 13, que termina com as palavras: "Agora, pois, permanecem a fé, a esperança e a caridade, essas três; mas a maior delas é a caridade" (I Cor. 13:13). Tão profunda foi a influência do Apóstolo que a primitiva Igreja Cristã tornou-se, de fato, a "Igreja de Paulo" e continua a sê-lo até hoje.

Com referência às viagens missionárias de Paulo, iniciadas em Chipre no ano de 46 d.C. e só encerradas com sua morte em Roma, em 62 d.C., Frend diz: "É um recorde de atividade impressionante. A energia exigida para semelhante programa, que terminou num semicativeiro em Roma durante o qual ele não deixou de pregar, foi enorme".[9] Na Segunda Epístola aos Coríntios, Paulo fala das tremendas dificuldades que enfrentava:

> Recebi dos judeus cinco quarentenas de açoites menos um. Três vezes fui açoitado com varas, uma vez fui apedrejado, três vezes sofri naufrágio, uma noite e um dia passei no abismo. Em viagens muitas vezes, em perigos de rios, em perigos de salteadores, em perigos dos da minha nação, em perigos dos gentios, em perigos na cidade, em perigos no deserto, em perigos no mar, em perigos entre os falsos irmãos; em trabalhos e fadiga, em vigílias muitas vezes, em fome e sede, em jejum muitas vezes, em frio e nudez. Além das coisas exteriores, me oprime cada dia o cuidado de todas as igrejas. (II Cor. 11:24-28)

O *bodhisattva* não cuida de sua carne e sangue, a não ser como instrumentos de salvação para as almas humanas. Tal foi a transformação de Paulo, de um egoísta religioso desonesto num formidável guerreiro espiritual.

Como Despertar Conscientemente o Amor 157

Transformação, Expansão e Regressão

Depois que o Eu Desonesto se transforma no Guerreiro Espiritual, move-se na direção de suas virtudes principais de veracidade — e, assim agindo, começa a desenvolver compaixão e empatia para com os semelhantes. Passa a ligar-se mais à sua vida interior de sentimentos e pensamentos verdadeiros, harmonizando a atividade externa com a interna. Ampara e encoraja os demais, superando o receio da intimidade e do contato pessoal. Está firmemente empenhado em perfilhar os mais sublimes valores e ideais na ação. O Guerreiro Espiritual expande-se na esfera *yang* tornando-se um estímulo para o sucesso do próximo e alimentando a motivação caridosa da empresa divina em lugar da necessidade de pôr-se à prova. A expansão *yin*, por sua vez, envolve otimismo, sensibilidade às atitudes e carências alheias, e ligação íntima com o ser.

Quando o Eu Desonesto resiste à transformação, torna-se mais falaz, abomina a si mesmo e comporta-se como um derrotista. Impulsos incontroláveis de hostilidade debilitam-lhe a ação e a função. O Eu Desonesto pode dissociar-se de todas as formas de sentimento, ficando empedernido e inativo.

As tendências energéticas acima estão em consonância com o tipo três de personalidade do Eneagrama.

Tipo Anímico: Heróico

Eu Separado	**Princípios Transformadores**	**Eu Transformado**
Eu Desonesto	Princípio de Causa e Efeito	Guerreiro
	Princípio de Crença	Espiritual

Exercício para o Eu Desonesto: "Venha a nós o teu reino"

Feche os olhos e respire profundamente.
Imagine-se postado na orla de um campo devoluto, mas fértil e pronto a receber sementes. Você traz nas mãos um cesto de sementes. Enquanto ali está, o seu eu colérico aparece e tenta roubar-lhe as sementes para plantá-las ele próprio. O que nascerá ali?
Mude o cenário e imagine o seu eu receoso aproximando-se e roubando-lhe as sementes para plantá-las ele próprio. O que nascerá ali?
Finalmente, imagine o seu eu angustiado aproximando-se e roubando-lhe as sementes para plantá-las ele próprio. O que nascerá ali?
Respirando profundamente, faça com que o Eu Cristo se coloque ao seu lado, transforme-se em seu eu amável e plante as suas sementes. O que nascerá ali?
Você poderá repetir esse exercício sempre que desejar plantar alguma coisa no jardim de sua vida. Torne-se sempre o seu eu amável e permita que a luz de Cristo o oriente!

O GUERREIRO ESPIRITUAL
"Venha a nós o teu reino"

PRINCÍPIO DE CAUSA E EFEITO
PRINCÍPIO DA CRENÇA

Graça ↓

Sentimento de
Ligação com o Ser
Otimismo
Sensibilidade às
Atitudes e
Carências Alheias

Yin ← VERACIDADE → *Yang*

Empresa Divina
Apoio ao Êxito
dos Outros
Serviço
Motivação

Arrependimento ↑

DESONESTIDADE
O Eu Desonesto

VÍCIO PRINCIPAL — INVEJA
EXPRESSÃO DA PERSONALIDADE DO FILHO
PRÓDIGO: O EU MELODRAMÁTICO

Instrução: "Seja feita a tua vontade, assim na terra como no céu"

Exemplos: Parábola dos Meninos na Praça, Parábolas do Grão de Mostarda e da Semente

A quem, pois, compararei os homens desta geração? A quem são semelhantes? São semelhantes aos meninos que, assentados nas praças, clamam uns aos outros, dizendo: Tocamos flauta para vós e não dançastes; cantamos para vós lamentações, e não chorastes.

Porque veio João Batista, que não comia pão nem bebia vinho, e dizeis: "Tem o demônio". Veio o Filho do Homem, que come e bebe, e dizeis: "Eis aí um homem comilão e bebedor de vinho, amigo dos publicanos e dos pecadores". Mas a sabedoria é justificada por todos os seus filhos. (Lc. 7:31-35)

O reino dos céus é semelhante ao grão de mostarda que o homem, pegando dele, semeou em seu campo. O qual é realmente a menor das sementes, mas, crescendo, é a maior das plantas e faz-se árvore, de sorte que vêm as aves do céu e se aninham em seus ramos. (Mt. 13:31-32)

O reino de Deus é assim como se um homem lançasse semente à terra. E dormisse, e se levantasse de noite ou de dia, e a semente brotasse e crescesse, não sabendo ele como. Porque a terra por si mesma frutifica, primeiro a erva, depois a espiga, por último o grão cheio na espiga. Mas quando já o fruto se mostra, mete-lhe logo a foice porque está chegada a ceifa. (Mc. 4:26-29)

Lição: O Princípio do Equilíbrio, O Princípio da Continuidade

Nada em Jesus incomodava mais os santarrões da época do que sua *simplicidade* divina. Como crianças assentadas na praça, esses líderes entoavam uma melopéia de expectativas religiosas, mas Jesus não dançava conforme a música deles. Jeremiavam com a devida solenidade, enquanto Jesus preferia celebrar a vida. Jesus nem sequer correspondia à imagem que faziam de um bom leigo e muito menos de um messias. Ele não negava a si mesmo e não regulava com exageros a comida e a bebida, de acordo com algum padrão legal arbitrário da religião. Pior ainda aos olhos dos líderes santarrões, folgava tranqüilamente na companhia de "publicanos e pecadores" — na verdade, de toda casta de párias sociais. Quando esse mestre "comum" fazia um milagre, os inimigos o acusavam de estar sob o poder de Belzebu, o "príncipe dos demônios" (Mt.12:24).

Como Despertar Conscientemente o Amor   161

Jesus viveu de acordo com o Princípio do Equilíbrio, segundo o qual a verdadeira harmonia do Espírito se mantém na criação pelo intercâmbio entre os pólos opostos. Obedecer ao Princípio do Equilíbrio é respeitar a natureza da finalidade da criação. A saúde e as manifestações criativas no plano terrestre não podem ser obtidas sem que se siga esse princípio básico. O respeito pelo Princípio do Equilíbrio implica o respeito pelo próprio ser e significa comer aquilo de que o corpo necessita quando faminto, beber quando sedento, trabalhar quando inspirado, repousar quando cansado, orar e servir, pensar, sentir e agir harmoniosamente, e manter em equilíbrio a *anima* e o *animus*. O Princípio do Equilíbrio deve ser seguido intuitivamente e não logicamente, conforme uma fórmula rígida. É preciso "conhecer-se a si mesmo", pois o que coloca uma pessoa em equilíbrio perfeito, em dada ocasião, pode lançar outra na desordem. Às vezes um extremo passageiro se faz necessário para obter estabilidade, tal como um furacão ou erupção vulcânica, que restauram a tranqüilidade da natureza.

A parábola do Grão de Mostarda mostra que a Vontade do Pai que está nos céus desce à terra em obediência ao Princípio do Equilíbrio. Quando a pequenina semente de mostarda é lançada em solo fértil, recebendo a quota adequada de ar, água e luz, cresce imperceptivelmente até se tornar "a maior das plantas", com ramos tão grandes que neles vêm aninhar-se as aves. Da mesma forma, a minúscula semente de verdade que existe no coração do homem pode manifestar-se galhardamente como vontade divina, quando é nutrida pelos "quatro elementos": terra (corpo físico), água (emoções), ar (pensamento) e fogo (amor).

A parábola da Semente, como a do Grão de Mostarda, ilustra o Princípio da Continuidade. No nível físico, é conhecida como a Lei da Termodinâmica e declara que a energia não pode ser criada nem destruída, apenas alterada na forma de acordo com as propriedades do sistema físico onde incide. Por exemplo, a energia do fogo pode transmitir-se a um bloco de gelo, liqüefazendo-o e em seguida transformando-o em vapor. Quando as cordas de um violão e de uma harpa são tangidas da mesma maneira, um som único, ou harmônico, é produzido por cada uma delas. Uma semente, nutrida pelo equilíbrio correto de forças elementais, modificará a energia e crescerá segundo a sua própria natureza, acabando por amadurecer e ficar pronta para a colheita. Suas sementes são outra vez plantadas, mantendo a continuidade do ciclo de mudança e crescimento. Por meio desses ciclos o Espírito se manifesta criativamente no mundo.

O Princípio da Continuidade aplica-se também aos níveis emocional, mental e espiritual da realidade. Uma lei metafísica reza que a energia segue o pensamento, ou seja, a energia penetra qualquer entidade ou sistema em que depusermos atenção. Ela repercute dentro de nós como qualidade particular de experiência, e fora como manifestação especial. Certo grau de atenção ao sexo, carreira, sentimentos ou filosofia gera experiências íntimas e resultados externos correspondentes. A Essência absoluta, no entanto, está dentro de cada elemento distinto da criação, seguindo-se daí que a plena atenção em alguma coisa também pode gerar experiência espiritual. Essa experiência do ser, ou conexão verdadeira com a Fonte, só ocorre quando nos concentramos inteiramente no momento atual, pois a única abertura no tempo para a eternidade é o agora. Só no presente os aspectos mortais e eternos da vida podem ficar, no Espírito, em perfeito equilíbrio e harmonia. Por isso disse Jesus: "Não vos inquieteis pelo dia de amanhã, pois o dia de amanhã cuidará de si mesmo. Basta a cada dia o seu próprio mal" (Mt. 6:34). Assim, rezemos a cada instante: "Seja feita a tua vontade assim na terra como no céu".

Discussão

Todo tipo de personalidade separada tende a desequilibrar-se e desarmonizar-se, de um modo ou de outro. O Eu Melodramático, como o próprio nome indica, chega a isso gerando intensas experiências emocionais como sucedâneo da experiência do ser. Graças a um senso de nostalgia e anseio por algum objeto

Como Despertar Conscientemente o Amor

amado inatingível ou perdido, ele falha na percepção daquilo que ora possui. Toda essa insistência no que *não* está presente ou *não* está acontecendo leva a graves desequilíbrios da personalidade, a uma sensação de que se está à beira de um abismo e à perda do cenário onde podem manifestar-se no mundo as tendências criativas interiores.

A solução é recuperar o equilíbrio e a harmonia pela redescoberta da magia do momento atual e da natureza extraordinária das coisas comuns. Se, diariamente, nutrirmos as pequeninas sementes da verdade interior, de um modo equilibrado e atento, o Espírito criará por nós obras monumentais, que nem sequer lograremos compreender. Como seres multidimensionais, podemos ser convocados a servir em qualquer nível de nossa existência, do mais grosseiro ao mais espiritual. Daremos a nós mesmos e aos outros a maior alegria imaginável se descobrirmos a "freqüência" específica na qual seja possível trazer para a terra a vontade de Deus. Mas também essa descoberta só pode ser feita, intuitivamente, no momento atual.

Sidarta Gautama, o Buda, reconheceu experimentalmente a futilidade da auto-indulgência física e da autonegação ascética. Estabeleceu então o princípio do Caminho do Meio, que dá ao corpo o que ele pede para funcionar de modo adequado, e não mais. O Caminho do Meio entusiasmou os pragmáticos chineses, entre os quais se espalhou o budismo, vindo da Índia. O taoísmo, natural da China, exerceu forte influência sobre o budismo, criando a seita conhecida como Ch'an. O Ch'an alcançou o Japão, onde recebeu o nome de Zen, e ali teve enorme impacto na cultura, durante séculos.

O zen procura atingir o *satori*, ou iluminação, graças à presença integral nas atividades cotidianas mais singelas. A forma suprema de meditação, no zen, é o "za-zen", ou "estar sentado". O discípulo leigo Ho capturou o espírito do zen nos seguintes versos:

164 *O Despertar do Amor*

Minhas atividades diárias nunca são diferentes;
Estou sempre em harmonia com elas.
Nada ganho e a nada renuncio,
Não encontro obstáculos nem conflitos...
Tirar água, carregar lenha:
Eis um poder sobrenatural, uma atividade maravilhosa.[10]

O mestre Rinzai gaba também o potencial da vida cotidiana:

Tens apenas que ser comum, sem nada a fazer.
Defecar, urinar, vestir-se, comer,
descansar quando cansado. Os tolos
riem de mim, mas o sábio me compreende.[11]

O mestre Rinzai também é conhecido pelo apotegma: "Onde estiveres, és o mestre"[12], não importa a época e o lugar que ocupemos no centro da realidade e as circunstâncias potenciais de iluminação. "Onde está agora a minha atenção?" torna-se a pergunta mais harmonizadora que um Eu Melodramático em transformação pode fazer. Posto em equilíbrio e equanimidade, nada fazendo, essa personalidade transformada passa a ser, paradoxalmente, o construtor visionário do novo paraíso e da nova terra da profecia (Apocalipse 21:1).

Transformação, Expansão e Regressão

Quando o Eu Melodramático se transforma no Construtor Visionário, move-se na direção de sua virtude principal, que é o equilíbrio e a equanimidade. Assim agindo, desenvolve a própria objetividade, sobretudo suas reações emocionais (e as dos outros também). Alcança um modo de vida equilibrado, sem se deixar atrair pelos extremos. Põe-se desinteressadamente a serviço dos ideais e sua concretização, procurando a autocompreensão. Passa a confiar mais em si mesmo, torna-se independente, coerente e emocionalmente disciplinado. A expansão na esfera *yang* traz realizações no presente, satisfação no serviço e descoberta da magia da vida cotidiana, por meio da divina conexão. A expansão *yin* conduz à simplicidade e à plenitude do ser.

Quando o Eu Melodramático resiste à transformação, aferra-se mais teimosamente ao seu vício principal, a inveja. Suscita dúvidas quanto aos próprios méritos e não se julga digno de ser amado. Teme o abandono e manipula os outros para continuar merecendo sua atenção. Torna-se dependente e exigente. Seus grandes ideais amorosos acabam em decepção.

As tendências energéticas acima estão em consonância com o tipo quatro de personalidade do Eneagrama.

Tipo Anímico: Heróico

Eu Separado	**Princípios Transformadores**	**Eu Transformado**
Eu Melodramático	Princípio de Equilíbrio	Construtor
	Princípio de Continuidade	Visionário

Exercício para o Eu Melodramático: "Seja feita a tua vontade, assim na terra como no céu"

Exercício para descobrir e plantar os dons interiores:
Feche os olhos e respire profundamente.

Imagine que o seu anjo da guarda o leva a um belo jardim. Esse jardim se parece com o Éden — um lugar de amor, doçura e infinita beleza. Banhe-se no esplendor, na luz, na singularidade desse lugar. O Cristo espera-o num templo e diz-lhe: "Você nunca deixou de ser o que realmente é, apenas deixou de percebê-lo". Ele o conduz para junto de um altar, onde se vêem os muitos dons que você deverá trazer para o mundo. Estão acondicionados em estojos de ouro; são seus talentos, habilidades e qualidades de ser humano.

Abra ao menos três deles e escolha um que gostaria de trazer para o mundo. Retorne mentalmente à sua casa e plante o dom, como se fosse uma semente, em seu jardim. Peça ao anjo da guarda para ajudá-lo a descobrir que passos precisa dar em pensamento, sentimento e ação para manifestar esse dom, esse projeto divino de sua alma.

Regresse ao jardim de seu coração (o Jardim do Éden). Indague tudo o que for preciso para restaurar seu poder, amor e intenção de projetar esse dom na terra.

166 *O Despertar do Amor*

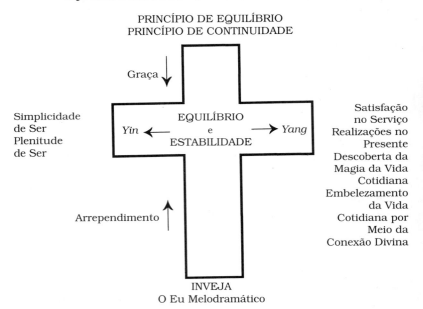

O CONSTRUTOR VISIONÁRIO
"Seja feita a tua vontade, assim na terra como no céu"

VÍCIO PRINCIPAL — AVAREZA
EXPRESSÃO DA PERSONALIDADE DO
FILHO PRÓDIGO: O EU ISOLADO

Instrução: "O pão nosso de cada dia nos dá hoje"

Exemplos: A Primeira Multiplicação dos Pães,
Parábola do Remendo Novo em Roupa Velha

[Jesus] retirou-se dali num barco, para um lugar deserto, apartado; e, sabendo-o o povo, seguiu-o a pé desde as cidades. E Jesus, saindo, viu uma grande multidão, e possuído de íntima compaixão para com ela, curou os seus enfermos. E, sendo chegada a tarde, os seus discípulos aproximaram-se dele, dizendo: O lugar é deserto e a hora é já avançada; despede a multidão, para que vá pelas aldeias e compre comida para si.

Jesus, porém, lhes disse: Não é necessário que partam; dai-lhes vós de comer. Então eles lhe disseram: Não temos aqui senão cinco pães e dois peixes. E ele disse: Trazei-mos aqui.

E, tendo mandado que a multidão se assentasse sobre a relva, tomou os cinco pães e os dois peixes, e, erguendo os olhos ao céu, os abençoou; e, partindo os pães, deu-os aos discípulos, e os discípulos à multidão. E comeram todos e saciaram-se; e juntaram dos pedaços que sobraram doze cestos cheios. E os que comeram foram quase cinco mil homens, além das mulheres e crianças. (Mt. 14:13-21)

Ninguém deita remendo de pano novo em roupa velha, porque semelhante remendo rompe a roupa e faz-se maior que a rotura. Nem se deita vinho novo em odres velhos, pois assim rompem-se os odres e entorna-se o vinho, e os odres estragam-se; mas deita-se vinho novo em odres novos, e assim ambos se conservam. (Mt. 9:16-17)

Lição: O Princípio da Abundância, o Princípio do Desapego

Disse Jesus: "Eu vim para que tenhais vida, e vida em abundância" (Jo. 10:10). O Princípio da Abundância estabelece que o universo é por si mesmo dadivoso e que sua abundância está disponível para todos que saibam recebê-la com gratidão. A abundância na vida de uma pessoa brota, em última análise, dessa fonte eternamente renovável da mais pura, absoluta e divina energia: o Eu Cristo interior. A presença do Eu Cristo garante em definitivo o fornecimento inexaurível da energia necessária ao sustento da vida. Mesmo hoje o Eu Cristo, antecessor do Espírito, continua a ser uma fonte de energia em que podemos nos abeberar a fim de refundir a vitalidade etérica que fortalece o corpo físico.

A vitalidade etérica, que é a energia da estrutura etérica do corpo, constitui o "pão nosso de cada dia", segundo Daskalos.[13]

A energia etérica pode ser obtida de fontes diversas, como alimento, água, luz solar e visualizações meditativas. As técnicas mentais estão entre as mais eficazes, pois o corpo etérico é, por assim dizer, "mente condensada", que vibra numa freqüência especial. Jesus demonstrou a abundância dessas fontes invisíveis de energia universal pelo feito aparentemente miraculoso de alimentar as cinco mil pessoas. Ainda em nossos dias sabe-se que diversos mestres espirituais são capazes de materializar e desmaterializar substâncias físicas utilizando conscientemente a energia etérica de acordo com princípios da lei natural.

Embora poucos de nós tenhamos aprendido a usar as energias universais de maneira tão direta e sofisticada, não é nem um pouco necessário viver no estado de escassez e penúria que permeia grande parte de nossa consciência coletiva. Entretanto, para receber a abundância que Jesus prometeu, devemos primeiro entender o que significa receber. Receber verdadeiramente é trazer a coisa doada para dentro do ser, com um sentimento de gratidão e não de necessidade viciosa. Receber com gratidão aumenta a capacidade para receber ainda mais. Como Jesus disse na parábola dos Dez Talentos, "Porque a qualquer que tiver será dado, e terá em abundância" (Mt. 25:29).

O Princípio da Abundância está estreitamente ligado ao Princípio do Desapego, segundo o qual não convém nos aferrarmos a nada se quisermos gozar plenamente a vida. Jesus ensinou aos seus discípulos: "De graça recebestes, de graça dai" (Mt. 10:8). Não se pode dar o que não se tem. Dar graciosamente e a nada se apegar implica o senso de plenitude. Os atos de dar e receber, quando corretamente entendidos, são imagens especulares um do outro, assim como a abundância e o desapego representam duas formas do mesmo princípio básico. Para dar verdadeiramente é necessário receber verdadeiramente, e vice-versa. Dar e receber implicam um fluxo contínuo de energias para fora e para dentro da pessoa. O bloqueio do fluxo para fora ou do fluxo para dentro impede a experiência da abundância.

A parábola do Remendo Novo em Roupa Velha revela os problemas que surgem quando o Princípio do Desapego é rompido. Se alguém se aferra a uma roupa velha e tenta remendá-la com pano novo, este se encolhe e estraga a roupa ainda mais. Se alguém se aferra a um odre velho e lhe deita vinho novo, o couro se rasga e perde-se tanto o vinho quanto o odre. Paradoxalmente, o senso de escassez e penúria aumenta quando a pessoa quer preservar o que já serviu ao seu propósito e já não presta, seja um bem, um relacionamento, um emprego ou uma crença. Chega o momento em que é preciso jogar alguma coisa fora e ir em frente, como indivíduo ou coletividade.

A evolução do conhecimento e do saber, na sociedade, exige mudanças no sistema educacional. O progresso espiritual de uma sociedade postula a expansão correspondente das formas e definições religiosas, para se absorver e estimular esse progresso. A incapacidade de promover os ajustes necessários nas formas e sistemas de crença, ou "odres", de nossas instituições enfraquece ao mesmo tempo as instituições e sua missão. Má coisa é enfraquecer-se a verdade da tradição por causa do fundamentalismo caturra e a verdade da Escritura por causa das interpretações rígidas e dogmáticas vindas de um tempo que já não atende às nossas finalidades.

Discussão

O Eu Isolado se separa devido à ilusão da penúria — penúria de tempo, espaço, energia, propriedades — e, avaramente, agarra-se ao pouco que julga possuir. Ergue barricadas para proteger seus recursos, que considera em perigo, e aprende a viver com pouco, retraindo-se para a segurança da atividade mental. Esse tipo de recuo é às vezes chamado *desligamento*, por oposição a desapego. Ele pode estimular uma certa amplitude de objetivos e perspectivas no Eu Isolado, mas ao preço da incapacidade de beneficiar o mundo com seu conhecimento e viver plenamente a vida. A solução para esse problema está em retomar o contato com as partes físicas e emocionais que negligenciamos, e depois descobrir a alegria de partilhar com os semelhantes a abundância da vida. O Eu Isolado em transformação deve acolher no coração este conselho de Jesus:

> Vós sois a luz do mundo. Não se pode esconder uma cidade edificada sobre um monte. Nem se acende a candeia e se coloca debaixo do alqueire, mas no velador, e dá luz a todos que estão na casa. Assim resplandeça a vossa luz diante dos homens, para que vejam as vossas boas obras e glorifiquem a vosso Pai, que está nos céus. (Mt. 5:14-16)

Daskalos descreve a natureza de Deus como Sabedoria Divina, Poder Divino e Amor Divino. Enquanto os homens "civilizados" tentam emular a Sabedoria Divina, os povos nativos costumam sentir-se mais atraídos pela experiência do Poder Divino. A palavra *wakan*, na língua dos sioux oglala da América do Norte, significa "sagrado", mas subentende "poder" e é às vezes traduzida assim. *Wakan-Tanka* é o Grande Espírito.[14] Aqueles que vivem junto às forças elementais da natureza geralmente apreciam a sacralidade da vida no mundo natural. Suas tradições religiosas enfatizam a harmonia com a natureza, dando a ela e dela recebendo o "pão nosso de cada dia" num espírito de gratidão e respeito. Os rituais destinam-se a invocar o senso corporal do sagrado e a proporcionar poder.

O *inipi*, rito sagrado de purificação dos sioux oglala, é comumente chamado de "cerimônia da tenda do suor". Alce Negro descreve assim a finalidade desse rito bastante conhecido:

> O rito do onikare (tenda do suor) utiliza todos os Poderes do universo: a terra, as coisas que crescem da terra, a água, o fogo e o ar. A água representa os Seres-Trovão que surgem ameaçadores, mas trazem consigo muitos bens, pois o vapor que se evola das pedras no interior das quais se acha o fogo é apavorante, mas nos purifica para vivermos como Wakan-Tanka deseja. Ele pode até mesmo mandar-nos uma visão quando nos tornamos completamente puros.

Quando utilizamos a água na tenda do suor, devemos pensar em Wakan-Tanka, que está sempre fluindo, distribuindo Sua força e vida a todos os entes; devemos até mesmo ser como a água, que é mais modesta que as outras coisas, porém mais forte do que a rocha ...

Esses ritos do inipi são muito wakan, sendo realizados antes de qualquer empreendimento de monta para o qual desejamos nos apresentar puros ou do qual pretendemos extrair energias. Durante muitos invernos, no passado, nossos homens — e mesmo mulheres — praticavam o inipi todos os dias e até várias vezes num dia. Daí advinha boa parte de nosso poder.[15]

Os curandeiros, entre todos os povos indígenas do mundo, são conhecidos como xamãs. Embora a forma de seu trabalho varie consideravelmente conforme a região ou país, sua abordagem básica à cura é a mesma por toda parte. O xamã cura, tipicamente, extirpando os "distúrbios de poder" etéricos, num estado de consciência alterado e, às vezes, extático. O xamã pode, nesse estado, perceber criaturas e entidades estranhas como bastante reais. Todavia, essas entidades seriam consideradas absurdas e fantásticas por alguém no estado comum, "racional" de consciência. O antropólogo Michael Harner dá a essa condição o nome de "estado xamânico de consciência". Uma profunda afinidade emocional entre curandeiro e paciente, acompanhada de um forte desejo de curar, são outros tantos componentes-chave da cura xamânica eficaz.[16]

Parece que Jesus queria que seus discípulos desenvolvessem os poderes de cura xamânica como parte de sua missão espiritual, como se nota nos seguintes versículos:

> E, chamando os seus doze discípulos, deu-lhes poder sobre os espíritos imundos, para os expulsarem, e para curarem toda enfermidade e todo mal. Jesus enviou esses doze e lhes ordenou, dizendo: Ide ... às ovelhas perdidas da casa de Israel. E, indo, pregai, dizendo: 'É chegado o reino

dos céus'. Curai os enfermos, limpai os leprosos, ressuscitai os mortos, expulsai os demônios ... (Mt. 10:1,6-8)

O Eu Isolado em transformação nunca pode tornar-se xamã ou participar dos ritos dos índios norte-americanos. Mas a consciência da cura xamânica e as sagradas tradições nativas mostram-lhe eficazmente a direção a seguir, em sua jornada da mente separada para a plenitude da vida. Sem necessidade de esconder-se e sem se apegar a nada, o Mago desprendido tem o poder de compartilhar a luz de seu conhecimento e experiência com o mundo, para que os outros possam "ver suas boas obras e glorificar o Pai que está nos céus".

Transformação, Expansão e Regressão

Quando o Eu Isolado se transforma no Mago, avança na direção de sua virtude principal, que é o desapego, tornando-se autoconfiante e apto a atuar sem medo, em sua plena capacidade de liderança. Pode então assumir a vida sem se isolar da experiência. A expansão *yang* traz liderança e auto-expressão confiante, ação proficiente e capacidade para celebrar a vida, dividindo-a com os semelhantes. A expansão *yin* fortalece o vínculo com os sentimentos, acata a abundância, busca a intimidade e a experiência da verdade como sensação do corpo.

Quando o Eu Isolado resiste à transformação, regride mais depressa ao seu vício principal, a avareza; torna-se impulsivo e destemperado, comete erro sobre erro, e facilmente se desvia dos objetivos e propósitos da vida.

As tendências energéticas acima estão em consonância com o tipo cinco de personalidade do Eneagrama.

Tipo Anímico: Filosófico

Eu Separado	**Princípios Transformadores**	**Eu Transformado**
Eu Isolado	Princípio de Abundância	Mago
	Princípio de Desapego	

Exercício para o Eu Isolado: "O pão nosso de cada dia nos dá hoje"

Feche os olhos e respire profundamente. Imagine-se a passear por um bonito jardim. Ergue-se ali um esplendoroso templo de cúpula branca. Ao penetrar nele, você se sente rodeado de paz e tranqüilidade. No centro do recinto circular, arde um fogo dourado sobre o altar.

Observe a energia de suas mãos e crie uma esfera dourada como o sol entre as palmas, com um belo cálice no meio. Olhe o cálice e peça que, ao atirá-lo às chamas, a energia de luz e amor volte para você multiplicada cem vezes. Depois de apanhar o cálice, lance-o de novo ao fogo várias vezes, recebendo e abrigando a abundância do amor incondicional de Cristo por você.

Comentário: Daskalos afirmou certa vez que um elemental tem às vezes o tamanho de uma cabeça de alfinete e, quando mantido positivamente (isto é, por um pensamento-desejo positivo) no centro do olho espiritual, continua a gerar energia e poder. No entanto, a menos que seja subjugado, não devolve os dons de Deus. Desejar alguma coisa, mas mantê-lo firmemente agarrado, não lhe dá a oportunidade de ser plantado e germinar.

O MAGO
"O pão nosso de cada dia nos dá hoje"

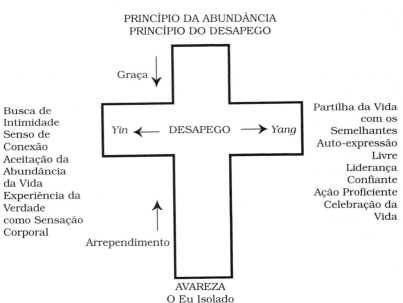

VÍCIO PRINCIPAL — MEDO
EXPRESSÃO DA PERSONALIDADE DO FILHO
PRÓDIGO: O EU INCRÉDULO

Instrução: "E perdoa as nossas dívidas assim como nós perdoamos aos nossos devedores"

Exemplo: Parábola dos Dois Devedores

> E rogou-lhe um dos fariseus que comesse com ele; e, entrando em casa do fariseu, assentou-se à mesa. E eis que uma mulher da cidade, uma pecadora, sabendo que ele estava à mesa em casa do fariseu, levou um vaso de alabastro com ungüento. E estando por detrás, aos seus pés, chorando, começou a regar-lhe os pés com lágrimas, e en-

xugava-lhos com os cabelos de sua cabeça; e beijava-lhe os pés, e ungia-lhos com o ungüento.

Quando viu isso o fariseu que o tinha convidado, falava consigo, dizendo: Se este fosse profeta, bem saberia quem e qual é a mulher que o tocou, pois é uma pecadora.

E Jesus, respondendo, disse-lhe: Simão, uma coisa eu tenho a dizer-te. E ele disse: Dize-a, Mestre.

Um certo credor tinha dois devedores; um devia-lhe quinhentos dinheiros, o outro cinqüenta. E, não tendo eles com que pagar, perdoou-lhes a ambos. Dize, pois: qual deles o amará mais?

E Simão, respondendo, disse: Tenho para mim que é aquele a quem mais perdoou. E Jesus disse: Julgaste bem.

E, voltando-se para a mulher, disse a Simão: Vês tu esta mulher? Entrei em tua casa e não me deste água para os pés; mas esta regou-me os pés com lágrimas, e mos enxugou com os seus cabelos. Não me deste ósculo, mas esta, desde que entrou, não tem cessado de me beijar os pés. Não me ungiste a cabeça com óleo, mas esta ungiu-me os pés com ungüento. Por isso te digo que os seus muitos pecados lhe são perdoados, porque muito amou; mas aquele a quem pouco é perdoado, pouco ama. E disse a ela: Os teus pecados te são perdoados ... A tua fé te salvou; vai-te em paz. (Lc. 7:36-48,50)

Lição: O Princípio da Misericórdia Divina

As mais antigas tradições judaicas consideravam Yahweh, sobretudo, um Deus rígido de justiça, o qual exigia obediência estrita à lei que regulava a vida do povo de Israel. Jesus, em harmonia com os ensinamentos de profetas posteriores como Isaías, decidiu revelar um Deus cujos atributos primários eram o amor e a misericórdia. A história tocante que lemos acima é uma bela ilustração dessa divina qualidade de misericórdia que Jesus apregoava. Assim também, para qualquer de nós como indivíduo, a suprema moralidade é antes uma expressão de misericórdia que de castigo.

A misericórdia divina pode ser considerada o amor aplicado, uma atitude que subjaz ao perdão divino. É muitas vezes experimentada como o lapso de tempo entre a transgressão de um princípio divino e as conseqüências dessa transgressão. O lapso de tempo dá à pessoa a oportunidade de cancelar o "débito kármico" aos olhos de Deus por meio do arrependimento (*metanoia*). O verdadeiro arrependimento brota do amor, não do medo do castigo. O alcance do perdão concedido pela misericórdia divina é proporcional ao daquele que concedemos aos nossos próprios "devedores". A capacidade de aceitar o perdão de Deus e de perdoar aos semelhantes dá a medida do amor no coração do homem.

Discussão

O medo é, no fundo, a fonte de toda incapacidade de perdoar. O Eu Incrédulo nutre a convicção de que a ameaça de aniquilamento ronda por toda parte. Esse medo insidioso constitui um obstáculo direto ao perdão, pois turva a percepção da luz do Cristo interior e impede a fusão com ela. Eis por que o perdão apresenta um desafio direto ao Eu Incrédulo. A coragem, virtude principal dessa personalidade em transformação, responde pela consistência e grau do perdão, pela capacidade de perceber os semelhantes na unicidade e não na separação.

O apóstolo João disse: "O perfeito amor lança fora o medo" (I Jo. 4:18). O guru Nanak passou por uma experiência transcendental de amor divino e perfeito que expeliu totalmente do seu coração os temores religiosos. Nanak nasceu em 1469 d.C., numa família hindu do Punjab, no noroeste da Índia. Por esse tempo os conquistadores do Islão dominavam com mão de ferro o Punjab, sendo acirrada a inimizade entre hindus e muçulmanos. Por volta de 1500, Nanak desapareceu misteriosamente, quando se banhava num rio. Reaparecendo três anos depois, declarou: "Como não existem nem muçulmanos nem hindus, que caminho seguirei? Seguirei o caminho de Deus. Deus não é nem hindu nem muçulmano e o caminho que tomo é o dele."[17] Explicou que durante sua ausência de três anos fora conduzido à corte celeste, onde lhe deram uma taça de néctar e lhe disseram:

Esta é a taça da adoração do nome de Deus. Bebe dela. Estou contigo. Eu te abençôo e te soergo. Quem quer que se lembrar de ti gozará de meus favores. Vai, rejubila-te em meu nome e ensina os outros a fazer o mesmo. Seja essa a tua vocação.[18]

Os siques (literalmente "discípulos") são adeptos da revelação divina de Nanak. O siquismo produziu uma síntese teológica do hinduísmo e do islamismo. A comunidade sique tomou forma sob uma linhagem de dez gurus e, o que não chega a surpreender, tem sofrido pesados ataques ao longo de sua história. O Décimo Guru, Gobind Singh, fundou a Khalsa, ou Ordem Pura, aberta àqueles que estejam preparados para dedicar suas vidas à fé. Todos se vestem de um modo especial, para fins tanto de proteção quanto simbólicos. Os cabelos longos, apanhados num turbante, protegem o crânio e ligam-se à crença yóguica de que os cabelos não-cortados preservam a vitalidade. O pente simboliza a limpeza e a ordem. Um bracelete de aço faz as vezes de pequeno broquel, ao mesmo tempo que "acorrenta" o usuário a Deus, lembrando que suas mãos estão sempre a serviço do Altíssimo. A roupa de baixo significa que se está sempre vestido para a ação. A adaga, antes usada como arma de defesa, simboliza a coragem invocada na luta pela fé. Gobind estendeu também seu sobrenome Singh ("leão") a todos os membros da ordem.[19]

Essa marca distintiva dos siques, a coragem do leão, originou-se do perdão perfeito da visão sagrada do Guru Nanak. O sincretismo improvável (ou síntese religiosa) das duas seitas ferozmente rivais do hinduísmo e do islamismo foi a expressão teológica da visão. Ainda hoje a linhagem do Guru Nanak — leal, galharda e inferiorizada em número — defende a nobre verdade segundo a qual "Deus não é nem hindu nem muçulmano e o caminho que sigo é o dele".

Transformação, Expansão e Regressão

Quando o Eu Incrédulo se transforma no Defensor da Fé, avança na direção de sua virtude principal, que é a coragem, tornando-se flexível, intuitivo e autoconfiante. Ele passa pelas situações novas da vida com fé e segurança. Faz-se receptivo e ampara os semelhantes, sobretudo os oprimidos. A expansão *yang* traz a capacidade de confiar nos outros e respeitar-lhes as diferenças, de encorajar o próximo a ser ele mesmo, de assumir responsabilidades. A expansão *yin*, por sua vez, gera tolerância, otimismo, segurança, confiança e autoconfiança.

Quando o Eu Incrédulo resiste à transformação, torna-se ainda mais receoso e cede ao complexo de inferioridade, à ansiedade vaga e à angústia, ao mesmo tempo que perde seus sentimentos autênticos. Apela para retaliações a fim de castigar aqueles que julga terem-no ofendido.

Essas tendências energéticas estão em consonância com o tipo seis de personalidade do Eneagrama.

Tipo Anímico: Filosófico

Eu Separado	**Princípio Transformador**	**Eu Transformado**
Eu Incrédulo	Princípio da Misericórdia Divina	Defensor da Verdade

Exercício para o Eu Incrédulo: *"E perdoa as nossas dívidas assim como nós perdoamos aos nossos devedores"*

Feche os olhos e respire profundamente.

Imagine-se a passear por um bonito jardim. No centro, ergue-se um templo de luz. Ao entrar nele, seu anjo da guarda lhe dá as boas-vindas e convida-o a sentar-se. Um projetor mostra cenas de sua vida, com pessoas e situações que o magoaram ou o deixaram angustiado. Nada disso você perdoou. Depois outro filme é projetado, com cenas nas quais você foi o agressor, magoando pessoas e queixando-se delas.

Terminado o filme, imagine que apareçam no palco as pessoas que o feriram e a quem você não perdoou. O Eu Cristo se aproxima e oferece-lhe uma pedra para você atirar. Depois diz: "Há entre vós alguém que esteja sem pecado? Aceitai o poder do perdão! Renunciai ao ódio e ao medo!"

Em seguida, poste-se no palco, ficando na platéia aqueles a quem você magoou. Transforme-se em seu eu amoroso e esqueça as queixas que tinha contra eles, deixando-se banhar na luz do perdão.

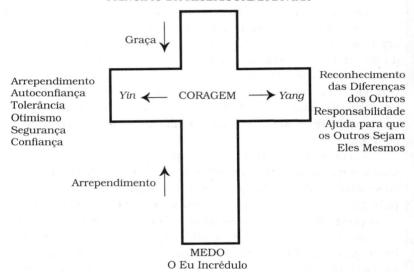

VÍCIO PRINCIPAL — GULA
EXPRESSÃO DA PERSONALIDADE DO
FILHO PRÓDIGO: O EU SENSUAL

Instrução: "E não nos induzas à tentação, mas livra-nos do mal"

Exemplos: Parábola do Filho Pródigo (ver Capítulo VIII), Parábola do Bom Samaritano

Descia um homem de Jerusalém para Jericó e caiu nas mãos dos salteadores, os quais o despojaram e, espancando-o, se retiraram deixando-o meio morto.

E ocasionalmente descia pelo mesmo caminho certo sacerdote; e, vendo-o, passou de largo. E de igual modo também um levita, chegando àquele lugar e vendo-o, passou de largo.

Mas um samaritano, que ia de viagem, chegou ao pé dele, e, vendo-o, moveu-se de íntima compaixão. E, aproximando-se, atou-lhe as feridas, deitando-lhes azeite e vinho; e, pondo-o sobre a sua cavalgadura, levou-o para uma estalagem e cuidou dele. E, partindo ao outro dia, tirou dois dinheiros e deu-os ao hospedeiro, e disse-lhe: Cuida dele; e tudo o que de mais gastares eu to pagarei quando voltar. (Lc. 10:30-35)

Lição: O Princípio da Responsabilidade e da Ação Correta

A parábola do Filho Pródigo, que tem aplicação universal, foi discutida nos capítulos precedentes. Essa parábola constitui também um exemplo especial da instrução dada no Pai-Nosso. O Filho Pródigo, tentado e subjugado pela ânsia de prazer físico, descobriu que este só lhe trazia sofrimento e desilusão. Como tantos de nós, reconheceu o valor da sobriedade em comparação com a dor que sua auto-indulgência lhe custara. Sua visão lúcida da realidade ("Quando caiu em si") convenceu-o a retornar ao lar paterno e ali trabalhar como modesto assalariado. Essa decisão difícil colocou-o solidamente em harmonia com o Princípio da Responsabilidade e da Ação Correta, segundo o qual nossas escolhas coerentes e nosso comportamento sensato são imprescindíveis para o progresso espiritual, ou "libertação do mal". Deus não nos livra, com um passe de mágica, dos males que nós mesmos praticamos. Mas o Espírito, de modo infalível, nos mostrará o caminho de volta para a verdadeira felicidade, se quisermos praticar a boa obra que isso exige — dia após dia, semana após semana, ano após ano.

A parábola do Bom Samaritano narra a história de um homem que vive segundo as premissas do Princípio de Responsabilidade e Ação Correta. O sacerdote e o levita, que passaram pelo local antes dele, não quiseram ajudar um semelhante necessitado. Talvez estivessem presos por demais aos ditames da lei ou preocupados com assuntos "importantíssimos" — ou, simplesmente, não se deram ao trabalho. O samaritano, ao contrário, mostrou irrestrita dedicação à sua obra de amor e levou-a até o fim. As ações desse homem ultrapassam em muito as exigências do dever social e mesmo religioso. De novo, vê-se que o mais elevado comportamento ético resulta dos impulsos espontâneos e solidários do amor.

Discussão

O Eu Sensual, sempre em busca de alguma coisa, dispersa suas energias aqui e ali no afã estéril de obter satisfação e autovalorização. Para esse tipo de personalidade, em virtude da separação, é difícil palmilhar o caminho verdadeiro, pois ele nem sequer compreende a natureza da verdade. Acredita que a verdade exige a renúncia ao prazer e é tedioso. Quando, por fim, a dor de uma busca inútil de prazer obriga o Sete a enfrentar a realidade e encontrar um caminho melhor, ele começa a fazer interessantes descobertas. Nota, por exemplo, que a verdade nunca perde o fascínio: é única, radical e muitas vezes desafia a sabedoria ortodoxa. A obra sagrada surge como uma fonte de infindável deleite, tanto para a própria pessoa quanto para os outros. A sobriedade não nos embota, ao contrário, traz-nos a alegria de estarmos plenamente vivos. Responsabilidade e dedicação não se parecem com um cárcere, mas representam a mais alta ordem de liberdade. Calar o desejo de gozos físicos torna possível o prazer verdadeiro em qualquer dimensão da vida — inclusive a física.

O *Dharma* do Buda, ou Caminho da Verdade, preocupa-se acima de tudo com dar um fim à experiência universal do sofrimento. O Buda conversa familiarmente com o Eu Sensual, cujo retorno ao amor envolve de maneira direta o sofrimento, em conseqüência de sua tentativa de *fugir* a ele. Na passagem abaixo ele enfatiza a necessidade da ação dedicada e da iniciativa para alcançarmos a "libertação do mal" e a união com Deus:

> Se este rio estivesse quase transbordando e um homem com negócios na margem de lá a invocasse dizendo: "Vem aqui, ó margem, vem para este lado!", pensaríeis acaso que

aquela margem, só porque o homem a invocou, orando, esperando e louvando, passaria para o lado de cá? Do mesmo modo, que pensar dos brâmanes [casta sacerdotal] que, omitindo a prática das qualidades que realmente tornam uma pessoa nobre, adotassem a prática das qualidades que realmente tornam uma pessoa ignorante, e clamassem: "Indra, nós te invocamos ... Brahma, nós te invocamos!"? A idéia de que, só por invocar, orar, esperar e louvar irão tornar-se após a morte uma só coisa com Brahma [Deus] ... não, isso não pode ser.[20]

A Quarta Nobre Verdade do Buda mostra o caminho para o fim do sofrimento e para a margem oposta. Trata-se do Caminho Óctuplo, ou visão correta, intenção correta, discurso correto, conduta correta, modo de vida correto, esforço correto, atenção correta e concentração correta.

Os indianos gostam de histórias sobre o comportamento inusitado de santos e sábios que não abrem mão de seu compromisso com a ação correta. Exemplo dessa "loucura sagrada" é o caso de um yogue que, ao sentar-se para meditar, viu um escorpião caindo no Ganges. Tirou-o da água, apenas para ser picado. O escorpião caiu de novo no rio e o yogue outra vez o tirou, sendo novamente picado. Essa seqüência se repetiu mais duas vezes. Por fim, um espectador lhe perguntou: "Por que continuas a resgatar esse escorpião que só se mostra agradecido picando-te?" O yogue respondeu: "Está na natureza dos escorpiões picar. Está na natureza dos yogues ajudar os outros quando o podem".[21]

O Eu Sensual em transformação, tendo assumido o difícil compromisso com a verdade e a sobriedade, torna-se senhor da ação correta e ministro da alegria. É indiferente às aparências e raramente incide no farisaísmo ou no ritualismo vazio. Se sua dedicação radical à obra divina fá-lo parecer aos olhos dos outros um "tolo santo", que seja. Melhor que ninguém, esse "filósofo de gabinete" compreende as palavras do apóstolo Paulo: "A loucura de Deus é mais sábia do que os homens" (I Cor. 1:25).

Transformação, Expansão e Regressão

Quando o Eu Sensual se transforma no Louco Divino de Deus, avança na direção de sua virtude principal, que é a responsabilidade, e aprende a dedicar-se a um só curso de ação. Mergulha fundo nas atividades, em vez de apenas aflorá-las. Encontra alegria ao compartilhar o que tem com os outros. Torna-se coerente no propósito e direção a seguir. A expansão *yang* resulta no compromisso com um curso firme de ação e obra sagrada, graças ao qual as possibilidades da pessoa se dilatam num enfoque único. A expansão *yin* acarreta concentração, sobriedade e capacidade para aceitar a própria sombra.

Quando o Eu Sensual resiste à transformação, regride mais depressa ao seu vício da gula e, assim agindo, torna-se ressentido e despótico. Procura reunir as energias dispersas com pensamentos obsessivos e ações compulsivas.

Essas tendências energéticas estão em consonância com o tipo sete de personalidade do Eneagrama.

Tipo Anímico: Filosófico

Eu Separado	**Princípio Transformador**	**Eu Transformado**
Eu Sensual	Princípio da Responsabilidade e da Ação Correta	Louco Divino de Deus

Exercício para o Eu Sensual: "E não nos induzas à tentação, mas livra-nos do mal"

Feche os olhos e respire profundamente.

Imagine que o seu anjo da guarda o conduza ao mercado dos seus desejos. Todas as fantasias e paixões sugeridas pela gula se alinham na rua como em barracas de ambulantes. Ladeiam a rua degraus de ouro e, na extremidade da praça, acha-se um ser luminoso, de braços abertos.

Ao avançar na direção desse ser, note quais mercadores de desejo procuram detê-lo, desviando-o de seu rumo e compromisso. Se perceber que estacou ou afastou-se do caminho certo, pergunte-se o que o mantém preso ao desejo e por que fez desse desejo algo mais importante que seu próprio Eu verdadeiro — o Eu-ego-espírito.

Peça que seu anjo da guarda o ajude a chegar até a figura radiante, do outro lado da praça. Quem é ela? Seu Eu-ego-espírito, é claro!

Mescle-se com alegria a esse amor.

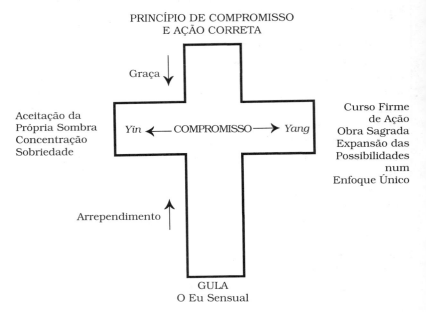

VÍCIO PRINCIPAL: LUXÚRIA
EXPRESSÃO DA PERSONALIDADE DO FILHO
PRÓDIGO: O EU CONTROLADOR

Instrução: "Porque teu é o reino, e o poder, e a glória para sempre"

Exemplos: Purificação do Templo, Parábola do Joio e do Trigo

> E vieram a Jerusalém; e Jesus, entrando no templo, começou a expulsar os que vendiam e compravam no templo; e derribou as mesas dos cambiadores e as cadeiras dos que vendiam pombas. E não consentia que alguém levasse algum vaso pelo templo.
> E os ensinava, dizendo: Não está escrito — A minha ca-

Como Despertar Conscientemente o Amor

sa será chamada por todas as nações casa de oração? Mas vós a tendes feito covil de ladrões.

E os escribas e príncipes dos sacerdotes, tendo ouvido isso, buscavam ocasião para o matar; pois eles o temiam porque toda a multidão estava admirada acerca da sua doutrina. (Mc. 11:15-18)

O reino dos céus é semelhante ao homem que semeia boa semente no seu campo. Mas, dormindo os homens, veio o seu inimigo e semeou joio no meio do trigo, e retirou-se.

E quando a erva cresceu e frutificou, apareceu também o joio. E os servos do pai de família, indo ter com ele, disseram-lhe: Senhor, não semeaste tu no teu campo boa semente? Por que tem então joio?

E ele lhes disse: Um inimigo é quem fez isso. E os servos lhe disseram: Queres, pois, que vamos arrancá-lo?

Porém ele lhes disse: Não, para que ao colher o joio não arranqueis também o trigo com ele. Deixai crescer ambos juntos até a ceifa; e, por ocasião da ceifa, direi aos ceifeiros: Colhei primeiro o joio, e atai-o em molhos para o queimar; mas o trigo, ajuntai-o no meu celeiro ...

Então, tendo despedido a multidão, foi Jesus para casa. E chegaram ao pé dele os seus discípulos, dizendo: Explica-nos a parábola do joio do campo.

E ele, respondendo, disse-lhes: O que semeia a boa semente é o Filho do homem. O campo é o mundo e a boa semente são os filhos do reino; e o joio são os filhos do Maligno. O inimigo, que o semeou, é o diabo; e a ceifa é o fim do mundo; e os ceifeiros são os anjos.

Assim como o joio é colhido e queimado no fogo, assim será na consumação deste mundo. Mandará o Filho do homem os seus anjos, e eles colherão do seu reino tudo o que causa escândalo, e os que cometem iniqüidade. E lançá-los-ão na fornalha de fogo; ali haverá pranto e ranger de dentes.

Então os justos resplandecerão como o sol no reino de seu Pai. Ouça quem tem ouvidos para ouvir. (Mt. 13:24-30, 36-43)

*Lição: O Princípio da Relação dos Opostos,
O Princípio da Rendição*

A vida e os ensinamentos de Jesus oferecem uma grande lição tanto na esfera do exercício do poder divino quanto na do amor e sabedoria de Deus. As pessoas dadas ao sentimentalismo, que cultivam a imagem de um Jesus "doce, terno e manso", em geral se esquecem de que ele teve de "nadar com os tubarões" — que, ao longo de toda a sua vida de pregação, só o que queriam era destruí-lo. Infelizmente, esses "tubarões" saíam sobretudo da elite sacerdotal da época, embora também as autoridades civis romanas vigiassem Jesus de perto, para ver se não infringia suas leis.

Jesus não teria atuado com tamanha eficiência em ambiente tão hostil sem uma aguda sensibilidade para as influências flutuantes do poder que o cercava e sem o talento para alterar, rápida e intuitivamente (mas honestamente), suas ações para enfrentá-lo. Se se mostrasse insensível às autoridades, até num confronto insignificante, era uma vez seu ministério. Se se intimidasse, os brotos de sua obra espiritual teriam sido sufocados imediatamente naquele "campo de joio".

A confiança absoluta de Jesus na força do Todo-poderoso que estava nele evitou que precisasse controlar pessoalmente o ambiente ou combatesse os adversários para proteger-se. Sua divina confiança era a fonte de sua verdadeira inocência, que tantas vezes se manifestava como a doçura do cordeiro. Quando as circunstâncias o exigiam, Jesus afirmava às claras, com facilidade e naturalidade, sua força interior. A história da Purificação do Templo, que lemos acima, constitui talvez o melhor exemplo disso. Num assomo espontâneo de indignação ante o desbragado mercantilismo que grassava no templo de Jerusalém, por ocasião da Páscoa, Jesus espantou o povo arrostando fisicamente seus inimigos no próprio centro de seu mundo. Naquela mesma semana, proferiu o último discurso no templo, fazendo entre outras coisas a memorável advertência: "Ai de vós, escribas e fariseus, hipócritas!" (Mt. 23:14).

Embora Jesus pudesse continuar vivendo e ensinando indefinidamente entre seus inimigos, esse verdadeiro "joio", sua missão já estava quase cumprida e era tempo de voltar ao regaço do Pai. Ele optou por encerrar sua obra com uma formidável exibição de poder espiritual: na inocência da certeza divina, permitiu que seu corpo fosse crucificado como um "cordeiro de Deus"; depois, ressurgiu dos mortos a fim de demonstrar a natureza eterna e invencível de nossa verdadeira vida, como filhos e filhas de Deus.

Nessa ocasião de colheita espiritual, a obra de Jesus e seus discípulos (o "trigo") estava separada dos esforços de seus adversários (o "joio"). Os filhos do "maligno" (egoísmo) foram arremessados pelos "anjos" (suas próprias almas) à "fornalha de fogo" (sofrimento da vida subconsciente), numa tentativa de recuperar a consciência na escola da vida. Os seguidores de Jesus, que haviam despertado para o amor, "resplandeciam como o sol no reino de seu Pai" ao penetrar no "mundo e pregar a boa nova a toda criatura" (Mc. 16:15). A despeito dos erros de alguns de seus líderes, o judaísmo continuou a ser uma grande força espiritual durante toda a duração do Império Romano, mesmo depois da tomada de Jerusalém por Tito, no ano 70 d.C., e da conseqüente destruição do templo.[22]

Do mesmo modo, não devemos permitir que as virtudes e os "espíritos imundos" atuem juntos em nossas personalidades. No final, os "espíritos imundos" (ou "joio") de nossas psiques terão de ser consumidos pelas labaredas do espírito, enquanto suas virtudes correspondentes emergirem para "resplandecer como o sol".

A parábola do Joio e do Trigo, bem como o próprio exemplo de Jesus, ensinam lições importantes e universais sobre a natureza do poder e a maneira de exercê-lo sabiamente. O Princípio da Relação dos Opostos prescreve que nada na criação existe sem uma relação com o seu oposto, ou "aquilo que não é". "Alto" só tem sentido em relação a "baixo", "grande" em relação a "pequeno", "riso" em relação a "pranto", etc. Mas existe também uma zona mediana, ou neutra, entre as duas polaridades. O mundo da forma é um mundo de relatividade, ou seja, de relações entre expressões diversas da unidade do Espírito. O Princípio da Relação dos Opostos representa, em essência, a aplicação do Princípio de Unicidade ao mundo da forma, uma expressão de universalidade no universo.

O poder é um princípio original e universal que assume diversas expressões em termos de tempo e de espaço. Tem uma dimensão ativa (*yang*), que Jesus demonstrou na purificação do templo e na denúncia dos escribas e fariseus. Possui uma dimensão passiva (*yin*), que Jesus, tendo em vista seus próprios objetivos, expressou ao permitir ser preso e crucificado. E possui também uma dimensão neutra, ou "equilíbrio de poder" entre as duas polaridades, na qual a pessoa age com plena consciência do poder que a cerca, mas nada impõe e nada aceita ativamente. O ensinamento de Jesus por parábolas era um exemplo de sua posição neutra: ele não cedia à pressão dos adversários para ir embora nem os enfrentava com suas lições. Usar o poder com sabedoria e eficiência exige que recorramos à nossa Fonte interior e depois nos tornemos flexíveis em todas as dimensões de sua expressão, sob a direção do espírito.

O Princípio da Rendição postula que, quanto maior o esforço despendido para controlar uma pessoa ou situação, menos eficiente ele é. Tudo o que merece ser realmente modificado no mundo pode realizar-se sob a orientação do Espírito. Independentemente da quantidade de tempo e energia empregados, as atividades da pessoa são exercidas sem entraves, graças à harmonia com o Espírito. Em contrapartida, quanto maior for a agressividade, mais o esforço empreendido pela personalidade atual se isola do Espírito. A personalidade separada, tentando obter por empenho próprio o que julga desejar, precisa recorrer ao seu reservatório particular de energia física e etérica. Quanto mais tenta impor uma situação de separação ao ambiente, mais resistência o ambiente oferece para manter o equilíbrio. A personalidade acaba por exaurir-se. Foi assim que o mundo assistiu à ruína de muitas ditaduras.

Jesus, em harmonia com o Princípio da Rendição, mudou o curso da história humana em poucos anos. Viveu a mais simples das vidas e não reivindicou nenhuma autoridade, exceto a de Deus. Seus inimigos, infringindo essa lei, acabaram descobrindo que, quanto mais lutavam contra ele para preservar o poder, mais rapidamente perdiam influência entre o povo. Quando, por fim, arregimentaram forças e conseguiram matá-lo por mão da autoridade romana, Jesus ressuscitou — e eles falharam abjetamente. No final das contas nada conseguiram e tiveram de volver às ilusões subconscientes com "choro e ranger de dentes".

Discussão

O Eu Controlador separado acredita que pode vencer, possuir e consumir o mundo que o cerca a fim de compensar seus sentimentos de vulnerabilidade. Enraivece-se por causa da perdida inocência e procura dominar a todos para sentir-se seguro. Quanto mais intensos são os seus esforços para controlar, maior resistência encontra da parte do ambiente. Sua vida se torna uma batalha perdida. E, porque confunde fraqueza com força, amarga o fracasso e a rejeição.

O Eu Controlador em transformação encontra o verdadeiro poder e a verdadeira proteção em Deus; depois, aprende a submeter-se, com inocência e inteligência, a essa Força Superior. Tendo abandonado ao fluxo das coisas e aceitado Deus, passa a viver com serenidade, simplicidade e segurança, estendendo a graça e a proteção de uma liderança benevolente a tudo o que o cerca.

O profeta Maomé tinha muito a dizer sobre "o reino, o poder e a glória de Deus". Ensinou a submissão absoluta a Alá (literalmente, O Deus). A palavra Islã, com efeito, é mais bem traduzida como "rendição" (a Alá). Segundo seu próprio relato, esse profeta analfabeto recebeu o livro sagrado do islamismo, o Corão, do arcanjo Gabriel. Durante sua permanência de 23 anos na Arábia Saudita, reuniu um total de 114 capítulos, ou *suras*.[23] O início da primeira *sura*, transcrito abaixo, adverte os crentes para que sigam o caminho reto de submissão a Alá:

Em Nome de Deus, o misericordioso Senhor da piedade.
Seja louvado Deus, Senhor de todos os seres,
O misericordioso Senhor da piedade,
Soberano do Dia do Juízo.
Só a Ti servimos, só a Ti recorremos.
Guia-nos pelo caminho reto,
O caminho dos que abençoaste,
Não o daqueles que aborreces
Nem o daqueles que se desgarraram.[24]

A seguinte passagem do Corão explica a natureza de Deus:

> Tudo o que existe nos céus e na terra engrandece Deus. Ele é o Todo-poderoso, o perfeito sábio. A Ele pertencem o reino dos céus e o reino da terra. Ele dá a vida e a morte, e tem poder sobre todas as coisas. É o primeiro e o último, o manifesto e o oculto, e tudo conhece. Foi Ele quem criou os céus e a terra em seis dias e depois assentou-se em seu Trono. Conhece tudo o que penetra a terra e dela sai, o que desce do céu e o que para lá ascende. Está contigo aonde quer que vás. Deus sabe tudo o que fazes. Ele é o reino dos céus e da terra e para Ele volvem todas as coisas. Fez a noite que precede o dia e o dia que precede a noite. Detém o segredo mais íntimo do coração.[25]

Transformação, Expansão e Regressão

Quando o Eu Controlador se transforma no Líder Beneficente, avança na direção de sua virtude principal, que é a rendição a uma vontade mais alta, e enche-se de confiança, empatia e solidariedade, pronto a dar e receber amor livremente. Começa a valorizar a mansidão e a sensibilidade como força, não hesitando em exprimir amor e doçura. A expansão *yang* resulta no uso adequado da vontade, no amor firme, na sábia projeção do poder, numa liderança consciente em benefício dos semelhantes. A expansão *yin* suscita a capacidade de submeter-se inteligentemente e acatar a inocência, a vulnerabilidade, a gentileza e a mansuetude.

Quando o Eu Controlador resiste à transformação, aferra-se mais teimosamente ao seu vício, que é a luxúria, e torna-se suspeitoso, desconfiado e solitário, calando os próprios sentimentos. Controla seu espaço com dureza. Sente-se marginalizado e abertamente hostil para com o próximo.

As tendências energéticas acima estão em consonância com o tipo oito de personalidade do Eneagrama.

Tipo Anímico: Angélico

Eu Separado	Princípio Transformador	Eu Transformado
Eu Controlador	Princípio da Relação dos Opostos; Princípio da Rendição	Líder Beneficente

---

Exercício para o Eu Controlador: "Porque teu é o reino, e o poder, e a glória para sempre"

Feche os olhos e respire profundamente.

Deixe que o seu anjo da guarda o conduza ao jardim espiritual de seu coração. Ele o leva para um santuário. Invoque o Eu Cristo que lá habita e peça que venha até você. Sinta o seu amor, presença e sabedoria, bem como o seu equilíbrio perfeito e energia curativa.

Faça-lhe as seguintes perguntas: "Estou controlando algo em minha vida a que deveria renunciar para obter paz e liberdade, evitando lutas e conflitos? O que devo deixar de lado para dar o próximo passo espiritual e conhecer o amor com maior amplitude?"

Se estiver pronto a renunciar a essa situação, atitude ou problema dentro de você mesmo, ofereça-os a ele com confiança e fé: ele poderá tirá-los de você. Receba o seu amor e amparo em lugar do peso que confiou a ele.

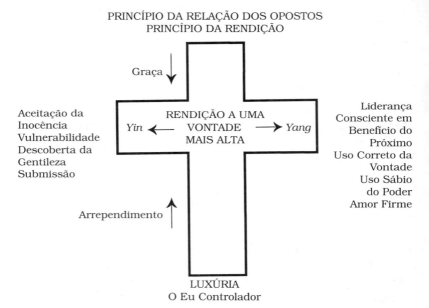

Como Trabalhar com os Elementais na Vida Diária

Daskalos perguntou certa feita a Nick Demetry: "Você se considera grego ou americano?" Nick respondeu que não sabia muito bem. Daskalos replicou que, quanto a ele, sentia-se um ser humano. Embora muitas tradições espirituais tendam a enfatizar a contemplação de Deus, a meditação e o aperfeiçoamento da consciência, nós optamos por exercícios destinados a livrar a personalidade humana de elementais negativos, facilitando com isso o fluxo natural de energias espirituais por todos os níveis do ser.

Sri Hari Poonjaji, na esteira de Ramana Maharshi, afirma: "A iluminação em termos simples: afastemo-nos do caminho". Segundo Poonjaji, nossos desejos e nossa identificação com o mundo são a fonte do sofrimento e do bloqueio da auto-realização. Poonjaji descreve eloqüentemente o processo de iluminação recorrendo à imagem de uma pessoa a caminhar por uma floresta densa que se vai lentamente incendiando. Cada ramo queimado é a eliminação de um desejo que bloqueia a percepção do Eu. As árvores continuam a queimar até que só uma resta: a do desejo de liberdade. Também esse desejo precisa desaparecer nas chamas.

Os caminhos espirituais são considerados às vezes como estimulantes do escapismo, da dissociação e da vontade de fugir às condições atuais. Por isso escolhemos exercícios que ajudem o estudante a dissociar-se dos elementais que lhe barram a luz espiritual interior. Essa luz tem de brotar naturalmente da mera intenção de crescer na direção dela.

Inúmeros mestres ensinam que o desafio não é aprender, mas desaprender, na esfera da personalidade, hábitos de pensamento, sentimento e ação que entravam o fluxo natural do espírito. Daskalos, indagado certa vez sobre quais exercícios desenvolvem habilidades paranormais, recomendou: "Tenham paciência. À medida que sua consciência evoluir graças à purificação da personalidade, essas habilidades irão surgindo a serviço do amor". A "expulsão de demônios", ou desenergização dos elementais negativos que nós próprios criamos, é um meio poderoso de iniciar esse processo imprescindível de desaprendizado. "Buscai primeiro o reino de Deus e a sua justiça e todas essas coisas vos serão acrescentadas" (Mt. 6:33).

Daskalos encorajava seus discípulos a praticar diariamente exercícios de introspecção para limparem os espelhos da mente e das emoções com vistas ao crescimento espiritual. Baseados na inspiração dele e em nossa própria experiência, oferecemos uns poucos exercícios e observações ao leitor, para que inicie o seu trabalho com os elementais.

Exercício Diário de Introspecção

- Todas as noites, passe o seu dia em revista e identifique as experiências problemáticas.
- Pergunte a si mesmo: "Que princípios espirituais ignorei hoje?"
- Pergunte-se também: "Que poderia eu ter feito em obediência aos princípios espirituais?"
- Reformule a experiência de acordo com o princípio infringido.
- Absorva o Amado e torne-se o seu eu amoroso.
- Projete novamente a experiência de acordo com os princípios espirituais.

Praticando esses exercícios, você irá aos poucos se libertando dos elementais negativos. Isso acontece ao longo das seguintes etapas:

1. Quando você está totalmente identificado com o elemental, acha justo criticar, censurar e sentir-se vitimizado pelos padrões recorrentes de sua vida.
2. Você reconhece a existência do elemental, que está agindo por seu intermédio.
3. Você consegue perceber quando o elemental se aproxima, isto é, reconhece a presença dele antes que se expresse por intermédio de seus pensamentos, sentimentos e comportamento. Mas, impelido pelo elemental, ainda não logra sustar-lhe os efeitos.
4. Você sabe que ele está chegando, como se apresenta, mas seu poder é grande demais. Você se vê agindo de determinada maneira e não pode impedi-lo. Essa etapa pode durar algum tempo.
5. Você sabe que ele está chegando como na etapa nº 4 acima, mas agora age com uma nova variável. Você reformula a situação. Imagine, por exemplo, que tem uma de

suas constantes brigas com o chefe. Sente que vai acontecer, que começa a acontecer, percebe que vai sentir-se vitimizado; porém, ao fechar a porta, compreende que não há nada a fazer com relação ao chefe. A coisa é com você! A essa altura, cruza de novo a porta e retoma na realidade o que praticou durante seu exercício noturno. Ao começar a fazer isso, nota a manifestação de um elemental positivo dominando-lhe a vontade em lugar do negativo.

6. Percebendo sua aproximação, sente que tem uma escolha: agir ou não de acordo com ele. Agora já consegue ter seu próprio ponto de vista, sem precisar acatar o comportamento imposto pelo elemental negativo.
7. Quando o elemental se apresenta, você se sente livre dele e pode até mesmo rir às suas custas.

Segundo a espiritualidade do leste da Índia, as primeiras etapas equivalem ao jogo de *Maya*, a ilusão de que tudo acontece fora de nós. Na etapa seguinte, que os indianos chamam de *laya*, as percepções externas são reconhecidas como projeções de estados interiores, ocorrendo então um movimento na direção da consciência da unidade, à medida que a percepção se dilata. Nos termos da psicologia tradicional, o processo de libertação da ilusão envolve, em primeiro lugar, um movimento da autojustificação e censura para o autojulgamento. O perigo nessa etapa, em que se obteve alguma capacidade de observação, reside na possibilidade de criarmos culpa e negatividade, aferrando-nos a elas. A etapa final é a etapa do perdão, quando se aceita o que se faz sem culpa e sem medo de censura. Nesse ponto, a pessoa se torna compassiva e reconhece que o elemental, na verdade, deseja ser transformado e atraído de volta ao lar pelo amor.

Mas cuidado: esses elementais podem ser reativados enquanto se trabalha com eles. Quando um elemental volta para esgotar a energia de uma pessoa, geralmente permanece nas imediações de seu campo energético, esperando que se abra uma porta para o chakra de vibração correspondente. Alguma senha ou comportamento da parte da pessoa, baseados em sua própria segurança, relacionamento ou problema social, abrem a porta. A angústia pelo que acontece suga suficiente vitalidade etérica para enfraquecer o campo. Os elementais negativos contam com essa fraqueza para entrar. Por analogia, o corpo físico abriga muitos vírus e bactérias, mas não pode ser acometido antes que seu sistema imunológico seja debilitado por algum agente agressor. Só então ocorre a doença.

No Pai-Nosso, Jesus disse: "Não nos induzas à tentação, mas livra-nos do mal". Com efeito, a angústia e a reação emocional nos induzem a abrir a porta. É importante saber que os elementais são criações nossas e atuam primariamente segundo o Princípio de Causa e Efeito. Lembre-se da parábola do Semeador e de que "aquilo que semeares, colherás".

Exercício de Visualização para Estimular a Introspecção

- Fique numa posição confortável.
- Feche os olhos e respire profundamente.
- Concentre-se no coração.
- Visualize um espelho grande à sua frente.
- Olhando-se nesse espelho, evoque uma situação que exemplifique um dos nove vícios principais ou seu elemental negativo correspondente.
- Imagine que esse vício elemental se poste diante do espelho na forma com que se apresentar.
- Procure vê-lo por inteiro e mire-o bem nos olhos.
- Pergunte:
  (a) Por que me persegue e àqueles que amo?
  (b) Por que me apego a você?
  (c) O que você me ensina quando sofro?
- Diga:
  (d) Já não preciso de você.

(e) Não quero mais vê-lo como se você fosse eu.
(f) Resolvi tornar-me o meu eu amável.
- Envolva o vício em chamas de luz amarelo-ambarina e deixe que se consuma.
- Faça com que o seu eu bem-amado emerja das chamas num halo dessa luz ambarina.
- Acolha no coração esse reflexo de você mesmo.

As nove meditações de transformação anteriormente sugeridas podem ajudar a descobrir problemas íntimos que precisam de mais atenção.

O exercício de visualização para estimular a introspecção pode ser usado em apoio da eliminação desses problemas.

Os dois exercícios de introspecção, por outro lado, fazem com que trabalhemos mais intensamente com um eu separado. Por isso, todos os exercícios deste capítulo devem ser praticados naturalmente, em mútua conjunção.

VIII

Meditações para Despertar o Amor

Instruções para as Meditações

A seguinte série de nove meditações decorre naturalmente dos exercícios meditativos apresentados no capítulo anterior. Eles se destinam a promover uma cura mais profunda na personalidade com um objetivo mais determinado da alma. Os chakras são purificados um a um dos elementais obscurecedores, permitindo que o amor desperte, suave e naturalmente, dentro de todos os centros de chakra.

Essas meditações terapêuticas têm sido usadas de várias formas na Europa e nos EUA, proporcionando intuições profundas e mudanças positivas nos participantes dos nossos seminários. A série completa pode ser adquirida nas casas especializadas.

Sugerimos que façam essas meditações de manhã, logo após o despertar ou antes de dormir. Se não tiver os CDs você poderá fazer as meditações mais facilmente pedindo a um parceiro que as leia em voz alta. Música de fundo relaxante pode ser útil. Verificamos que os melhores resultados ocorrem quando as pessoas reservam um tempo determinado para cada meditação, de preferência uma semana ou mais, repetindo-a tantas vezes quantas forem necessárias para receber a luz de Cristo de maneira plena e profunda.

As meditações também podem ser usadas em grupo.

Não se preocupe se encontrar dificuldades relacionadas com o processo de meditação em algumas seções. A cura virá desde que você permaneça acessível a ela através do espírito. Tendo adentrado os templos da cura, você poderá ser levado a seguir outro programa além das instruções que lhe forem dadas. Se assim for, dê o devido crédito a essa experiência.

Que a sua jornada seja alegre e proveitosa!

Meditação nº 1

I   *Sente-se num lugar confortável. Feche os olhos. Respire profundamente. Relaxe o corpo.*

II *Visualize uma bola de luz branca na planta dos seus pés. Enquanto respira, visualize e sinta essa luz subindo dos pés para as pernas, coxas e quadris. Respirando sempre, sinta a luz tornando-se cada vez mais brilhante. Sinta-a subindo pela região pélvica, abdome, tórax e coração. Sinta-a subindo pelos ombros e descendo pelos braços até chegar às mãos e aos dedos. Sinta e veja a luz envolvendo-lhe o pescoço, a cabeça e o rosto.*

III *Olhe para as suas mãos de luz que curam e para o chão à sua frente. Crie um disco circular de luz branca várias vezes maior que a sua estatura e sobre ele construa uma abóbada branca. Esse é o seu templo de cura para equilibrar e alinhar as suas energias e os seus três corpos.*

IV *Entre no templo e dirija-se ao seu centro. Uma vez ali, olhe para baixo e veja-se no centro de uma cruz eqüilátera.*

V   *À sua direita e fluindo em direção ao lado direito do seu corpo há uma Chama de Luz Vermelha representando o ele-*

mento fogo, o calor, o metabolismo e a força curadora para o seu corpo físico e sua vontade. Inspire as Chamas de Luz Vermelha e peça que sua vontade seja fortalecida para a sua jornada na vida.

VI *Em seguida concentre a atenção no seu lado esquerdo. Fluindo em direção ao lado esquerdo do seu corpo há uma Chama de Luz Violeta-púrpura, representando o elemento ar e a força curadora para sua mente e seus pensamentos. Inspire as Chamas de Luz Violeta-púrpura e peça que sua mente e seus pensamentos tenham clareza, harmonia e ordem para a sua jornada na vida.*

VII *Agora, concentre a atenção nas suas costas, sinta e veja uma bela Chama Azul de luz que cura fluindo atrás de você e inspire essa luz. Essa Chama de Luz Azul representa o elemento água e é a força que cura o seu corpo emocional. Enquanto inspira as Chamas Azuis, peça que seu corpo emocional e seu coração sejam purificados e que você receba alegria e coragem para a sua jornada na vida.*

VIII *Agora, olhe diretamente à sua frente. Fluindo diante de você há uma Chama de Luz Prateada simbolizando a força de integração, equilíbrio, harmonia e alinhamento dos seus três corpos. Inspire essas Chamas de Luz Prateada e peça que a harmonia e a paz estejam com você na sua jornada pela vida.*

IX *De novo, respirando lentamente, preste atenção no seu corpo e sinta o seu eu regressando da jornada com a luz. Honre a luz dentro de você e agradeça pela cura que recebeu. Com suas mãos de luz, dissolva a abóbada de luz que você criou e, gradualmente, conscientize-se do seu ambiente. Abra lentamente os olhos. Você está pronto para receber as bênçãos do dia!*

Meditação nº 2

Meditação básica diária para reconexão espiritual.

I Sente-se num lugar confortável. Feche os olhos. Respire profundamente. Relaxe o corpo.

II Visualize uma bola de luz branca na planta dos seus pés. Enquanto respira, visualize e sinta essa luz subindo dos pés para as pernas, coxas e quadris. Sempre respirando, sinta a luz tornando-se cada vez mais brilhante. Sinta-a subindo pela região pélvica, abdome, tórax e coração. Sinta-a subindo pelos ombros e descendo pelos braços até chegar às mãos e aos dedos. Sinta e veja a luz envolvendo-lhe o pescoço, a cabeça e o rosto.

III Visualize uma senda de luz dourada no meio de uma floresta.

IV Caminhe pela senda até chegar ao portão de um lindo jardim.

V No portão do jardim há uma estrela de seis pontas dourado-avermelhada com uma cruz no centro.

VI Coloque as mãos sobre o símbolo e peça que a sua força que cura desperte seu coração para o amor.

VII Atravesse o portão do jardim e entre num formoso roseiral. Explore a beleza, a harmonia e as ternas expressões da natureza nesse recanto. Aprecie tudo.

VIII Em algum lugar do jardim você descobrirá uma intensa e radiante chama de luz dourada em forma de sol. Caminhe em direção a essa luz. Do centro dela emerge o seu Eu-Cristo num Manto de Luz Dourado.

IX Dirija-se até Ele. Tome-Lhe as mãos e olhe nos Seus olhos. Entre em contato com o seu Divino Amor e Humildade. Ouça-O pronunciando as palavras: "Entre no Meu coração, meu bem-amado."

X   Entre no Seu Corpo de Luz Radiante e olhe através dos Seus olhos.

XI Ouça-O dizendo-lhe: "Minha luz é a tua Luz. Meu corpo é o teu corpo de poder e ação. Meus olhos são os teus olhos de verdade e visão. Meu coração é o teu coração de amor. Minhas mãos são as tuas mãos que curam".

XII Agora crie uma bola dourada entre as palmas das mãos e sinta uma luz cada vez mais brilhante a cada respiração que você toma. Coloque uma pessoa que necessita do seu amor dentro dessa bola de luz dourada. Olhe-a com os olhos e o amor do Eu-Cristo. Visualize a perfeição de seus corpos físico, emocional e mental. Peça que esse amor curador chegue até ela e trabalhe para o seu bem maior, para o seu crescimento e desenvolvimento espiritual, mental, emocional e físico.

XIII Abandone essa bola de luz, crie uma nova bola de luz dourada e coloque-se dentro dela. Veja e sinta o mesmo Cristo-Amor de antes, vendo a perfeição dos seus corpos físico, emocional e mental. Peça que esse amor que cura chegue até você e trabalhe com você para o bem maior do seu ser espiritual, mental, emocional e físico. Coloque a bola de luz no seu coração.

XIV Volte à entrada do jardim e saia pelo portão. Veja o símbolo da estrela de seis pontas no portão. Agradeça pela cura que recebeu. Honre a presença de Cristo em você e em todo ser humano. Concentre-se gradualmente em seu corpo físico, abra lentamente os olhos e retorne da jornada de meditação curadora.

Instruções para as Meditações nºs 3-9
Como Fazer um Inventário Espiritual

I Pegue um pedaço de papel e coloque-o diante de você. Desenhe três linhas verticais igualmente espaçadas, formando quatro colunas.

Na coluna da extrema direita escreva as seguintes categorias:

1 Sobrevivência:
   a dinheiro
   b família
   c posses
2 Relacionamentos:
   a amizade
   b parceria/sexualidade
   c filhos
   d pais
   e outras pessoas importantes
3 Trabalho / Carreira:
   a relacionamentos sociais
   b posição no trabalho
   c papéis de liderança
4 Compreensão-amor:
   a sentimentos interiores / circunstâncias exteriores
   b gratidão
   c serviço
5 Comunicação / Capacidade de escutar
6 Visão espiritual / Objetivos / Sabedoria na vida / Perdão
7 Propósito na vida

II Na coluna seguinte, escreva no alto: **Passado** – Padrões, atitudes, sentimentos e condições dos anos passados. Preencha todos esses padrões passados, etc. para os domínios dos chakras.

III Na terceira coluna, escreva no alto: **Presente** *– Padrões, atitudes, sentimentos e condições atuais. Preencha todos os padrões atuais etc., para os sete domínios dos chakras.*

IV Na coluna da extrema esquerda, escreva no alto: **Futuro**. *Aqui você pode escrever o que gostaria de criar no futuro – novos padrões, atitudes, sentimentos e condições que possam dar melhor sustentação à sua vida nos sete domínios de experiências.*

Meditação nº 3
Como Curar o Chakra Fundamental

Para transformar "Eu não sou digno de existir" em "Eu tenho um valor infinito como Filho de Deus".

I Sente-se num lugar confortável. Feche os olhos. Respire profundamente. Relaxe o corpo.

II Visualize uma bola de luz branca na planta dos seus pés. Enquanto respira, visualize e sinta essa luz subindo dos pés para as pernas, coxas e quadris. Respirando sempre, sinta a luz tornando-se cada vez mais brilhante. Sinta-a subindo pela região pélvica, abdome, tórax e coração. Sinta-a subindo pelos ombros e descendo pelos braços até chegar às mãos e aos dedos. Sinta e veja a luz envolvendo-lhe o pescoço, a cabeça e o rosto.

III Olhe para as suas mãos de luz que curam e para o chão à sua frente. Crie um disco circular de luz branca várias vezes maior que a sua estatura e sobre ele construa uma abóbada branca. Esse é o seu templo de cura para equilibrar e alinhar as suas energias e os seus três corpos.

IV Entre no templo e dirija-se ao seu centro. Uma vez ali, olhe para baixo e veja-se no centro de uma cruz eqüilátera.

Meditações para Despertar o Amor

V À sua direita, e fluindo em direção ao lado direito do seu corpo, há uma Chama de Luz Vermelha representando o elemento fogo, o calor, o metabolismo e a força curadora para seu corpo físico e sua vontade. Inspire as Chamas de Luz Vermelha e peça que sua vontade seja fortalecida para a sua jornada na vida.

VI Em seguida concentre a atenção no seu lado esquerdo. Fluindo em direção ao lado esquerdo do seu corpo, há uma Chama de Luz Violeta-púrpura representando o elemento ar e a força curadora para sua mente e seus pensamentos. Inspire as Chamas de Luz Violeta-púrpura e peça que sua mente e seus pensamentos tenham clareza, harmonia e ordem para a sua jornada na vida.

VII Agora, concentre a atenção nas suas costas, sinta e veja uma linda Chama Azul de luz que cura fluindo atrás de você e inspire essa luz. Essa Chama de Luz Azul representa o elemento água e é a força que cura o seu corpo emocional. Enquanto inspira as Chamas Azuis, peça que seu corpo emocional e seu coração sejam purificados e que você receba alegria e coragem para a sua jornada na vida.

VIII Agora, olhe diretamente à sua frente. Fluindo diante de você, há uma Chama de Luz Prateada simbolizando a força da integração, equilíbrio, harmonia e alinhamento dos seus três corpos. Inspire essas Chamas de Luz Prateada e peça que a harmonia e a paz estejam com você em sua jornada na vida.

IX Dirija-se à parte de trás da abóbada e entre num belo roseiral.

X No roseiral, você verá uma mala que contém todas as posses, condições, padrões, pensamentos e sentimentos atuais do seu chakra da raiz, incluindo todos os problemas relacionados com a auto-estima e o mérito pessoal.

XI Deite-se de costas perto de sua mala. Olhe para o céu. Visualize um belo Raio de Luz do Templo da Luz do seu chakra da raiz descendo diretamente ao roseiral e ligando você ao seu chakra da raiz.

XII Imagine-se saindo do seu corpo e, com a mala na mão, sinta-se elevando-se até o raio de luz que cura. Sinta-se cada vez mais leve e mais livre, mais livre e mais leve, ao longo do caminho que leva ao portão do jardim do centro do seu chakra da raiz.

XIII Entre no jardim e explore-lhe a beleza. Em algum lugar do jardim está o seu Templo de Luz que Cura para o seu chakra da raiz. Dirija-se à entrada do seu Templo com a mala na mão. Peça ao seu Guia Espiritual que fique à sua direita e ao seu Anjo da Guarda que fique à sua esquerda. Ligue-se com as energias de ambos por meio do seu coração.

XIV Peça ao seu Guia e ao seu Anjo da Guarda para abrir a mala e lhe revelar quaisquer condições ou crenças que provocam os seus sentimentos de insegurança, falta de mérito ou de auto-estima. Peça que esses sentimentos sejam projetados numa grande tela de cinema situada no seu lado direito. Peça que lhe sejam mostradas as origens desses sentimentos em sua vida ou nos seus relacionamentos. Mantenha o foco no seu coração e receba as imagens como uma dádiva da sua consciência superior para o seu processo de cura. Reúna esses eventos, situações ou crenças diante de você e diga-lhes: "Eu não sou vocês, vocês não são eu. Eu os criei para o meu aprendizado e agora quero ficar livre de vocês!"

XV Peça ao seu Anjo da Guarda e ao seu Guia Espiritual para transformar as energias que você traz dentro da mala em novas energias e condições de que você precisa para a próxima etapa de sua jornada.

XVI Volte através do jardim do seu centro da raiz com essas ener-

gias transformadas e desça ao roseiral pelo Raio de Luz que Cura. Plante essas novas energias como se fossem sementes e observe o crescimento dos novos padrões, condições e atitudes.

XVII *Volte através da Abóbada do Templo e agradeça por toda a orientação e assistência divina que recebeu.*

XVIII *De novo, respirando lentamente, preste atenção ao seu corpo e sinta-se regressando da jornada com a Luz. Honre a luz dentro de você e agradeça pela cura que recebeu. Com suas mãos de luz, dissolva a abóbada de luz que você criou e, gradualmente, tome consciência do seu ambiente. Abra lentamente os olhos. Você está pronto para receber as bênçãos do dia!*

Meditação n° 4
Como Curar o Chakra Sagrado

Para transformar "Eu sou vulnerável nos relacionamentos" em "Eu confio nos filhos de Deus".

I *Sente-se num lugar confortável. Feche os olhos. Respire profundamente. Relaxe o corpo.*

II *Visualize uma bola de luz branca na planta dos seus pés. Enquanto respira, visualize e sinta essa luz subindo dos pés para as pernas, coxas e quadris. Respirando sempre, sinta a luz tornando-se cada vez mais brilhante. Sinta-a subindo pela região pélvica, abdome, tórax e coração. Sinta-a subindo pelos ombros e descendo pelos braços até chegar às mãos e aos dedos. Sinta e veja a luz envolvendo-lhe o pescoço, a cabeça e o rosto.*

III *Olhe para as suas mãos de luz que curam e para o chão à* sua frente. Crie um disco circular de luz branca várias vezes maior que a sua estatura e sobre ela construa uma abóbada branca. Esse é o seu templo de cura para equilibrar e alinhar as suas energias e os seus três corpos.

IV Entre no templo e dirija-se ao seu centro. Uma vez ali, olhe para baixo e veja-se no centro de uma cruz eqüilátera.

V À sua direita e fluindo em direção ao lado direito do seu corpo há uma Chama de Luz Vermelha representando o elemento fogo, o calor, o metabolismo e a força curadora para seu corpo físico e sua vontade. Inspire as Chamas de Luz Vermelha e peça que a sua vontade seja fortalecida para a sua jornada na vida.

VI Em seguida fixe a atenção no seu lado esquerdo. Fluindo em direção ao lado esquerdo do seu corpo há uma Chama de Luz Violeta-púrpura representando o elemento ar e a força curadora para sua mente e seus pensamentos. Inspire as Chamas de Luz Violeta-púrpura e peça que sua mente e seus pensamentos se revistam de clareza, harmonia e ordem para a sua jornada na vida.

VII Agora, fixe a atenção nas suas costas, sinta e veja uma linda Chama Azul de luz que cura fluindo atrás de você e Inspire essa luz. Essa Chama de Luz Azul representa o elemento água e é a força que cura o seu corpo emocional. Enquanto inspira as Chamas Azuis, peça que seu corpo emocional e seu coração sejam purificados e que você receba alegria e coragem para a sua jornada na vida.

VIII Agora, olhe diretamente à sua frente. Fluindo diante de você, há uma Chama de Luz Prateada simbolizando a força de integração, equilíbrio, harmonia e alinhamento dos seus três corpos. Inspire essas Chamas de Luz Prateada e peça que a harmonia e a paz estejam com você em sua jornada na vida.

IX Dirija-se à parte de trás da abóbada e entre num belo roseiral.

X Enquanto adentra o roseiral, procure um lugar confortável para deitar-se. Visualize uma larga coluna de luz alaranjada do seu lado esquerdo.

XI Pense nas pessoas mais importantes em sua vida atual, que você considera mais importantes em seus relacionamentos – seu parceiro, seus pais, amigos, irmãos, irmãs, colegas de trabalho etc.

XII Agora, saia do seu corpo físico e entre no seu corpo de luz. Veja aquelas pessoas no meio da coluna de luz alaranjada.

XIII Sinta-se elevando-se junto com elas na coluna de luz, cada vez mais leve e mais livre, mais livre e mais leve, movendo-se em direção ao portão do jardim do Templo de Luz do seu chakra sacro.

XIV Atravesse o portão do jardim e abra o coração para receber a energia de cura ali existente.

XV Junto com essas pessoas, dirija-se à entrada do seu templo de cura.

XVI Chame o seu Guia Espiritual e o seu Anjo da Guarda para acompanhar você e o seu grupo. Peça ao seu Guia e ao seu Anjo da Guarda para conduzi-lo perante um altar do Templo.

XVII Olhe para cada pessoa que veio com você. Veja como cada uma delas espelha uma parte de você e como os problemas seus e delas são os seus próprios problemas, e estão apenas sendo refletidos em você por elas. Pergunte a si mesmo quais são as lições que tem de aprender e compreender e agradeça pela presença delas em sua vida. Perdoe a si mesmo, perdoe-lhes e peça-lhes perdão pelo que tenha acontecido.

XVIII Sinta seu Anjo da Guarda e seu Guia Espiritual transformando em energia de amor a energia através das chamas de luz laranja-dourado-amarelas.

XIX Traga cada uma daquelas pessoas para seu coração e diga-lhes: "No meu coração está reservado um espaço para cada um de vocês; agradeço-lhes por todas as lições com que me ajudaram. Eu as liberto!"

XX Retire-se do templo, atravesse o jardim do seu chakra do sacro e dirija-se ao portão do jardim. Agradeça pela ajuda do seu Guia Espiritual e do Anjo da Guarda. Caminhe de volta à coluna de luz e retorne lentamente ao roseiral. Atravesse lentamente o templo abobadado e saia pela entrada da frente.

XXI De novo, respirando lentamente, preste atenção no seu corpo e sinta-se regressando da jornada com a luz. Honre a luz dentro de você e agradeça pela cura que recebeu. Com suas mãos de luz, dissolva a abóbada de luz que você criou e, gradualmente, tome consciência do seu ambiente. Abra lentamente os olhos. Você está pronto para receber as bênçãos do dia!

Meditação n° 5
Como Curar o Chakra do Plexo Solar

Para transformar "Sou impotente" em "Posso fazer todas as coisas graças ao Cristo que me fortalece".

I Sente-se num lugar confortável. Feche os olhos. Respire profundamente. Relaxe o corpo.

II Visualize uma bola de luz branca na planta dos seus pés. Enquanto respira, visualize e sinta essa luz subindo dos pés *para as pernas, as coxas e os quadris. Respirando sempre, sinta a luz tornando-se cada vez mais brilhante. Sinta-a subindo pela região pélvica, abdome, tórax e coração. Sinta-a subindo pelos ombros e descendo pelos braços até chegar às mãos e aos dedos. Sinta e veja a luz envolvendo-lhe o pescoço, a cabeça e o rosto.*

III *Olhe para as suas mãos de luz que curam e para o chão à sua frente. Crie um disco circular de luz branca várias vezes maior que a sua estatura e sobre ele construa uma abóbada branca. Esse é o seu templo de cura para equilibrar e alinhar as suas energias e os seus três corpos.*

IV *Entre no templo e dirija-se ao seu centro. Uma vez ali, olhe para baixo e veja-se no centro de uma cruz eqüilátera.*

V *À sua direita, e fluindo em direção ao lado direito do seu corpo, há uma Chama de Luz Vermelha representando o elemento fogo, o calor, o metabolismo e a força curadora para seu corpo físico e sua vontade. Inspire as Chamas de Luz Vermelha e peça que sua vontade seja fortalecida para a sua jornada na vida.*

VI *Em seguida, fixe a atenção no seu lado esquerdo. Fluindo em direção ao lado esquerdo do seu corpo há uma Chama de Luz Violeta-púrpura representando o elemento ar e a força curadora para sua mente e seus pensamentos. Inspire as Chamas de Luz Violeta-púrpura e peça que sua mente e seus pensamentos tenham clareza, harmonia e ordem para sua jornada na vida.*

VII *Agora, fixe a atenção nas suas costas, sinta e veja uma bela Chama Azul de luz que cura fluindo atrás de você e inspire essa luz. Essa Chama de Luz Azul representa o elemento água e é a força que cura o seu corpo emocional. Enquanto inspira as Chamas Azuis, peça que seu corpo emocional e seu coração sejam purificados e que você receba alegria e coragem para a sua jornada na vida.*

VIII Agora, olhe diretamente à sua frente e veja, fluindo diante de você, uma Chama de Luz Prateada simbolizando a força de integração, equilíbrio, harmonia e alinhamento dos seus três corpos. Inspire essas Chamas de Luz Prateada e peça que a harmonia e a paz estejam com você em sua jornada na vida.

IX Dirija-se à parte de trás da abóbada e entre num belo roseiral.

X Enquanto adentra o roseiral, procure um lugar confortável para deitar-se. Visualize uma grande coluna de Luz Rubi-dourada do seu lado esquerdo. Pense em sua profissão e nas condições de seu local de trabalho. Identifique questões problemáticas em seu trabalho e a parte de você que luta para alcançar sucesso mas acha que seus esforços não estão sendo reconhecidos. Deixe que seus pensamentos manifestem duas figuras diante de você: um eu controlador que dirige você e o mantém no trabalho e um eu impotente que não está satisfeito em virtude de não ser reconhecido pelos seus esforços.

XI Saia do seu corpo físico e entre na luz rubi-dourada com esses dois aspectos de si mesmo. Sinta-se elevando-se em direção à entrada do jardim do seu chakra do plexo solar. Entre no seu templo da cura.

XII Enquanto adentra o templo, veja e sinta o Eu Crístico do seu lado direito e o Espírito Santo da criação como uma chama de luz rubi-dourada à sua esquerda. Ligue-se com as energias de ambos por meio do seu coração.

XIII Enquanto adentra o templo, encare esses dois aspectos de si mesmo. Coloque as mãos em seus corações e veja mais profundamente as lições que deve aprender com eles. Pergunte a si mesmo por que precisa deles em sua vida. Continue perguntando até encontrar uma resposta verdadeira que lhe toque o coração com o pleno conhecimento de suas lições. *Deixe que o Espírito da Criação e o Eu Cristo transformem essas energias em verdade, sabedoria e poder. Traga as energias transformadas para o seu plexo solar como uma bola de luz e peça a ela que cresça dentro de você.*

XIV *Retorne ao seu roseiral atravessando o portão do jardim do seu templo e descendo pela coluna de luz. Plante essas novas energias e deixe-as crescer. Volte para o seu templo abobadado e agradeça pela sua jornada.*

XV *De novo, respirando lentamente, preste atenção no seu corpo e sinta-se regressando da sua jornada com a luz. Honre a luz dentro de você e agradeça pela cura que recebeu. Com suas mãos de luz, dissolva a abóbada de luz que criou e, lentamente, tome consciência de seu ambiente. Abra vagarosamente os olhos. Você está pronto para receber as bênçãos do dia!*

Meditação nº 6
Como Curar o Chakra do Coração

Para transformar "Eu sofro" em "Como amor encarnado, cuido do meu próximo e de toda a criação como cuido de mim mesmo".

I *Sente-se num lugar confortável. Feche os olhos. Respire profundamente. Relaxe o corpo.*

II *Visualize uma bola de luz branca na planta dos seus pés. Enquanto respira, visualize e sinta essa luz subindo dos pés para as pernas, coxas e quadris. Respirando sempre, sinta a luz tornando-se cada vez mais brilhante. Sinta-a subindo pela região pélvica, abdome, tórax e coração. Sinta-a subindo pelos ombros e descendo pelos braços até chegar às mãos e aos dedos. Sinta e veja a luz envolvendo-lhe o pescoço, a cabeça e o rosto.*

III Olhe para as suas mãos de luz que curam e para o chão à sua frente. Crie um disco circular de luz branca várias vezes maior que a sua estatura e sobre ele construa uma abóbada branca. Esse é o seu templo de cura para equilibrar e alinhar as suas energias e os seus corpos.

IV Entre no templo e dirija-se ao seu centro. Uma vez ali, olhe para baixo e veja-se no centro de uma cruz eqüilátera.

V À sua direita, fluindo em direção ao lado direito do seu corpo, há uma Chama de Luz Vermelha representando o elemento fogo, o calor, o metabolismo e força curadora para seu corpo físico e sua vontade. Inspire as Chamas de Luz Vermelha e peça que sua vontade seja fortalecida para a sua jornada na vida.

VI Em seguida, fixe a atenção no seu lado esquerdo. Fluindo em direção ao lado esquerdo do seu corpo há uma Chama de Luz Violeta-púrpura representando o elemento ar e a força curadora para sua mente e seus pensamentos. Inspire as Chamas de Luz Violeta-púrpura e peça que sua mente e seus pensamentos tenham clareza, harmonia e ordem para sua jornada na vida.

VII Agora, fixe a atenção nas suas costas, sinta e veja uma linda Chama Azul de luz que cura fluindo atrás de você e inspire essa luz. Essa Chama de Luz Azul representa o elemento água e é a força que cura o seu corpo emocional. Enquanto inspira as Chamas Azuis, peça que seu corpo emocional e seu coração sejam purificados e que você receba alegria e coragem para a sua jornada na vida.

VIII Agora, olhe diretamente à sua frente. Fluindo diante de você há uma Chama de Luz Prateada simbolizando a força de integração, equilíbrio, harmonia e alinhamento dos seus três corpos. Inspire essas Chamas de Luz Prateada e peça que a harmonia e a paz estejam com você em sua jornada na vida.

IX De pé no centro de seu templo abobadado, chame as quatro chamas dos elementos – vermelhas à direita, violeta-púrpura à esquerda, azuis atrás de você e prateadas à sua frente – para ajudá-lo em sua jornada.

X Dirija-se à parte de trás da abóbada e entre num belo roseiral.

XI Deite-se num lugar confortável e olhe para o céu. Visualize um belo raio de luz cor-de-rosa descendo ao seu chakra do coração, procedente do templo de luz do seu chakra do coração.

XII Eleve-se até o raio de luz que cura e dirija-se ao jardim do seu chakra do coração. Na entrada do jardim você verá uma estrela dourada de seis pontas com uma cruz no centro.

XIII Coloque as mãos sobre esse símbolo e receba no coração a sua energia que cura.

XIV Entre no jardim e dirija-se à entrada do templo. Invoque o seu Guia Espiritual e o Espírito Santo de Misericórdia e entre no seu templo.

XV Peça-lhes que lhe mostrem os aspectos e energias masculinos e femininos (como no Jardim do Éden).

XVI Junto com eles, saia do templo, atravesse o jardim e saia pelo portão, desça pelo raio de luz cor-de-rosa de volta ao roseiral. Veja as perfeitas energias masculina e feminina de sua alma transformadas nos aspectos e energias masculinos e femininos feridos de sua personalidade.

XVII Olhe-os nos olhos. O que estão sentindo, pensando? O que os mantém separados do amor e da união?

XVIII Escolha primeiro aquele que mais precisa de cura. Que antiga crença ou atitude o mantém isolado e separado do amor? O que aconteceu com sua própria família ou experiência de vida que fez você deixar de ter confiança no amor e fechar o seu coração? (Pausa.) Quais as lições que você deve aprender para recuperar a sua confiança no amor? Você está pronto para libertar-se de toda dor e sofrimento e abraçar o perdão? Se não, peça que lhe seja mostrado por que e como você pode trabalhar sobre ele.

XIX Olhe para o seu outro aspecto e pergunte que crença e atitude bloqueou a sua capacidade para o amor e a união. Que aconteceu em sua própria família ou experiência de vida que fez você deixar de confiar no amor e fechar o seu coração? (Pausa.) Quais as lições que você deve aprender para recuperar a sua confiança no amor? Você está pronto para libertar-se de toda dor e sofrimento e abraçar o perdão? Se não, peça que lhe seja mostrado por que e como você pode trabalhar sobre ele?

XX Coloque a mão nos seus corações e torne-se o seu eu amoroso, sentindo o amparo do Espírito Santo de Misericórdia e do seu Eu Cristo.

XXI Junto com os aspectos masculino e feminino de sua personalidade ferida eleve-se até o raio de luz cor-de-rosa e dirija-se ao portão do jardim do seu templo de luz no seu chakra do coração. Entre no jardim e dirija-se ao seu templo de cura.

XXII Entre no templo e torne a encontrar os seus perfeitos aspectos masculino e feminino. Invoque o Eu Cristo para a cura de seu lado masculino, pedindo-Lhe para fundir o seu eu masculino perfeito com o seu eu masculino ferido, abençoando você e curando as feridas por meio do amor e do profundo entendimento da verdade. Veja a luz fluindo do seu coração e passando através de todos os seus chakras inferiores e superiores. Veja como é importante ter a ponte do centro de seu coração sempre aberta e ligada à luz de Deus dentro de você.

XXIII Peça à Mãe Maria, ou a outra figura de deusa, pela cura do seu aspecto feminino. Deixe-a fundir-se com o seu eu masculino perfeito e seu eu feminino ferido e derramar sobre você a capacidade de amar incondicionalmente. Veja as feridas sendo curadas e o seu aspecto feminino abrir-se para receber e compreender todas as formas de amor, sem julgamento nem crítica.

XXIV Veja a luz fluindo do seu coração, passando através de todos os seus chakras inferiores e superiores. Veja como é importante ter a ponte do centro do seu coração sempre aberta e ligada à luz de Deus dentro de você.

XXV Acolha essa energia nas profundezas do seu coração e peça a si mesmo para lembrar-se dessa cura e do amor que está sentindo em qualquer época, lugar ou situação em que perceber que seu coração está se fechando.

XXVI Saia do templo, atravesse o jardim do seu chakra do coração e dirija-se ao portão do jardim. Agradeça pela ajuda do seu Guia Espiritual e do Espírito Santo de Misericórdia. Caminhe de volta à coluna de luz e retorne lentamente ao roseiral. Atravesse lentamente o templo abobadado e saia pela entrada da frente.

XXVII De novo, respirando lentamente, preste atenção no seu corpo e sinta-se regressando da jornada com a luz. Honre a luz dentro de você e agradeça pela cura que recebeu. Com suas mãos de luz, dissolva a abóbada de luz que criou e, gradualmente, tome consciência do seu ambiente. Abra vagarosamente os olhos. Você está pronto para receber as bênçãos do dia!

Meditação nº 7
Como Curar o Chakra da Garganta

Para abrir a criatividade, a nova visão e a manifestação.

Para transformar "Eu devo mentir para conseguir o que quero" em "Eu expresso a minha verdade livremente e sem medo".

I *Sente-se num lugar confortável. Feche os olhos. Respire profundamente. Relaxe o corpo.*

II *Visualize uma bola de luz branca na planta dos seus pés. Enquanto respira, visualize e sinta essa luz subindo dos pés para as pernas, coxas e quadris. Respirando sempre, sinta a luz tornando-se cada vez mais brilhante. Sinta-a subindo pela região pélvica, abdome, tórax e coração. Sinta-a subindo pelos ombros e descendo pelos braços, até chegar às mãos e aos dedos. Sinta e veja a luz envolvendo-lhe o pescoço, a cabeça e o rosto.*

III *Olhe para as suas mãos de luz que curam e para o chão à sua frente. Crie um disco circular de luz branca várias vezes maior que a sua estatura e construa sobre ele uma abóbada branca. Esse é o seu templo de cura para equilibrar e alinhar as suas energias e os seus três corpos.*

IV *Entre no templo e dirija-se ao seu centro. Uma vez ali, olhe para baixo e veja-se no centro de uma cruz eqüilátera.*

V *À sua direita, e fluindo em direção ao lado direito do seu corpo, há uma Chama de Luz Vermelha representando o elemento fogo, o calor, o metabolismo e a força curadora para seu corpo físico e sua vontade. Inspire as Chamas de Luz Vermelha e peça que a sua vontade seja fortalecida para a sua jornada na vida.*

VI *Em seguida, fixe a atenção no seu lado esquerdo. Fluindo em direção ao lado esquerdo do seu corpo há uma Chama* de Luz Violeta-púrpura representando o elemento ar e a força curadora para sua mente e seus pensamentos. Inspire as Chamas de Luz Violeta-púrpura e peça que sua mente e seus pensamentos tenham clareza, harmonia e ordem para sua jornada na vida.

VII Agora, fixe a atenção nas suas costas, sinta e veja uma bela Chama Azul de luz que cura fluindo atrás de você e inspire essa luz. Essa Chama de Luz Azul representa o elemento água e é a força que cura o seu corpo emocional. Enquanto inspira as Chamas Azuis, peça que seu corpo emocional e seu coração sejam purificados e que você receba alegria e coragem para a sua jornada na vida.

VIII Agora, olhe diretamente à sua frente, fluindo diante de você há uma Chama de Luz Prateada simbolizando a força de integração, equilíbrio, harmonia e alinhamento dos seus três corpos. Inspire essas Chamas de Luz Prateada e peça que a harmonia e a paz estejam com você em sua jornada na vida.

IX Dirija-se à parte de trás da abóbada e entre num formoso roseiral e encontre um lugar confortável para deitar-se.

X Invoque o raio de luz da cor que mais possa favorecer a cura do seu chakra da garganta. Sinta-a e veja-a ligando-se ao seu chakra da garganta desde o templo de luz que cura do seu próprio chakra do centro da garganta.

XI Entre no raio de luz e sinta-se elevando-se em direção ao portão do jardim do centro de sua garganta. Atravesse o portão do jardim e dirija-se à entrada do templo do centro do seu chakra da garganta.

XII Invoque o seu Guia Espiritual e as chamas violeta-púrpura do elemento ar, a força que cura a sua mente. Ligue-se às suas energias através do seu coração.

XIII Entre no templo e dirija-se ao seu altar sagrado. Peça ao seu guia e à chama violeta para trazer à tona velhos padrões de *energia e pensamento (elementais) do passado que estão bloqueando sua comunicação, sua visão do futuro.*

XIV *Peça ao seu guia para lhe mostrar quem ou qual acidente do passado criou esse velho padrão elemental.*

XV *Olhe para esse padrão e descubra por que você precisa dele em sua vida. Como ele lhe tem servido? Por que você resolveu mantê-lo? Qual é o verdadeiro padrão ferida/dor que você está tentando esconder de si mesmo? Aprofunde-se nessas questões até encontrar a verdade que fala tão alto no seu coração que você sente a irrupção da nova energia em seu interior e a luz brilhando através do seu chakra da garganta. Fale (dialogue) com o elemental: "Eu não sou você e você não é eu". Diga-lhe como ele fez você sofrer, como feriu as pessoas que você ama. Diga-lhe: "Eu o criei, aprendi com você e estou pronto para deixá-lo".*

XVI *Dirija-se aos que estão envolvidos e diga-lhes: "Já não posso carregar isso por vocês. Preciso deixá-los livres e preciso ficar livre".*

XVII *Peça ao seu guia e à chama violeta-púrpura para transformar essas velhas energias no fogo transformacional do amor e faça com que voltem a você na forma de uma nova energia para criação e manifestação.*

XVIII *Com as chamas violeta-púrpura à sua esquerda e seu guia espiritual à sua direita, visualize o que você gostaria de criar e manifestar na próxima fase de sua vida.*

XIX *Caminhe até a entrada do templo e dirija-se ao portão do jardim. Ali chegando, visualize a chama violeta transformando-se na chama azul do elemento água para a cura do seu corpo emocional. Enquanto inspira essa energia que cura, traga para o seu coração sua nova visão e metas para o futuro. Sinta a força das emoções, do amor e do desejo manifestando sua visão e suas metas.*

XX Atravesse o portão do jardim e desça pelo raio de luz de volta ao roseiral. Sinta seu guia à sua direita e sinta e veja a chama vermelha do elemento fogo, a força que cura o seu corpo físico e sua vontade à sua esquerda. Inspire-a profundamente.

XXI Visualize e atraia a sua visão para o centro do seu coração para que se manifeste no centro do plexo solar. Focalize seu fluxo de energia saindo do plexo solar para o mundo através de uma bola de luz que contém a sua visão. Peça que essa visão seja manifestada para o seu bem e o maior bem da humanidade e do planeta. Veja-a se manifestar agora!

XXII De novo, respirando lentamente, preste atenção no seu corpo e sinta-se regressando da jornada com a luz. Honre a luz dentro de você e agradeça pela cura que recebeu. Com suas mãos de luz, dissolva a abóbada de luz que criou e, gradualmente, conscientize-se do seu ambiente. Abra lentamente os olhos. Você está pronto para receber as bênçãos do dia!

Meditação nº 8
Como Curar o Chakra da Testa –
Como Abrir Nova Visão e Compreensão

Para transformar "Eu só percebo imperfeição" em "Eu percebo a perfeição do espírito em todos os seres".

Nota: Para as meditações nºs 8 e 9 mudamos a cor das chamas da luz para as diferentes forças que curam dos elementos. Você pode usar as cores dadas anteriormente.

I Sente-se num lugar confortável. Feche os olhos. Respire profundamente. Relaxe o corpo.

II Visualize uma bola de luz branca na planta dos seus pés.

Enquanto respira, visualize e sinta essa luz subindo dos pés para as pernas, coxas e quadris. Respirando sempre, sinta a luz tornando-se cada vez mais brilhante. Sinta-a subindo pela região pélvica, abdome e coração. Sinta-a subindo pelos ombros e descendo pelos braços até chegar às mãos e aos dedos. Sinta e veja a luz envolvendo-lhe o pescoço, a cabeça e o rosto.

III *Olhe para as suas mãos de luz que curam e para o chão à sua frente. Crie um disco circular de luz branca várias vezes maior que a sua estatura e sobre ele construa uma abóbada branca. Esse é o seu templo de cura para equilibrar e alinhar as suas energias e os seus três corpos.*

IV *Entre no templo e dirija-se ao seu centro. Uma vez ali, olhe para baixo e veja-se no centro de uma cruz eqüilátera.*

V *À sua direita, e fluindo em direção ao lado direito do seu corpo, há uma Chama de Luz Azul-escura representando o elemento fogo, o calor, o metabolismo e a força curadora para seu corpo físico e sua vontade. Inspire as Chamas de Luz Azul-escura e peça que sua vontade seja fortalecida para a sua jornada na vida.*

VI *Em seguida, fixe a atenção no seu lado esquerdo. Fluindo em direção ao lado esquerdo do seu corpo há uma Chama de Luz Verde-esmeralda representando o elemento ar e a força curadora para sua mente e seus pensamentos. Inspire as Chamas de Luz Verde-esmeralda e peça que sua mente e seus pensamentos tenham clareza, harmonia e ordem para sua jornada na vida.*

VII *Agora, fixe a atenção nas suas costas, sinta e veja uma bela Chama Branco-cristal de luz que cura fluindo atrás de você e inspire essa luz. Essa Chama de Luz Branco-cristal representa o elemento água e é a força que cura o seu corpo emocional. Enquanto inspira as Chamas Branco-cristal, peça para que seu corpo emocional e seu coração sejam puri-*

ficados e para que você receba alegria e coragem para a sua jornada na vida.

VIII Agora, olhe diretamente à sua frente; fluindo diante de você há uma Chama de Luz Vermelho-rubi-dourada simbolizando a força de integração, equilíbrio, harmonia e alinhamento dos seus três corpos. Inspire essas chamas de luz vermelho-rubi-dourada e peça que a harmonia e a paz estejam com você em sua jornada na vida.

IX Dirija-se à parte de trás da abóbada, entre num belo roseiral e veja à sua frente um caminho de luz dourada. Do lado direito do caminho você encontrará todas as pessoas que o têm acusado, julgado ou entendido mal. Deixe que o seu Anjo da Guarda desperte o seu coração para ver cada uma delas como um espelho. Perdoe a si mesmo e peça perdão.

X Do lado esquerdo do caminho, veja todas as pessoas que o têm julgado. Veja como você tem sido um espelho para elas. Peça aos anjos da guarda dessas pessoas que apareçam para elas e as ajude a compreender como você tem refletido as faltas delas. Perdoe-as.

XI Peça aos guias que elevem ambos os grupos até a luz que cura.

XII Veja um belo raio ametista de luz que cura descendo sobre o seu roseiral. Entre nesse raio de luz e dirija-se ao portão do jardim do templo de luz do seu chakra da testa. No portão do jardim você verá um triângulo de luz dourada. Coloque as mãos sobre ele e carregue suas energias com a luz que dele emana.

XIII Atravesse o portão do jardim e dirija-se ao seu templo. Na entrada do templo conecte-se com o seu Anjo da Guarda à sua esquerda e com o seu Guia Espiritual à sua direita.

XIV Peça-lhes para levá-lo diante do seu altar e lhe revelar quaisquer velhos pensamentos ou padrões de energia negativa que lhe bloqueiam a visão, a clareza e o entendimento.

XV Veja-os circundar essas velhas energias na palma das mãos com chamas violeta de luz que cura, transformando-as em energias de clareza, compreensão, compaixão e objetividade.

XVI Receba essa luz no centro de seu olho espiritual e retorne ao seu roseiral através do raio de luz ametista. Plante essa nova semente de compreensão no seu jardim e encare a sua vida com novos olhos. Retorne através do templo e agradeça pelo amor e pelo novo despertar que recebeu.

XVII De novo, respirando lentamente, preste atenção no seu corpo e sinta-se regressando da jornada com a luz. Honre a luz dentro de você e agradeça pela cura que recebeu. Com suas mãos de luz, dissolva a abóbada que criou e, gradualmente, tome consciência de seu ambiente. Abra lentamente os olhos. Você está pronto para receber as bênçãos do dia!

Meditação nº 9
Como Curar o Chakra da Coroa –
Como Descobrir o Seu Propósito

Para transformar "A vida não tem nenhum objetivo superior" em "Eu sou um eterno criador com Deus".

I Sente-se num lugar confortável. Feche os olhos. Respire profundamente. Relaxe o corpo.

II Visualize uma bola de luz branca na planta dos seus pés. Enquanto respira, visualize e sinta essa luz subindo dos pés para as pernas, coxas e quadris. Respirando sempre, sinta a luz tornando-se cada vez mais brilhante. Sinta-a subindo pela região pélvica, abdome, tórax e coração. Sinta-a subin-

do pelos ombros e descendo pelos braços até chegar às mãos e aos dedos. Sinta e veja a luz envolvendo-lhe o pescoço, a cabeça e o rosto.

III *Olhe para as suas mãos de luz que curam e para o chão à sua frente. Crie um disco circular de luz branca várias vezes maior que a sua estatura e sobre ele construa uma abóbada branca. Esse é o seu templo de cura para equilibrar e alinhar as suas energias e os seus três corpos.*

IV *Entre no templo e dirija-se ao seu centro. Uma vez ali, olhe para baixo e veja-se no centro de uma cruz eqüilátera.*

V *À sua direita, e fluindo em direção ao lado esquerdo do seu corpo, há uma Chama de Luz Azul-escura representando o elemento fogo, o calor, o metabolismo e a força curadora para seu corpo físico e sua vontade. Inspire as Chamas de Luz Azul-escura e peça que sua vontade seja fortalecida para a sua jornada na vida.*

VI *Em seguida, fixe a atenção no seu lado esquerdo. Fluindo em direção ao lado esquerdo do seu corpo há uma Chama de Luz Verde-esmeralda representando o elemento ar e a força curadora para sua mente e seus pensamentos. Inspire as Chamas de Luz Verde-esmeralda e peça para que sua mente e seus pensamentos tenham clareza, harmonia e ordem para sua jornada na vida.*

VII *Agora, fixe a atenção nas suas costas, sinta e veja uma bela Chama Branco-cristal de luz que cura fluindo atrás de você e inspire essa luz. Essa Chama de Luz Branco-cristal representa o elemento água e é a força que cura o seu corpo emocional. Enquanto inspira as chamas branco-cristal, peça para que seu corpo emocional e seu coração sejam purificados e para que você receba alegria e coragem para sua jornada na vida.*

VIII *Agora, olhe diretamente à sua frente, fluindo diante de vo-*

cê há uma Chama de Luz Vermelho-rubi-dourada simbolizando a força de integração, equilíbrio, harmonia e alinhamento dos seus três corpos. Inspire essas chamas de luz vermelho-rubi-dourada e peça que a harmonia e a paz estejam com você em sua jornada na vida.

IX Dirija-se à parte de trás da abóbada, entre num belo roseiral. Veja uma bela chama violeta à sua direita e uma chama branco-cristal à sua esquerda. Conecte-se com a luz que cura dessas chamas.

X À sua frente está o seu Anjo da Guarda. Ajoelhe-se diante dele. Olhe para Seus olhos e diga-Lhe: "Renuncio ao que quer que esteja bloqueando o meu objetivo superior".

XI Sinta o seu Anjo da Guarda colocando as mãos que curam sobre o seu chakra da coroa e dissolvendo esse bloqueio de energia.

XII Olhando para cima, veja diretamente atrás do seu anjo uma coluna de luz branca. Entre na coluna de luz e dirija-se ao portão do jardim do seu chakra da coroa. No portão do jardim há um belo arco-íris. Sinta a luz como um chuveiro, fluindo para baixo e purificando você. Entre no seu jardim e dirija-se à entrada do templo de luz.

XIII Conecte-se com o seu Anjo da Guarda, à sua esquerda, e com o seu Guia Espiritual, à sua direita. Dirija-se ao altar e peça que lhe sejam mostrados os velhos padrões e energias que estão bloqueando o seu propósito espiritual no planeta Terra.

XIV Através dos olhos do seu Anjo da Guarda, olhe para todos aqueles padrões e pergunte por que você precisa de tais bloqueios. O que eles representam para você? O que você ganha ao mantê-los e o que você perde? Qual é a principal emoção por trás dos seus padrões? Qual é a sua lição? (Faça uma pausa e receba a resposta.)

XV Quando sentir que obteve a resposta que realmente lhe toca o coração, olhe para esses elementais e diga-lhes: "Eu não sou vocês e vocês não são eu. Quero conhecer o meu verdadeiro propósito e despertar a minha inspiração e alegria espiritual".

XVI Peça ao seu Guia e ao seu Anjo da Guarda para transformar esses velhos elementais na virtude do amor incondicional e num propósito renovado colocando-os numa chama de luz branco-cristal. Receba de volta as suas virtudes, colocando-as no seu coração. Atravesse o jardim até o portão e entre na coluna de luz branca, regressando da sua jornada ao roseiral. Atravesse o templo abobadado e agradeça pela ajuda espiritual que acompanha a sua vida.

XVII De novo, respirando lentamente, preste atenção no seu corpo e sinta-se regressando da jornada com a luz. Honre a luz dentro de você e agradeça pela cura que recebeu. Com suas mãos de luz, dissolva a abóbada de luz que criou e, gradualmente, tome consciência do seu ambiente. Abra os olhos lentamente. Você está pronto para receber as bênçãos do dia!

IX

Entrevista Particular com Daskalos sobre o Amor e o Desprendimento

Nick

Daskalos, falastes muito sobre o amor. Qual a diferença entre amor incondicional e amor condicional com o qual a maioria das pessoas se defronta?

Daskalos

Antes de mais nada, é preciso compreender que amor é amor. E eu o chamo de amor incondicional. Esse amor incondicional deve ser dirigido como um reflexo do amor de Deus por nós, e o meio de reflexão é o nosso coração. Ele nos está pedindo para não contaminar o seu amor que se reflete a partir do nosso coração. Assim, esse é antes de mais nada o seu amor, e não temos o direito de o matizar. Nossos corações devem ser o espelho cristalino que reflete esse amor que é o amor incondicional.

Para quem refletimos esse amor? Dizemos na prece antes de começar a nossa lição para "refletir o nosso amor para vós". Amá-lo incondicionalmente não significa pedir-lhe que nos dê isso ou aquilo, Sua misericórdia é como Joshua (Jesus) nos disse: "Pedi e recebereis, batei e abrir-se-vos-á, a quem pedir lhe será dado". Essa é a maior expressão da misericórdia do Deus Pai. Ele poderia dizer:

> Criaturas inconscientes, eu vos dei tudo. Um corpo perfeito, que é perfeito e pode continuar perfeito desde que não o arruineis com a vossa irreverente maneira de viver. Dei-vos tudo para que nesse corpo possais viver ditosamente. Vós os estais destruindo. Que mais podeis pedir-me? Favores, coisas efêmeras que só fazem passar? Dei-vos tudo! O corpo, o sol, todas essas coisas. Tudo quanto criei e de que precisais para manter vosso corpo material vivo e sadio. Alimento, água, tudo. Dei-vos, dentro de vosso corpo, pulmões para nele respirardes minha vitalidade e meu próprio ser. Respirais e absorveis alimentos e líquidos e tudo o mais que vos dei para que possais conservar o vosso corpo e, nele, vossos sentidos, a visão. Podeis ver e usufruir o sol e tudo quanto criei na natureza. Eu os usufruo através deles mesmos e através de vós. Por que não os usufruís? Porque eu não os fiz para vós, mas podeis usufruir de tudo com os vossos sentidos. Ora, tudo é meu. Eu o criei, de meu próprio ser, da própria supersubstância de minha mente. E vós estais no corpo, que não é vosso. Ele é meu. Aquele que come a minha carne, a supersubstância do logos, o está transformando em sua carne. Que é o meu sangue? Nos vossos corpos está o meu sangue. Que esperais, pois, de mim? Que vos dê mais coisas? Dai-me pelo menos agradecimentos se não me podeis dar-me o vosso amor? Dais-me ao menos agradecimentos? Não. Quem vai render graças a Deus?

Nick

Onde está a gratidão?

Daskalos

"E o que pedis o tempo todo? O que eu criei? Viveis no planeta. Dei-vos a oportunidade de usufruir dele vendo-o. E em vez disso tomais a atitude de insolência para comigo. Chamá-lo vosso? Minha casa, minha propriedade, meu, meu, meu, tudo meu. O que íeis pedir de mim como Deus que não é meu e que chamais vosso. Eu vo-lo dei! Antes de pedirdes, eu vos dei tudo. Que mais quereis? Assim, o que os seres humanos estão pedindo de Deus é imaginário e provém da igorância, porque tudo já foi dado. E nem sequer me agradeceis nem reconheceis que eu sou, que eu existo. Assim, ao dar um reflexo do meu amor incondicional de vós para mim, não fostes bem-sucedidos."

Ora, o que é o amor incondicional? Vamos estudar isso. Criastes em vossa personalidade, no tempo, no espaço e em vosso eu insignificante, no corpo em que estais vivendo, no corpo que eu vos dei para nele viver e que eu sustento, um demônio na realidade. Por quê? Odiando os outros reflexos da vida, meus semelhantes? Odiando-os, vós me odiais. Eu estou neles. Foi isso que Joshua ensinou. O que quer que façais, bom ou mau, a qualquer ser humano é a mim que fazeis! Todos vós estais na minha unicidade. Estais me injuriando ou apenas fazendo algo de bom para mim. Mas nós não vemos isso.

O que chamais de amor condicional à parte o amor dado a Deus? O que pedimos dos seres humanos e o que estamos dando a outros seres humanos, às nossas esposas, aos nossos maridos, aos nossos filhos, aos nossos pais? O quê? Estudai-o. A satisfação do nosso estúpido egoísmo? Amais aos outros como eles são ou como pensais que devem ser? Por que, quem vos deu esse direito? Cada semelhante está na escala de sua evolução. Assim, o que é o amor a outros seres humanos? Amor à esposa, ao marido, aos filhos, aos pais, aos amigos? Tudo ao nosso redor. O que chamais de amor condicional por mim é exatamente ingratidão para com Deus e para com os seres humanos. O que é amor condicional? Ajoelhai-vos diante de mim e satisfazei os meus desejos, sexuais ou não-sexuais. Se servis a esse meu interesse, vós me amais. Se não, não me amais, e portanto por que eu haveria de vos amar? O amor condicional que me mencionais, como podemos chamá-lo? Insolência é uma palavra muito branda. Insolência para com Deus, porque em todo ser humano está Deus.

Assim, o primeiro princípio do cristianismo que Joshua ensinou, amar ao Senhor vosso Deus em vós. Tu és eu, teu espírito sou eu, o que te dei para amar me ama! Porque eu também sou vós. Vós estais na minha unicidade. Com todo o coração que vos dei, com toda a alma que vos concedi, com toda a vossa inteligência, vossa mente. Eu vos dei o direito de usar a supersubstância da minha mente. É evidente que Joshua o deu. E amai o vosso semelhante – todos os seres humanos vossos semelhantes –, amai o vosso semelhante não menos que amais a vós mesmos.

Nick

Daskalos, apesar de compartilhardes e incorporardes esse amor, pouquíssimas pessoas nesta era do planeta conhece o perfeito amor. Terá alguém de alcançar essa *theosis* em si mesmo para conhecer deveras o amor?

Daskalos

Definitivamente.

Nick

Pode-se realizá-lo de diferentes maneiras, não apenas pela prática na vida diária mas pela exossomatose e indo mais além? Ou pode-se consegui-lo mediante o serviço aos outros?

Daskalos

Joshua falou claramente. Se viveis na escuridão, num lugar escuro, como não tropeçar? E ele disse: "Se a luz está em vós, o que será as trevas para vós?" Quando pedimos algo a Deus, ele nos ouve? Definitivamente, antes mesmo que a idéia vos vem à mente e ao pensamento, ele já o sabe, sabe que ela vos está vindo à mente. E se lhe pedimos algo, vede a sua grande tolerância. Pedimos coisas materiais? Ele as dará! Definitivamente, ele as dará, e dará o que é bom para vós. Porque nenhum pai dará uma cobra quando seu filho lhe pede um peixe para matar a fome. Ele o dará. E tudo quanto pedis em seu nome, seu nome significa tornar-se tal como o tendes dentro de vós, o caráter crístico, ele o dará!

As pessoas ainda pedem coisas materiais. Coisas são ilusões, quimeras, vêm e vão. Por que pedi-las a Deus? Deus vos deu tudo. O corpo material, pai, mãe, amor, vosso coração, vossa mente, tudo quanto necessitais para conservar o vosso corpo vivo, os arcanjos sagrados trabalhando no vosso corpo. Eles o sustentam e o mantêm vivo. Que mais posso pedir? Mesmo o reino do céu está dentro de nós. Eu não peço nada! Já o tenho, ele está em mim, eu o conheço, eu o encontrei. Por que hei de pedir algo que já encontrei? Digamos antes: "Obrigado por já o ter!"

Nick

Ah, essa é a atitude! Essa é a maneira correta!

Daskalos

Pedir algo que já está em mim? Ou agradecer por já o ter? Que devo, pois, pedir? "Meu Bem-amado, perdoai-me por não vos amar, por vos minimizá-lo nas dimensões do meu coração, ao vos colocar ali. Perdoai-me por não ser capaz de vos dar mais amor, mas consenti apenas que o ame, isso me basta. Não peço mais. Tudo me é dado." O que eu peço ao meu bem-amado? Oferecer-lhe um pouco do amor incondicional e não pedir nada, porque no amar e pedir não existe amor incondicional.

Nick

O amor é a única realidade.

Daskalos

O reino do céu está no Eu-ego-alma-espírito. Ora, os seres humanos pedem uma casa, um carro, uma bicicleta, um rádio etc. Que são todas essas coisas? Ilusões. Que quer dizer *ilusões*? Essas frases estão me despojando de todo bem, porque estou concentrado apenas no que chamo de meu. Por exemplo, na realidade todas as flores do mundo em todos os jardins são minhas! Eu as vejo, eu as tenho no reino do céu dentro de mim como representações. Posso vê-las, amá-las, admirá-las. Essas coisas (objetos) decairão com o tempo, porque a Lei que vige no mundo material é a rápida mudança de tudo. Tendo-o em mim no reino do céu, devo ter meus tesouros permanentemente. Vendo uma flor, amando-a, posso fechar os olhos, não a materializando, mas substancializando-a em mim, vendo-a à luz do céu, posso evocá-la na memória a qualquer momento. Quem pode tirá-la de mim?

Nick

Portanto nada nos falta, não existe falta, e por isso não pode haver apego – apenas desapego!

Daskalos

Definitivamente. Sim, vós transformais a matéria densa em algo mais real – as formas, as cores, os contornos. Porque a mente é mais real do que as suas expressões. Sim, "desapego". Ao amar cada coisa separadamente, eu me apego. Mas amar tudo é "des-apego" (des-identificação), portanto o "des-apego" é necessário até mesmo no reino do céu dentro de nós. Porque um dos reinos do céu dentro de nós é o Corpo Psíquico e o Plano psíquico. O corpo noético e o plano noético. Por que hei de me apegar e não estar no todo, isto é, na expansão, na superconsciência, em muitos lugares e em muitas circunstâncias ao mesmo tempo? Eu vou além das ilusões do tempo. Entro na vossa onipresença, Bem-amado, e vos posso amar em toda parte. Em todas as coisas eu vos posso amar. Pela expansão eu não vos perco, meu Bem-amado. Estou ganhando mais de vós! Mais do vosso amor, mais da vossa aparência humana como Joshua. Mas posso encontrar-vos em tudo o que amo.

Para mim, isso é amor incondicional.

Strovolos, Chipre
30 de março de 1994

Apêndice I

Resumo dos Tipos de Personalidade do Eneagrama

OS EUS SEPARADOS

Tipo 8 – O Eu Controlador

TRAÇOS GERAIS DA PERSONALIDADE
– enfrenta o conflito diretamente
– destemido em face da adversidade
– intensos intercâmbios e interações sem afrouxamento
– protetor dos que são percebidos como fracos
– energia quase sempre percebida como forte, confrontativa, direta

PONTOS FORTES DA PERSONALIDADE TIPO OITO
– direto, verdadeiro
– forte e justo
– destemido
– poderoso
– protetor dos aliados e dos menos afortunados

PONTOS FRACOS DA PERSONALIDADE TIPO OITO
– autoritário, agressivo, insistente, impetuoso, levando à perda de relacionamentos e ao isolamento
– controlador, dominador, obstinado no propósito de mudar os outros
– vingativo diante das injustiças percebidas
– irritadiço e acusador

TIPO OITO RETROCEDE AOS PONTOS FRACOS DA PERSONALIDADE TIPO CINCO
– torna-se isolado, afasta-se dos sentimentos
– solidão e hostilidade aberta para com todos
– controla seu espaço rigidamente
– desconfiado e suspeitoso

TIPO OITO EXPANDE-SE PARA OS PONTOS FORTES DA PERSONALIDADE TIPO DOIS
– aberto para dar e receber amor sem controle
– confiante, empático, auxiliador dos outros
– valoriza a brandura e a sensibilidade como forças
– vulnerável para expressar amor e benevolência

Diagrama 1
ENEAGRAMA DOS TIPOS DE PERSONALIDADE
Os Eus Separados

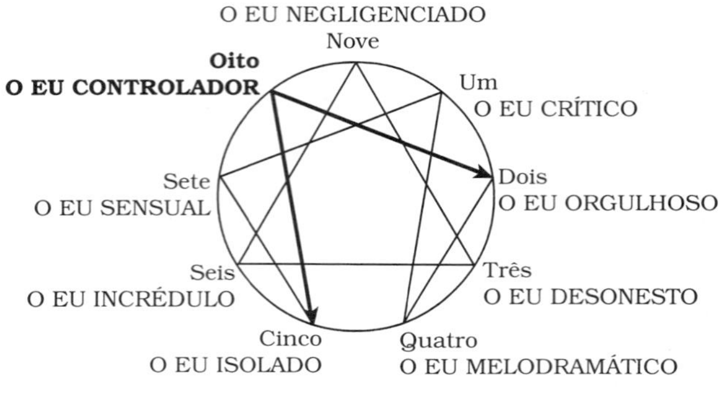

O EU NEGLIGENCIADO
Nove

Oito
O EU CONTROLADOR

Um
O EU CRÍTICO

Sete
O EU SENSUAL

Dois
O EU ORGULHOSO

Seis
O EU INCRÉDULO

Três
O EU DESONESTO

Cinco
O EU ISOLADO

Quatro
O EU MELODRAMÁTICO

Tipo 9 – O Eu Negligenciado

TRAÇOS GERAIS DA PERSONALIDADE
– mantém a harmonia e o conforto
– evita o conflito
– funde-se com a energia dos outros
– separa facilmente; dissocia
– pode adotar uma atitude passivo-agressiva e obstinada quando se torna indefeso
– dificuldade para dizer NÃO ou tomar a iniciativa
– excelente na motivação com o "outro" e não com o eu
– sensibilidade às necessidades dos outros

PONTOS FORTES DA PERSONALIDADE TIPO NOVE
– protetor
– honesto, responsável
– flexível
– talentos e habilidades multifacetados, adaptabilidade
– partilha

PONTOS FRACOS DA PERSONALIDADE TIPO NOVE
– insensível às reais necessidades dos outros
– passivo-agressivo
– obstinado quando pressionado ou quando cede em demasia por muito tempo
– referências às situações e energias dos outros a ponto de perder de vista suas próprias motivações, identidade, espaço pessoal
– procrastinação, adiar a ação até o último momento
– evita expressar irritação

TIPO NOVE RETROCEDE AOS PONTOS FORTES DA PERSONALIDADE TIPO SEIS
– confusão, ambivalente em adotar a ação correta
– paralisia e auto-sabotagem

– medo de que as coisas piorem
– atribui ao medo e condições externas proporções esmagadoras

TIPO NOVE EXPANDE-SE PARA OS PONTOS FORTES DA PERSONALIDADE TIPO TRÊS
– mostra iniciativa e ação correta nas situações da vida
– presente e automotivado para se desenvolver
– expressa suas forças, seus talentos e habilidades
– desenvolvimento da individualidade

Diagrama 2
ENEAGRAMA DOS TIPOS DE PERSONALIDADE
Os Eus Separados

O EU NEGLIGENCIADO
Nove

Oito — O EU CONTROLADOR
Um — O EU CRÍTICO
Sete — O EU SENSUAL
Dois — O EU ORGULHOSO
Seis — O EU INCRÉDULO
Três — O EU DESONESTO
Cinco — O EU ISOLADO
Quatro — O EU MELODRAMÁTICO

Tipo 1 – O Eu Crítico

TRAÇOS GERAIS DA PERSONALIDADE
- busca a perfeição para não ser rejeitado ou para que não se pense mal dele
- devido às necessidades compulsivas, não chega à perfeição
- luta por superioridade mediante comparação
- autocrítica quando comete erros
- suprime as próprias necessidades, reprime o prazer do ego
- elevada expectativa de excelência leva à rigidez e "esse é o único modo de ser ou de fazer"
- sob *stress* de erro pessoal, a irritação com o eu pode deslocar-se para os outros, isto é, irritação farisaica, censura

PONTOS FORTES DA PERSONALIDADE TIPO UM
- honestidade
- idealismo
- deseja o progresso
- ação apropriada
- comprometido
- industrioso
- responsável
- padrão de excelência

PONTOS FRACOS DA PERSONALIDADE TIPO UM
- fica bloqueado pela absorção em detalhes específicos — leva à imobilização
- tensão corporal esconde sentimentos de irritação
- sob *stress*, projeta autojulgamentos nos outros na forma de censura farisaica
- absorve-se em autocrítica, o que resulta em preocupação e baixa auto-estima
- repressão crônica de sentimentos de irritação

TIPO UM RETROCEDE AOS PONTOS FRACOS DA PERSONALIDADE TIPO QUATRO
– desilude-se dos ideais
– torna-se deprimido e autodestrutivo
– irrita-se com a vida como ela é
– sente-se diferente — como um desajustado
– invejoso em relação aos que parecem bem-sucedidos

TIPO UM EXPANDE-SE PARA OS PONTOS FRACOS DA PERSONALIDADE TIPO SETE
– bem-humorado
– otimista
– inventivo, criativo
– mais produtividade
– relaxa mais e começa a gozar a vida
– aceita a realidade com suas necessárias imperfeições

Diagrama 3
ENEAGRAMA DOS TIPOS DE PERSONALIDADE
Os Eus Separados

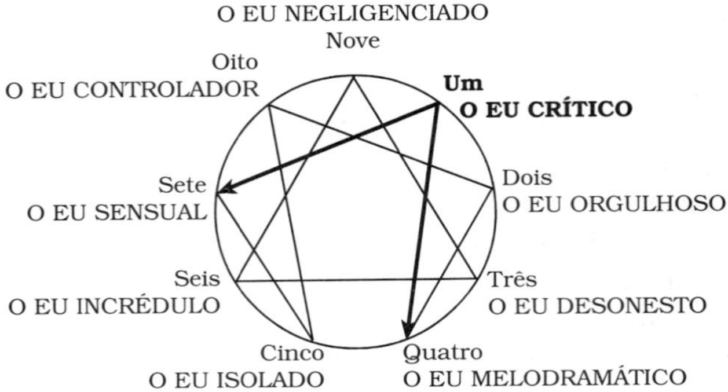

```
                O EU NEGLIGENCIADO
                     Nove
         Oito                    Um
 O EU CONTROLADOR            O EU CRÍTICO

    Sete                          Dois
 O EU SENSUAL                 O EU ORGULHOSO

    Seis                          Três
 O EU INCRÉDULO               O EU DESONESTO

         Cinco           Quatro
     O EU ISOLADO    O EU MELODRAMÁTICO
```

Tipo 2 – O Eu Orgulhoso

TRAÇOS GERAIS DA PERSONALIDADE
– procura obter reconhecimento das pessoas a quem considera significativas e importantes
– empenha-se em atender às necessidades dos outros
– dá pouca atenção a si mesmo, negligenciando assim suas próprias necessidades
– tendências manipuladoras nos relacionamentos para criar simpatia, atratividade
– gosta de associar-se a pessoas a quem considera significativas ou importantes
– encoraja e auxilia o crescimento e o sucesso dos outros
– tende a evitar o conflito nos relacionamentos, em prol da harmonia e dos bons sentimentos
– adquire um senso de auto-estima atendendo às necesidades dos outros
– orgulha-se de ser indispensável

PONTOS FORTES DA PERSONALIDADE TIPO DOIS
– habilidoso
– romântico
– generoso e protetor
– prestativo
– entusiástico
– capaz e atencioso

PONTOS FRACOS DA PERSONALIDADE TIPO DOIS
– dificuldade de impor limites às exigências dos outros
– evita mostrar suas reais necessidades
– a preocupação com os relacionamentos cria o medo de perder pessoas significativas
– debate-se com questões de dependência versus independência
– por identificar-se e fundir-se com os outros, dificulta a autonomia

– excesso de generosidade leva ao *stress* e à irrupção de cólera
– pode tornar-se dependente, exigindo atenção
– manipulador

TIPO DOIS RETROCEDE AOS PONTOS FRACOS DA PERSONALIDADE TIPO OITO
– irrupção de sentimentos de cólera em virtude das necessidades não-atendidas
– rancoroso e vingativo
– respostas agressivas a sentimentos subjacentes de medo e desamparo
– oportunidades de auto-sabotagem para receber realmente dos outros
– tendência a distúrbios psicossomáticos como um meio indireto de expressar *stress* e não-preenchimento
– sentindo-se dominado, debate-se entre dependência e liberdade, autonomia
– dado a excessos
– manipula na tentativa de conseguir retorno para o amor dado a pessoas significativas
– busca de atenção, buscando a sensação de ser valorizado, de ter segurança, de ser cuidado

TIPO DOIS EXPANDE-SE PARA OS PONTOS FORTES DA PERSONALIDADE TIPO QUATRO
– aceita suas reais necessidades como válidas
– sente-se digno de receber amor
– autenticidade e verdadeira auto-expressão
– detém o seu impulso para o auto-sacrifício constante
– autônomo, criativo, único em sua expressão

Resumo dos Tipos de Personalidade 245

Diagrama 4
ENEAGRAMA DOS TIPOS DE PERSONALIDADE
Os Eus Separados

Tipo 3 – O Eu Desonesto

TRAÇOS GERAIS DA PERSONALIDADE
– identifica-se com a imagem do sucesso
– busca posição, poder, importância, liderança
– ilude o eu acreditando que é o que faz e o que está representando
– mantém os sentimentos em suspenso para realizar o seu trabalho
– eficiente, prático
– sempre ativo, evita revelar seus sentimentos, especialmente os desagradáveis

PONTOS FORTES DA PERSONALIDADE TIPO TRÊS
– otimista
– esperançoso
– ativo, construtivo
– eficiente
– líder
– orientado para o futuro
– criativo
– índole prática

PONTOS FRACOS DA PERSONALIDADE TIPO TRÊS
– impaciência quando as coisas andam devagar
– muito ativo, pode saltar para novas tarefas prematuramente
– mania de trabalho
– dificuldade para relaxar
– dispõe-se a cumprir suas tarefas mas passa rapidamente a novos projetos
– desleixado, atenua a verdade

TIPO TRÊS RETROCEDE AOS PONTOS FRACOS DA PERSONALIDADE TIPO NOVE
– entrega-se a um comportamento que causa o fracasso
– sentimentos esmagadores de hostilidade levam a ações e ocupações perniciosas; dissocia-se de quaisquer sentimentos e os reprime; torna-se desleixado, inativo
– aversão a si mesmo

TIPO TRÊS EXPANDE-SE PARA OS PONTOS FRACOS DA PERSONALIDADE TIPO SEIS
– desenvolve a compaixão, a empatia em relação aos outros
– torna-se mais ligado à vida interior, aos seus verdadeiros sentimentos e pensamentos
– equilibra a retidão exterior com a retidão interior
– supera o medo de intimidade e encontro pessoal
– auxilia e encoraja os outros
– comprometido e coerente ao abraçar valores e ideais superiores na ação

Diagrama 5
ENEAGRAMA DOS TIPOS DE PERSONALIDADE
Os Eus separados

Tipo 4 – O Eu Melodramático

TRAÇOS GERAIS DA PERSONALIDADE
– orientado para o passado e o futuro
– o presente é chato, enfadonho
– busca o extraordinário na vida, evitando a rotina diária
– funde-se com os estados emocionais dos outros
– obstinado para mudar o ponto de vista

PONTOS FORTES DA PERSONALIDADE TIPO QUATRO
– orientação criativa
– intensamente romântico e apaixonado
– aprecia o especial, o único
– sensibilidade às realidades estéticas, emocionais da vida
– bom nas situações de crise que requerem intervenção quando os outros estão precisando de ajuda

PONTOS FRACOS DA PERSONALIDADE TIPO QUATRO
– valorização da intensidade nos relacionamentos
– auto-absorção nas próprias emoções, especialmente sentimentos de sofrimento
– inveja — sempre falta alguma coisa
– auto-imagem negativa, sente-se como um pária, um renegado especial
– drama, depressão, síndrome do "pobre de mim", isto é, veja como você me magoou
– dado a excessos
– dificuldade para sustentar a apreciação, a gratidão por aquilo que tem, especialmente nos relacionamentos

TIPO QUATRO RETROCEDE AOS PONTOS FRACOS DA PERSONALIDADE TIPO DOIS
– dependência, exigência de atenção
– ideais elevados sobre o amor, seguidos de desapontamento
– medo de abandono, manipula para reter pessoas significativas

– dúvidas sobre sua própria desejabilidade e merecimento de ser amado

TIPO QUATRO EXPANDE-SE PARA OS PONTOS FORTES DA PERSONALIDADE TIPO UM
– objetividade sobre o eu, especialmente suas reações emocionais e os outros
– autoconfiante, independente
– modo de vida equilibrado, menos atração pelos extremos
– serviço desinteressado aos ideais e sua realização
– auto-realização
– coerência e disciplina emocional

Diagrama 6
ENEAGRAMA DOS TIPOS DE PERSONALIDADE
Os Eus Separados

Tipo 5 – O Eu Isolado

TRAÇOS GERAIS DA PERSONALIDADE
– tendência a afastar-se dos sentimentos, especialmente do medo
– medo de ser ludibriado
– minimiza suas próprias necessidades
– ligado ao conhecimento, substitui-o pela experiência direta da vida
– controla as atividades planejando-as antecipadamente, minimizando assim o inesperado, isto é, evita situações desagradáveis e imprevisíveis
– concentrado nos modos de criar privacidade de espaço e tempo

PONTOS FORTES DA PERSONALIDADE TIPO CINCO
– orientado academicamente
– calmo, emocionalmente desapegado
– reconhecido (intelectualmente)
– simples
– ascético
– confiante, leal na amizade

PONTOS FRACOS DA PERSONALIDADE TIPO CINCO
– isola-se, resiste à partilha
– retira-se da vida, isola-se dos outros
– compartimentaliza as atividades da vida, evita a espontaneidade
– resiste a receber dos outros, porque alguma coisa pode ser exigida mais tarde
– recolhe-se aos seus pensamentos; a atividade mental substitui a experiência da vida real

TIPO CINCO RETROCEDE AOS PONTOS FRACOS DA PERSONALIDADE TIPO SETE
– alheio aos objetivos e propósitos da vida
– disperso, ações impulsivas
– erros repetitivos

Resumo dos Tipos de Personalidade

TIPO CINCO EXPANDE-SE PARA OS PONTOS FORTES DA PERSONALIDADE TIPO OITO
- age sem medo
- autoconfiante
- capaz de compreender a vida sem retirar-se da experiência
- liderança

Diagrama 7
ENEAGRAMA DOS TIPOS DE PERSONALIDADE
Os Eus Separados

Tipo 6 – O Eu Incrédulo

TRAÇOS GERAIS DA PERSONALIDADE
- debate-se com a dúvida, usa a dúvida para alimentar o medo
- atitude fóbica ou contrafóbica para lidar com o perigo percebido
- exagera a imaginação para acreditar que o pior irá acontecer
- consciencioso, protetor dos menos afortunados ou dos que são amados
- orientação paranóide para a experiência de vida

PONTOS FORTES DA PERSONALIDADE TIPO SEIS
- consciencioso, leal
- sensível, justo
- certeza e fé
- protetor

PONTOS FRACOS DA PERSONALIDADE TIPO SEIS
- auto-sabotagem devido ao medo de expor-se
- medo, preocupação, orientação vitimizante
- dúvida, falta de confiança nos outros, especialmente nas autoridades
- tenta encontrar significados ocultos por trás de todos os acontecimentos e situações
- imaginação ativa exagera o perigo

TIPO SEIS RETROCEDE AOS PONTOS FRACOS DA PERSONALIDADE TIPO TRÊS
- sentimentos de inferioridade
- falta de sentimentos autênticos próprios
- ansiedade difusa, preocupação
- revida para punir outros que no seu modo de ver o feriram

TIPO SEIS EXPANDE-SE PARA OS PONTOS FORTES DA PERSONALIDADE TIPO NOVE
- adaptável, enfrenta as situações de vida com confiança

- autoconfiante
- intuição acurada, aceita ajuda e ajuda os outros, especialmente os oprimidos
- capaz de tolerar os imprevistos da vida com fé e confiança

Diagrama 8
ENEAGRAMA DOS TIPOS DE PERSONALIDADE
Os Eus Separados

Tipo 7 – O Eu Sensual

TRAÇOS GERAIS DA PERSONALIDADE
– procura manter-se emocionalmente otimista
– procura as emoções, a aventura
– busca os prazeres para evitar a dor e o medo
– mantém múltiplas opções, múltiplas possibilidades
– difícil de assumir compromissos
– disposição alegre, expansiva
– diligente, trabalha com afinco até se enfastiar ou perder o interesse
– tendência a rebelar-se contra as sanções de controle, desdenha ou nivela as figuras de autoridade
– tendência narcisista

PONTOS FORTES DA PERSONALIDADE TIPO SETE
– alegre, otimista
– cheio de energia, entusiasta
– ativo, curioso
– busca o divertimento; agradável no trato social
– extrovertido
– ajuda e protege as pessoas com interesses similares
– imaginação, aberto a possibilidades

PONTOS FRACOS DA PERSONALIDADE TIPO SETE
– superexpansivo, disperso; perda de direção
– evita compromissos
– foge à dor, desconforto
– incapaz de acolher os sentimentos negativos, os sofrimentos dos outros

TIPO SETE RETROCEDE AOS PONTOS FRACOS DA PERSONALIDADE TIPO UM
– ressentimento
– tenta ancorar a energia dispersa por intermédio de pensamen-

tos obsessivo-compulsivos
- reivindica o controle

TIPO SETE EXPANDE-SE PARA OS PONTOS FRACOS DA PERSONALIDADE TIPO CINCO
- compromete-se com um curso de ação, concentra-se numa única direção.
- aprofunda-se nas atividades em vez de tocar a superfície
- partilha com os outros com alegria
- torna-se coerente no propósito e na direção

Diagrama 9
ENEAGRAMA DOS TIPOS DE PERSONALIDADE
Os Eus Separados

Apêndice II

Estudos de Casos Clínicos

*Processo de Flexibilidade Etherikos – P. F. E.**

Etherikos provém da palavra do grego antigo que significa a energia sutil que governa a vida. Com suas raízes nos escritos do médico grego Hipócrates e nas modernas pesquisas científicas em bioenergia, a energia e a cura caminham de mãos dadas com a renovação do nosso espírito, mente, emoções e corpo. A flexibilidade é a nossa capacidade de superar as mais adversas situações humanas e crescer como indivíduos. Todavia, a flexibilidade só é possível através da energia da vida. Toda cura começa com a ativação, a purificação e o reequilíbrio do nosso corpo de vida-energia (soma etérico). A base científica para a existência do corpo de energia será considerada no Apêndice III.

Durante o nosso desenvolvimento ao longo da infância, acumulamos lembranças de experiências que moldam as nossas crenças, pensamentos, sentimentos e ações. Esses padrões negativos são armazenados no corpo de energia como complexos de emoções-pensamentos que chamamos de elementais. Os elemen-

---

* Em inglês: *Etherikos Resilience Process* — E. R. P.

tais negativos influenciam desfavoravelmente nossa mente, nossas emoções e nosso corpo físico. Pela purificação desses "parasitas de energia" ativamos a nossa flexibilidade e energia vital para a saúde física, a alegria e a felicidade emocional, a clareza mental e a presença espiritual do amor incondicional.

Pelo Processo de Flexibilidade aprendemos a ter acesso aos centros de energia ou chakras. Como vimos no Capítulo IV, esses centros atuam como pontes para o fluxo da energia vital entre nosso espírito, mente, emoções e corpo. Cada centro é ativado em diferentes períodos do nosso desenvolvimento a partir da infância. Cada um deles governa instintos e áreas específicas da proficiência psicológica que vão desde as capacidades de preservação e sobrevivência do eu para a intimidade e o compromisso nos relacionamentos até as capacidades sociais e profissionais e as virtudes superiores, como amor, empatia e compaixão. Purificando esses centros dos elementais que os bloqueiam, podemos ter acesso a experiências mais profundas da nossa natureza espiritual.

Julgamos crucial para toda cura que ocorre no aconselhamento e na psicoterapia o diálogo vital e o relacionamento entre o espírito-ego-eu e a nossa personalidade atual mediada pelo coração humano.

O Processo de Flexibilidade envolve etapas básicas resumidas como segue:

1. O terapeuta induz o paciente a um estado de transe da consciência.
2. O terapeuta descobre o centro de energia envolvido no problema.
3. O terapeuta e o paciente põem a descoberto a defesa emocional.
4. O terapeuta e o paciente desenredam a história que criou essa defesa.
5. O terapeuta e o paciente descobrem o pensamento elemental deficiente (autolimitador) que induz à defesa emocional.
6. O terapeuta e o paciente completam o processo de compreensão, perdão e renúncia.
7. O terapeuta fornece afirmações positivas para o paciente repetir.

A interação entre terapeuta e paciente é como uma dança de energia alquímica que requer constante presença e atenção para movimentos sutis e mudanças no campo de energia do paciente. Durante as sessões normalmente requeridas para completar o processo de cura, o paciente pode explorar vários estados alterados da consciência, incluindo níveis de percepção biográficas, perinatais e transpessoais, para que ocorra a cura completa.

Estudo de Caso 1

Jill é uma brilhante mulher de meia-idade que disse ter um relacionamento tempestuoso com os pais desde seus primeiros anos de vida. Jill passou boa parte de sua vida adulta longe dos pais, mas devido a problemas financeiros decorrentes da perda do emprego e de uma perna quebrada voltou a viver com eles durante algum tempo. Nunca se casou nem se envolveu intimamente num nível emocional em uma parceria homem-mulher. Disse-me que não confiava nem nos homens nem nas mulheres, atormentada pela dúvida, pelo medo e pela confusão. Procurou-me para psicoterapia com o desejo de resolver as divergências que estava tendo com sua mãe, com quem não se comunicava abertamente havia anos.

Depois de um exercício de visualização orientada, comecei a examinar os seus chakras no campo de energia etérica de sua aura. Percebi imediatamente um distúrbio no centro do sacro (segundo chakra). Não raro descobrimos que um centro de chakra ferido projetará uma cor e uma textura visíveis clarividentemente e sentidas clarissensitivamente que podem ser comunicadas verbalmente ao paciente como um estado ou condição emocional. Seu centro do sacro apresentava uma cor laranja-avermelhada e parecia crestado. O outro centro que parecia basicamente perturbado era o chakra do coração. Apresentava uma cor acinzentada e uma textura pesada, espessa e semelhante a melaço.

Perguntei a Jill se ela costumava sentir raiva e ressentimento em relação aos seus pais. Ela respondeu afirmativamente. Disse que muitas vezes tinha um sentimento doloroso e pesado no coração quando interagia com seus pais. Quando começamos a dialogar sobre esses assuntos, Jill falou sobre acontecimentos do começo de sua adolescência. Declarou que sua mãe sofria com a ausência física e emocional do seu pai em relação à casa e à família. A descrição que Jill fazia dele era de um homem dominado por um implacável impulso para o poder por meio da realização na carreira e pelo controle emocional (relacional) dos outros. Ponderei comigo mesmo que isso soava como uma forte energia do plexo solar, que ela tinha como pai um Herodes moderno! Jill confessou que tinha dificuldade em expressar seu verdadeiro sentimento para com ele sem ser ignorada ou repreendida. Seu pai tinha sido muito bem-sucedido nos negócios e bem-recebido no meio social, apesar de mostrar-se muito ditatorial em casa.

Energeticamente, Jill apresentava o segundo e o terceiro chakras bloqueados e feridos em virtude da falta e não-permissão de uma convivência íntima (segundo chakra) em sua família e uma forte atitude controladora, competitiva para com a vida da parte de seu pai (terceiro chakra). Quando mostrei os problemas que ela estava tendo com sua mãe, o coração (quarto chakra) tornou-se um foco básico de trabalho. Jill relatou que sua mãe tinha carência do amor de seu pai, mas deparava constantemente com sua rejeição. Lembra-se de sua mãe apegando-se a ela emocionalmente para apoio e auto-afirmação, e ao mesmo tempo projetando sobre ela o ódio subconsciente que sentia pelo marido. Jill e seu pai tinham traços físicos e maneirismos semelhantes. Essa história sobre seus pais se desdobrou à medida que fui trabalhando sobre o centro do coração. Pedi-lhe para visualizar a garota adolescente entre seu pai e sua mãe. Quando ela o fez, teve uma sensação dolorosa no coração e uma pressão contra seus chakra do sacro e do plexo solar. Podia ver em si mesma um fio (gancho) energético ligando essa adolescente interior à mãe e uma imagem do punho de seu pai em seus centros do sacro e do plexo solar.

Pedi a Jill para olhar nos olhos da adolescente interior e dizer-me o que estava vendo. Ela via/sentia tristeza, raiva, desconfiança em relação aos pais. Quando a fiz olhar nos olhos da mãe e depois ainda mais fundo na criança interior da mãe dentro dela própria, pedi-lhe para perguntar à criança se tinha uma mensagem para ela. A mensagem era: "Sou fraca, tenho medo de ficar sozinha" (problema do segundo chakra) e "Sinto-me incapaz de mudar a minha vida" (problema do terceiro chakra). Jill reconheceu subitamente que em seu relacionamento com a mãe ela contraíra esses dois elementais subconscientemente e decidira em resposta a essas duas exigências subconscientes, "Devo aceitar todas as coisas ruins que me acontecem" (quarto chakra) e "Sinto-me responsável pelo mundo", isto é, pela vida da mãe.

Nesse ponto da sessão, ficou óbvio para mim que a mãe dela tinha sido muito dependente dela para sua auto-afirmação, recorrendo a ela para amor e apoio. Jill tinha seus próprios medos de abandono e assumiu uma posição de responsabilidade para com a mãe e as opiniões desta sobre seu pai. Enquanto isso o nosso moderno Herodes (seu pai) estava dirigindo para a filha a sua raiva e insatisfação em relação à mulher.

Jill então dialogou extensamente com os pais. Resolveu romper esses dois contratos subconscientes que fizera com cada um deles no sentido de agir como intermediária no relacionamento dos dois e em suas necessidades não-atendidas. Começou a liberar suas emoções reprimidas em relação a esse papel que desempenhava com lágrimas, assomos de tristezas e flutuações de cólera. O que lhe ficou nesse momento de liberação foi um eu solitário, isolado, separado (a adolescente) perdida numa terra desolada (descrita visualmente como um deserto). Pedi a Jill que ajudasse aquela adolescente, porque ela precisava de reafirmação e amor. "Vamos lá, Jill", disse-lhe, "dê-lhe todo o amor que lhe faltou. Ela está esperando que alguém faça isso. Você é a única que pode fazê-lo. Tire-a desse lugar".

Jill olhou nos olhos da adolescente e começou a ver uma centelha de alegria e luz em seu interior. Enquanto visualizava a si mesma tocando o coração da garota e abraçando-a, uma onda de amor, indicando reconexão com seu próprio Eu Cristo, estava começando para ela. Tocar o plexo solar da garota trouxe um afluxo de calor e a cena de um lindo halo de energia e luz dourada em torno do corpo e do plexo solar de Jill. Ao trazer a adolescente para mais perto de si, ao senti-la mais profundamente em seu próprio coração, Jill experimentou um inefável sentimento de paz e harmonia.

Essa sessão foi seguida por várias outras para clarificar e curar outros bloqueios específicos da idade nos seus centros de chakra. Os resultados globais foram uma mudança de vida. Ela resolveu vários problemas com seus pais e começou pela primeira vez a manter um caloroso relacionamento afetivo com um homem. Não estava mais disposta a consentir nos velhos elementais "Não devo amar para não ser ferida" (quarto chakra), "Não posso confiar em ninguém" (segundo chakra) e "Não posso ser eu mesma num relacionamento sem ferir a outra pessoa", isto é, transferência dos sentimentos anteriores do pai para com a mãe através de Jill. Ela continua a melhorar o seu relacionamento com a mãe e o pai e sente fronteiras psicológicas mais sadias com eles. Curiosamente, seu pai envolveu-se profundamente num trabalho de cura de atitudes e sua mãe tornou-se independente, resolveu seguir uma carreira e hoje é uma pessoa muito mais feliz.

Certa vez perguntei a Daskalos se é possível destruir um elemental numa terapia. Ele respondeu que nunca se pode destruir um elemental, mas um elemental pode ser despojado de sua energia negativa. Em terapia tenho observado repetidamente que, uma vez aprendidas e compreendidas as lições e princípios espirituais de um problema qualquer, os elementais não voltarão a bloquear a pessoa. Como um professor, o elemental (produto da consciência de separação) está ali para ajudar o indivíduo a olhar dentro e através de um processo de introspecção para limpar os espelhos da mente, das emoções e do corpo físico. Quando se faz isso, o Espírito-ego-eu brilha através dos três corpos para revelar à personalidade em evolução sua verdadeira natureza e esplendor como amor. E assim o amor é despertado naturalmente e sem esforço no interior da pessoa. Esse amor cria então o incentivo para a expressão de virtudes e de elementais de pensamento positivo que permitem o crescimento e a manifestação de novas oportunidades na vida.

Estudo de Caso 2

Mary descreveu a si mesma como alguém que era vista pelos pais como uma criança "perfeita" enquanto crescia ao lado deles. Excelente atleta e ginasta, era muito popular na escola. Ela procurou-me para uma terapia de flexibilidade porque estava tendo dificuldade para sustentar um relacionamento íntimo com seu marido. Mary descreve a si mesma como uma pessoa excessivamente responsável e incapaz de relaxar e divertir-se. Não obstante, encontrava satisfação em suas realizações e parecia ser uma pessoa "normal e bem-ajustada". No entanto, em seu mundo interior ela nutria um sentimento de vazio, insegurança e descontentamento consigo própria, sentimento que ela procurava aliviar trabalhando muito e dedicando-se a atividades exteriores.

Quando a sessão começou, examinei os seus centros de chakra e constatei em seu centro da raiz (primeiro chakra) um sentimento de profunda vergonha reprimida. Seu chakra do sacro (segundo centro) carecia de energia vital e seu plexo solar (terceiro centro) apresentava-se quente, congestionado e com uma energia excessivamente ativa.

Descobrimos uma lembrança de sua infância que remontava aos três ou quatro anos e na qual ela viu seus pais bebendo e brigando. Ela olhou nos olhos daquela criança e pôde testemunhar todo o seu medo, solidão e desapontamento. Perguntada sobre o que sentia com relação aos pais durante a sua juventude, respondeu que não se lembrava de nenhuma partilha emocional afetiva entre eles ou com ela. Lembrava-se de pouquíssimo contato físico entre os pais e com ela. Via-os como pessoas distantes e absortas em seus problemas e desgostos. Lembrava-se de lon-

Estudos de Casos Clínicos 263

gos períodos em que era deixada sozinha em casa. Essas lembranças provocaram-lhe uma torrente de lágrimas.

Sugeri-lhe que abraçasse aquela criança com todo o amor de que era capaz e lhe perguntasse que decisão tomara em relação a sua vida e seus pais. Ela compreendeu que a única maneira pela qual conseguia receber alguma atenção positiva da parte deles era apresentar-lhes um trabalho bem-feito. Com isso ela obtinha o reconhecimento que merecia. Enquanto dialogava mais profundamente com sua criança interior e seus pais, fez uma surpreendente descoberta. Aquela criança amava e honrava seus pais de tal modo que queria encobrir-lhes as imperfeições socialmente, sobretudo suas tendências alcoólicas, suas perturbações emocionais escondidas do olho público. Mary queria dar à família um bom nome distinguindo-se por altos padrões de desempenho pessoal.

Quando compreendeu essas coisas, outra torrente de lágrimas irrompeu-lhe nos olhos. Ela ficou profundamente envergonhada e durante algum tempo não conseguiu falar sobre sua experiência. Dei-lhe tempo e espaço para ficar com a sua criança interior. Quando ela começou a se comunicar, revelou uma profunda compreensão. Toda a sua vida tinha sido um profundo encobrimento da vergonha que ela sentia em relação aos seus pais. A conexão energética com eles consistia em carregar-lhes a culpa e a vergonha. Ela trabalhou para romper os doentios vínculos contratuais que os uniam — verbalmente, subconscientemente e energeticamente.

Foi tomada de profunda paz. Eu podia sentir em minhas mãos um sentimento expandido de seu primeiro chakra (problemas de vergonha) e do seu terceiro chakra (problemas de controle e responsabilidade) dissolvendo-se e iluminando-se energeticamente. A falta de energia anterior em seu segundo chakra deixou de ser evidente. Ela compreendeu que só conseguia sentir verdadeiro reconhecimento e valor ao reconhecer o seu valor intrínseco como ser espiritual. Falou diretamente com a criança interior, dizendo-lhe que não precisava mostrar-se digna de amor trabalhando demais para obter a aprovação de seus pais e da sociedade. Não precisava agir perfeitamente para encobrir a vergonha que sentia por seus pais.

Quando Mary abraçou sua criança interior, disse-lhe: "Eu a amo como você é. Não precisa provar nada para mim. Eu vejo a sua alegria, sua luz, seu amor". Com isso a imagem de seus pais desapareceu e a criança ficou radiante e livre no interior de seu coração. A informação que recebi dela mais tarde foi de que os problemas de relacionamento com seu marido começaram a se esclarecer, de que ela estava reservando mais tempo para si mesma a fim de relaxar e gozar a vida. Aprender o amor-próprio foi um caminho para melhorar a qualidade de sua vida e de seus relacionamentos.

Estudo de Caso 3

(O estudo clínico a seguir foi oferecido por um estudante do Processo de Flexibilidade Etherikos.)

Esse homem de 32 anos, solteiro, sem filhos, que trabalha como mecânico numa firma, veio ao meu escritório porque tinha problemas de autoridade com colegas e sentia-se perturbado em suas relações com as mulheres. Tivera uma espécie de relacionamento, mas este terminou porque a mulher não aceitava o seu baixo *status* socioeconômico. Além de sua profissão, ele gostava de teatro e era membro de uma conhecida companhia teatral.

Trabalhei os seus problemas de autoridade usando a psicoterapia do corpo (Core Energetics [Energética da Essência]). Muitos deles decorriam de sua falta de intimidade emocional com seu pai, que não dava apoio às necessidades sexuais do garoto. Depois de ter aprendido a afirmar sua auto-estima, usando-me como uma figura de transferência positiva, ele ainda tinha um déficit de auto-estima em relação às mulheres.

Durante a terapia ele se apaixonou por duas mulheres ao mesmo tempo de um modo que revelava todos os atributos do amor adolescente. Apresentava argumentos bem-fundados para explicar por que queria desfrutar de ambos os relacionamentos ao mesmo tempo e não ser barrado pelas objeções moralistas que seus pais lhe teriam contraposto. Mas nem por isso deixava de ter sentimentos de culpa. Nesse ponto sugeri-lhe uma sessão de P.F.E. a fim de lhe permitir examinar mais a fundo as origens desses sentimentos e ajudá-lo a resolvê-los.

Na sessão de P.F.E. o processo foi um pouco diferente daquilo que eu esperava. O chakra do plexo solar estava fendido. Do seu lado direito a energia era espessa e escura, e do lado esquerdo era leve e mais brilhante. O funil de energia acima do terceiro olho estava invertido, com a ponta para cima e a parte mais larga abrindo diretamente para a testa. Além disso, o segundo chakra não tinha muita energia.

Resolvi trabalhar primeiro em seu terceiro chakra e depois purificar o sexto. Enquanto abria o seu terceiro chakra, ele viu o rosto do seu tio no espelho. Seus olhos afiguravam-se rígidos e severos, expressando controle e condenação da vontade própria do garoto. Meu paciente ficou atônito ao ver esse lado do seu tio e lembrou-se também do calor humano e do afeto que lhe mostrava. Disse ao meu paciente que seu tio devia ter tido ambos os lados, o que resultava na estrutura energética do chakra. Em seguida pedi-lhe que olhasse para o plano de fundo da figura do seu tio no espelho para ver se conseguia detectar ali o elemental negativo de controle que também governava o seu tio. Surpreendentemente surgiu um grupo de homens trajando uniformes pretos, como mineiros. O que eles queriam do tio e — através dos seus olhos — daquele garoto?

O paciente compreendeu que eles formavam um grupo de conspiradores, dizendo: "Você tem de seguir a nossa vontade, do contrário nós acabaremos com você". Lá estava ele, o angustiante elemental negativo do poder negativo e da submissão, que sempre causou os problemas de autoridade do paciente. Ceder a ele significara evitar a punição, mas também sacrificar a aspiração da criança interior por autonomia e livre-arbítrio. Então ele decidiu trazer à luz o elemental negativo do seu grupo de conspiradores. Parecia muito pacífico à medida que o elemental negativo se retirava e a brilhante luz dourada de Cristo fluía através do seu plexo solar. Deixou que a luz lhe fluísse para o coração, a garganta e o terceiro olho, que eu purifiquei.

Perguntei-lhe que palavras lhe ocorreram e que ele desejava afirmar. Ele disse: "Eu tenho livre-arbítrio para decidir aonde ir e onde ficar". Em seguida pedi-lhe que pronunciasse essa frase enquanto olhava para o rosto do seu tio, acrescentando: "E gosto de estar com você". Atacando o problema com as mulheres manifestado na última sessão, encorajei-o a pronunciar a mesma frase na presença visualizada das duas mulheres, uma depois da outra.

Depois de encerrarmos a sessão com uma pausa para descanso, ele falou sobre algumas experiências importantes. Primeiro, ainda não assumira nenhum compromisso mais sério com nenhuma das duas mulheres. Segundo, tivera sonhos com esse obscuro grupo de conspiradores no passado. Terceiro, vira um elemental acima da sua testa mostrando uma gaiola de ferro com uma mulher aprisionada indo e vindo enquanto ele descansava; finalmente, conseguira fazê-la desaparecer. Quarto, sentiu-se muito cansado mas bem-disposto depois da sessão. Expliquei-lhe que esse cansaço podia ser uma exaustão que sobreviera após uma longa porfia subconsciente em prol da liberdade e do verdadeiro livre-arbítrio travada contra elementais negativos que negavam essa legítima reivindicação da alma.

Apêndice III

O Espírito na Matéria
A Anatomia do Corpo Energético

Mente, Cérebro e Consciência

A ciência ocidental tem sido dominada pelas assunções do cientista inglês Isaac Newton e do filósofo francês René Descartes nos últimos trezentos anos. Newton é mais conhecido por ter descoberto a lei da gravidade e inventado o cálculo. O universo de Newton é em essência uma gigantesca máquina tridimensional governada por leis divinas predizíveis e imutáveis. Ao adotar esse modelo, a ciência tem admitido tradicionalmente que o universo, à semelhança de uma máquina, pode ser mais bem compreendido pela análise de suas partes individuais e reduzido à soma de suas partes. Essa filosofia é conhecida como reducionismo. Descartes, por seu turno, ensinava que havia uma separação dualista absoluta entre mente e matéria, o que permitia a descrição objetiva do mundo por um observador imparcial. Esse modelo newtoniano-cartesiano da realidade conduziu a notáveis progressos nas ciências naturais e a um ganho correspondente para a humanidade, ainda que impondo limitações significativas à visão de mundo do século XX.[1]

Hoje estamos procurando integrar as descobertas da física

moderna, da ciência social e da metafísica numa realidade mais expansiva sem descartar os inegáveis benefícios propiciados pelo velho modelo. Alguns dos mais intrigantes desafios a esse respeito estão surgindo no campo da ciência cognitiva, ou neural, que explora os domínios da mente/cérebro/consciência e sua relação com a experiência humana. Décadas de pesquisas intensivas levaram a uma compreensão ainda mais profunda da estreita relação entre a fisiologia do cérebro humano e a consciência. A ciência e a psicologia neural mecanicista afirma que só se pode ter acesso a novas informações por meio dos cinco sentidos materiais ou pela recombinação de dados antigos. Não raro elas postulam que a arte, a religião, a emoção, a ética e todas as formas de inteligência humana são produtos da função material do cérebro.[2]

A despeito de tantas pesquisas e especulações, nunca ficou provado que a mente procede efetivamente do cérebro ou que o cérebro em e por si mesmo é capaz de pensar. Na verdade muitas experiências humanas corriqueiras, a exemplo da própria ciência moderna, colocam um profundo desafio ao paradigma materialista. Voltando à história bíblica da "Mulher de Samaria", Jesus demonstra a capacidade de chegar a informações sobre uma estranha por outros meios que não os dos cinco sentidos:

> Disse-lhes Jesus: Vai, chama teu marido e vem cá. Ao que a mulher respondeu: Não tenho marido. Jesus replicou-lhe: Disseste bem, não tenho marido; porque cinco maridos já tiveste, e o que agora tens não é teu marido; isto disseste com verdade.
> Deixou pois a mulher o seu cântaro, e foi à cidade e disse àqueles homens: Vinde comigo, e vede um homem que me disse tudo quanto tenho feito [...]

Alguns cientistas poderiam descartar esse relato como fictício, enquanto alguns religiosos considerariam como a ação única de um ser divino, não fora o fato de que tantas pessoas comuns adquirem informações por esses meios não-comuns. Em termos modernos, algumas pessoas poderiam dizer que Jesus fez uma "leitura psíquica" da mulher samaritana junto ao poço. Os meios de percepção não-comuns, ou percepção extra-sensorial, podem ser vivenciados como clarividência, clariaudiência, clarisenciência, jornada xamânica, sonhos incomuns ou meramente conhecimento telepático, entre outras coisas.

Há os que negariam que alguma vez tenham adquirido informações por esses canais naturais, porém "paranormais". A maioria das pessoas, contudo, vez por outra já teve pelo menos a experiência de "coincidências" significativas, porém misteriosas, entre seus estados interiores e acontecimentos exteriores. O psicólogo Carl Jung postulava que deve haver algum princípio acausal ligando nossos estados mentais subjetivos à experiência objetiva, mas isso não é explicável pela ciência mecanicista. Ele chamou esse princípio de "sincronicidade" e observou que os fenômenos sincronísticos não raro ocorrem no contexto de experiências emocionalmente intensas ou transformadoras.[3]

O suíço Carl Gustav Jung (1875-1961), fundador da psicologia analítica, tornou-se o membro mais proeminente do círculo de discípulos vienenses de Sigmund Freud. Muitos psicólogos diriam que o trabalho pioneiro de Jung se adiantou tanto à psicologia de Freud quanto o próprio Freud se adiantara à sua época. Jung estava bem consciente de que suas descobertas e teorias não podiam, ao contrário das de Freud, reconciliar-se plenamente com a visão de mundo newtoniano-cartesiana. Ele vinha da época em que os desenvolvimentos da física quântico-relativista começara a alterar drasticamente as assunções científicas acerca da realidade. O modelo einsteiniano do universo como um *continuum* de tempo-espaço quadridimensional estava tornando obsoleto e apenas relativamente válido o universo tridimensional de Newton. Jung manteve um diálogo produtivo com vários dos mais eminentes físicos do princípio do século.[4]

Jung também foi único por ter tido um interesse autêntico por numerosas tradições místicas e um profundo respeito pelas dimensões espirituais da experiência humana. Embora algumas vezes tenha sido criticado por sua tendência a "espiritualizar" a psicologia, ele acreditava que o aspecto espiritual constituía um aspecto genuíno e influente da psique e era compatível com a visão de mundo que se desenvolvia no século XX. Diversamente de Freud, Jung não tinha dificuldade em aceitar o não-racional, o paradóxico e o misterioso como facetas genuínas da experiência humana.[5]

Jung era como Freud no fato de concentrar o seu trabalho psicanalítico basicamente na mente inconsciente na medida em que ela se relaciona com a mente consciente. Freud, entretanto, via a mente inconsciente exclusivamente como um repositório de lembranças pessoais e tendências instintivas reprimidas; a essa mente ele chamava subconsciente. Jung expandiu o conceito freudiano da mente inconsciente para incluir um elemento coletivo, o Eu cósmico ou mente universal, que une todas as personalidades num nível mais profundo. Esse inconsciente coletivo é um elemento central na teoria junguiana.[6]

Jung estudou a religião comparativa e a mitologia do mundo, assim como seus próprios sonhos e os de seus pacientes, para compreender o inconsciente coletivo. Descobriu motivos e imagens universais que ocorriam em todo o mundo e ao longo da história mas que se expressavam de maneira única em diferentes culturas e ambientes físicos. A esses padrões universais criadores de mitos no inconsciente coletivo ele chamou arquétipos. Mostrou como essas forças arquetípicas existentes no indivíduo contribuíam para a saúde e a doença mental e rejeitava a possibilidade de que alguns desses padrões pudessem resultar meramente da biologia ou da experiência pessoal. Acreditava que o conceito de sincronicidade era compatível com a física moderna e forneceu uma estrutura razoável que permite estudar eventos separados no tempo e no espaço mas ligados por meio do inconsciente coletivo.[7]

Mesmo quando uma estrita abordagem freudiana se tornou um tanto arcaica, a teoria junguiana recebeu progressivamente uma aceitação mais larga nos últimos trinta anos. A pesquisa convencional do psiquiatra Stanislav Grof contribuiu de maneira significativa para essa tendência. Antes de 1967 Grof realizou milhares de sessões com LSD e outras substâncias alteradoras da mente em voluntários, tanto pacientes psiquiátricos como profissionais "normais". Em seu livro *Beyond the Brain*, Grof descreve quatro categorias de fenômenos psicodélicos derivados dessa pesquisa. Chama o transpessoal de quarta categoria, porque esse grupo de experiências dava aos pacientes o sentimento comum de expandir-se para além das fronteiras do ego e das limitações de espaço-tempo.[8] Tais experiências violavam algumas das regras mais fundamentais da ciência mecanicista.[9]

Grof continua a descrever a visão surpreendentemente acurada de alguns dos seus pacientes no tocante a fenômenos sobre os quais eles não tinham conhecimento algum. Seus meios de visão não-ordinária incluem o âmbito de fenômenos "psíquicos" observados anteriormente e as conexões dinâmico-sincronísticas entre a experiência interior e o mundo exterior tal como o descreve Carl Jung.[10] Com base nessas fartas pesquisas, Grof estabeleceu com outros a disciplina da psicologia transcendental no final da década de 60. As pesquisas de Grof comprovam de tal modo a teoria junguiana que Grof chamou Jung de "o primeiro psicólogo transpessoal".[11]

A Moderna Dança da Ciência e da Religião

Assim como Carl Jung se interessou pela física moderna, é igualmente natural e até mesmo inevitável que os físicos teóricos investiguem o domínio do inconsciente. Considerem-se, por exemplo, as implicações da teoria quântica. A física quântica demonstrou no início deste século que partículas subatômicas como os elétrons podem manifestar-se como ondas e que formas de onda como a luz visível podem manifestar-se como partículas. Os fenômenos subatômicos são portanto denominados *quanta* para lhes identificar a natureza complementar onda/partícula. Segundo o físico dinamarquês Niels Bohr e o físico alemão Werner Heisenberg, os principais teóricos quânticos até 1950, os *quanta* não se manifestam sequer como partículas, ou seja, como realidade "sólida", a menos que estejam sendo observados. A física quântica levou, portanto, a numerosas interpretações a partir da física, da psicologia e da ciência cognitiva que admite um papel central da mente na realidade quântica. No nível subatômico, pelo menos, não há nenhuma dúvida de que o ensinamento de Descartes relativo à separação absoluta entre matéria e mente não é válido.[12]

Os princípios da física moderna não podem ser automaticamente transferidos para todas as áreas das ciências sociais. Os aspectos mecânicos, predizíveis do corpo e do comportamento humano podem ser vistos quando observados de determinados pontos favoráveis. Ainda assim é perfeitamente evidente que os seres humanos devem ser vistos pela ciência como algo mais que meras máquinas biológicas e a mente como algo mais que mera função material do cérebro.[13] A ciência, como a religião, oferece agora um suporte considerável à visão dos entes humanos como seres multissensíveis cujos cérebros traduzem a realidade a partir de uma dimensão invisível numa forma adequada para funcionar no plano físico.

Uma visão revolucionária da matéria e da consciência foi formulada por David Bohm, eminente físico teórico e ex-colaborador de Einstein na Universidade de Princeton. Baseado em pesquisas e levado por seu interesse em domínios como física plasmática, ordem e caos, holografia e aspectos não-locais de sistemas quânticos, ele propôs um modelo do universo que funde alguns aspectos com o das tradições espirituais místicas e esotéricas. Enquanto Einstein ligava espaço e tempo num *continuum*, Bohm propôs que tudo no universo é um *continuum*. Tudo quanto pode ser identificado ou nomeado por qualquer meio, incluindo a própria consciência, é parte de uma ordem explícita que ele chama de holomovimento. A ordem explícita decorre de uma ordem implícita imóvel, vasta e subjacente que perpassa todo o tempo e todo o espaço com a plenitude da própria vida. Uma vez que a mente, ou a consciência, decorre da ordem implícita, a matéria pode ser vista em última análise como "mente condensada".[14] Embora o ceticismo em relação ao modelo de Bohm persista na comunidade física, ele é respaldado por teóricos importantes como Roger Penrose, criador da moderna teoria do buraco negro, e Brian Josephson, ganhador do Prêmio de física em 1973. Josephson espera que o conceito de Bohm da ordem implicada possa um dia levar a ciência a incluir Deus ou a Mente no seu paradigma.[15]

A teoria de Bohm respalda claramente o paradigma da psicologia transpessoal e mais particularmente aos ensinamentos de Stylianos Atteshlis (Daskalos) referentes a Deus, à mente e à matéria. Muitas vezes Daskalos se refere a Deus como o "Ser Absoluto". Em *The Esoteric Teachings* [*Os Ensinamentos Esotéricos*] ele diz:

> O SER ABSOLUTO, poderíamos dizer, é um Estado de Consciência Absoluta Autopercebida, na qual tudo É e encontra e tira a energia necessária para a sua existência e expressão. ELE é o Deus Uno e Único, Que em sua Auto-suficiência Absoluta pensa e expressa a si mesmo. Tudo, visível e invisível, em cima e embaixo, tem como fonte de ser a Sua expressão, o resultado de sua Munificência Divina.
>
> É inconcebível que haja qualquer parte do Infinito que não contenha em si o SER ABSOLUTO. Todavia o Infinito não é Deus, nem Deus se confina ao Infinito. Deus está além do conceito de qualquer tipo de espaço. Ele é a própria Vida — a vida que é a expressão do SER ABSOLUTO em si mesmo, com aspectos especiais que Ele cria para seu próprio designio. Um desses aspectos especiais é a mente. Com a Mente, o SER ABSOLUTO se expressa como Multiplicidade nos mundos de espaço-tempo [...]
>
> Assim, a Mente é uma criação e não uma parte imortal do SER ABSOLUTO como o são as Mônadas Sagradas, tanto antes como depois de sua expressão. Não confundamos portanto a Mente, mesmo em seu estado de supersubstância, com o Espírito Santo, porque a Mente não é o Espírito Santo [...]

> Tudo é Mente, em diferentes graus e freqüências de vibração [...]
>
> Podemos dizer da Mente que ela é a primeira causa, a primeira expressão do Pensamento Divino. Mas nós a encontramos em diferentes freqüências de vibração, e a matéria densa é a mente solidificada.[16]

De modo análogo, Bohm afirmou: "A capacidade da forma de ser ativa é o aspecto mais característico da mente, e temos algo que é semelhante à mente já com o elétron".[17] Se o Ser Absoluto pode ser visto como equivalente à ordem implicada de Bohm, os ensinamentos de Daskalos expressam eloqüentemente as idéias de Bohm em linguagem antes sagrada que científica. As filosofias de ambos são antes monistas que reducionistas, pelo fato de professarem a unicidade de toda a criação e uma crença em que nenhuma parte pode ser compreendida senão em sua relação com o todo.

Muitas culturas e tradições espirituais reconhecem a presença de uma forma ativa, "semelhante à mente", que envolve e perpassa o corpo físico. Essa forma é mais freqüentemente chamada de "aura" ou "campo de energia sutil". Algumas dessas tradições reconhecem a presença de camadas, ou corpos sutis, dentro desse campo. Em geral esses corpos são conhecidos como o corpo etérico; o corpo astral, ou emocional, o corpo mental e o corpo causal. Daskalos usa uma nomenclatura ligeiramente diversa. Ele reconhece a camada etérica mais como uma espécie de cópia ou "duplo" do corpo físico do que como um corpo sutil distinto. Reconhece o corpo astral como o primeiro corpo sutil, mas chama-o de corpo "psiconoético" ou corpo "psíquico". Reconhece um terceiro corpo que ele denomina corpo "noético". O corpo noético funciona em planos inferiores ou superiores que correspondem aproximadamente aos corpos mental e causal da literatura indiana.[18]

O Eu Cristo, que Daskalos chama de "Espírito-ego-eu" ou "Mônada Sagrada", é o aspecto individualizado do Ser Absoluto que habita em nós como o Filho de Deus e estabelece a nossa identidade mais verdadeira e fundamental. A Mônada Sagrada trabalha em parceria com a personalidade humana para construir a alma eterna, mesmo quando o livre-arbítrio do parceiro humano reina supremo. Como se discutiu no Capítulo IV, as múltiplas dimensões e formas da personalidade individual estão ligadas por meio dos vórtices de energia chamados chakras.

Embora reconhecendo que múltiplas camadas de forma existem dentro e além do corpo físico, em geral não é útil distingui-los enquanto funcionam com energias sutis num nível terapêutico. Por essa razão muitos terapeutas se referem a todos os níveis sutis de energia a partir do etérico e para além dele como o corpo de energia do indivíduo. Daskalos, à maneira de Bohm, observaria, como citamos acima, que toda a multiplicidade de formas do físico para o noético é em última análise ilusória, porque todas essas formas são apenas a supersubstância da Mente em diferentes freqüências de vibração.

"Como é em Cima, Assim é Embaixo": As Criações de Deus e do Homem

Bohm descreve o *continuum* consciência-matéria, ou holomovimento, segundo os princípios da holografia. Nesse modelo qualquer "coisa" independente é uma abstração, porque ele decorre da totalidade da ordem implicada. Bohm chama de "coisas", incluindo os seres humanos individuais, de "subtotalidades relativamente independentes" que contêm o tecido de toda a ordem implicada.[19] Essa ordem, entretanto, está oculta da vista, ou "encoberta", à medida que se manifesta no holomovimento. Essa é uma maneira de dizer, como tantos místicos têm afirmado, que cada parte do universo é um microcosmo, ou espécie de miniatura, de toda a criação.

Daskalos, ainda aqui, reflete a teoria científica de Bohm na linguagem do sagrado:

"Como é em cima, assim é embaixo." Como é o Macrocosmos, assim é o Microcosmos. Como são o SER ABSOLUTO e o LOGOS CRISTO, o ESPÍRITO SANTO e o Universo, assim é a Mônada Sagrada, a Alma Autoconsciente dos Seres Humanos, a Personalidade Autoconsciente Permanente e seus corpos.

Somos uma imagem e uma semelhança do SENHOR. Semelhantes em qualidade, mas certamente não em quantidade. Diferimos em quanto concerne à soberania, mas não no sentido que costumamos emprestar a esse termo.

Conhecendo o Microcosmos, conhecemos o Macrocosmos. Conhecendo o Homem, conhecemos Deus. Conhecendo os corpos material, psíquico e noético, conhecemos os Universos. Conhecendo a Mente, no modo como a humanidade a usa (elementais de desejos-pensamentos e pensamentos-desejos), conhecemos a Mente como Substância e Supersubstância, como o meio de manter o Universo, que é usado pelo LOGOS CRISTO e pelo ESPÍRITO SANTO.

É impossível estudar os universos enquanto não nos conhecemos a nós mesmos. Quando conhecermos a nós mesmos, conheceremos o SER ABSOLUTO. Essa parte de nós que ressoa com o SER ABSOLUTO é o nosso eu mais profundo, a Mônada Sagrada [...].[20]

Assim como o Universo decorre da Mente em resposta à munificência do Ser Absoluto,[21] nossos universos pessoais são construídos mediante escolha pessoal como uma rede de entidades psiconoéticas chamadas elementais. Esses elementais, compostos embora de "matéria mental", originam a nossa experiência do reino físico tão seguramente quanto o dos reinos emocional e mental. Um estudo desses elementais — como são criados, energizados e desenergizados — pode dar-nos uma visão não apenas de nós mesmos senão também dos próprios meios pelos quais Deus cria em grande escala. Desse modo descobrimos o espantoso poder dos nossos pensamentos. Nossas personalidades atuais, segundo Daskalos, são a soma total de todos os elementais que criamos ou atraímos por ressonância da consciência de massa.[22] "Porque como ele pensa em seu coração, assim ele é." (Provérbios 23.7)

Quase todos nós criamos elementais subconscientemente numa resposta reflexiva aos desejos materiais. Esses desejos-pensamentos, ou elementais negativos, servem aos desejos do ego ao criar as condições para satisfação a expensas da felicidade genuína. Assim fazendo, esses "espíritos imundos" ligam a personalidade atual ao plano material como sua escrava, criando as condições para o sofrimento.[23] Os elementais que dominam a mente subconsciente foram discutidos no Capítulo V.

Notas

Capítulo I
1. Stylianos Atteshlis, *The Symbol of Life*, Nicosia, Chipre: The Stoa Series, 1998, pp. 70, 202.

Capítulo II
1. Stylianos Atteshlis, *The Esoteric Teachings* (publicação pessoal, impresso em Chipre por IMPRINTA LTD, Nicósia, Chipre), p. 122.
2. Atteshlis, adaptado de *The Esoteric Teachings*, pp. 101-106.
3. *Ibidem*, pp. 144-45.
4. *Ibidem*, p. 98.

Capítulo III
1. Andreas Ebert, de "Are the Origins of the Enneagram Christian After All?", *The Enneagram Monthly*, janeiro de 1996, pp. 14-15.
2. *Ibidem*.
3. Richard G. Geldard, *The Travelers' Key to Ancient Greece*, Nova York: Alfred A. Knopf, Inc., 1989, pp. 71-72.
4. *Ibidem*, p. 72.
5. *Ibidem*, p. 73.
6. *Ibidem*, pp. 74-75.
7. *Ibidem*, p. 72.
8. Stylianos Atteshlis, adaptado de *The Esoteric Teachings*, pp. 36, 66.
9. Michael Trout, *The Infant-Parent Institute Newsletter*, Champaign, Illinois, setembro de 1992.

10. John Bowlby e James Robertson, de "What Price Separation?", *Mothering*, Verão de 1992.

Capítulo IV
1. Selma Fraiberg, *The Magic Years: Understanding and Handling the Problems of Early Childhood*, Nova York: Charles Scribner's Sons, 1959, pp. 35-38.
2. *Ibidem*, pp. 45-47.
3. *Ibidem*, pp. 56-66.
4. *Ibidem*, pp. 91-95, 107-108.
5. *Ibidem*, pp. 133-135.
6. *Ibidem*, pp. 168-176.
7. Erik H. Erikson, *Childhood and Society*, Nova York: W. W. Norton and Co. Copyright 1950, © 1963 de W. W. Norton & Company, Inc., renovado © 1978, 1991 de Erik H. Erikson. Usado com permissão de W. W. Norton & Company, Inc.
8. Fraiberg, *The Magic Years*, pp. 160-168.
9. *Ibidem*, pp. 189-168.
10. *Ibidem*, pp. 242-244.
11. W. H. C. Frend, *The Rise of Christianity*, Filadélfia: Fortress Press, 1984, p. 67.
12. *Ibidem*, p. 18.
13. Erikson, *Childhood and Society*, p. 259.
14. *Ibidem*, pp. 260-261.
15. Stephen Mitchell, trad., *Tao Te Ching: A New English Version*, Nova York: Harper and Row, 1988, p. 44.
16. Erikson, *Childhood and Society*, p. 261.
17. *Ibidem*, pp. 261-262.
18. *Ibidem*, pp. 262.
19. Frend, *The Rise of Christianity*, pp. 24-25.
20. *Ibidem*, pp. 25-26.
21. Stephen Mitchell, org., *The Enlightened Mind: An Anthology of Sacred Prose*, Nova York: Harper Collins, 1991, p. 3.
22. *Ibidem*, pp. 51, 215.
23. Erikson, *Childhood and Society*, pp. 263-264.
24. Mitchell, *Tao Te Ching*, p. 19.

Capítulo VI
1. James Hillman e Michael Ventura, *We've Had a Hundred Years of Psychotherapy and the World's Getting Worse*, Nova York: Harper San

Francisco, 1992, p. 6.

2. *Ibidem*, pp. 17-21.

3. *Ibidem*, p. 152.

4. *Ibidem*, p. 29.

5. Stylianos Atteshlis, *The Esoteric Teachings*, p. 167.

Capítulo VII

1. Huston Smith, *The World's Religions*, Nova York: Harper San Francisco, 1991, pp. 83-86.

2. J. G. Bennett, *Enneagram Studies*, York Beach, Maine: Samuel Weiser, Inc., 1983, p. 132.

3. Mir Valiuddin, org. e trad., *Love of God*, Farnham, Surrey (Inglaterra): Sufi Publishing Co. LTD., 1972, p. 196.

4. *Ibidem*, pp. 197-198.

5. Stephen Mitchell, trad., *Tao Te Ching: A New English Version*, Nova York: Harper and Row, 1988, pp. 2, 45.

6. Stephen Mitchell, org., *The Enlightened Mind: An Anthropology of Sacred Prose*, Nova York: Harper Collins, pp. 88-89.

7. Pancavimsatisahasrika, citado em Philip Novak, org., *The World's Wisdom*, Edison, Nova Jersey: Castle Books, 1994, pp. 80-81.

8. W. H. C. Frend, *The Rise of Christianity*, Filadélfia: FortressPress, 1984, p. 91.

9. *Ibidem*, pp. 96-97.

10. Huston Smith, citado em *The World's Religions*, Nova York: Harper San Francisco, 1991, p. 138.

11. De *Zen Word, Zen Calligraphy* de Eido Tai Shimano e Kogetsu Tani, 1990, 1995 de Theseus Verlag, Zurique, Munique. Reimpresso mediante acordo com Shambhala Publications, Inc., Boston, p. 49.

12. *Ibidem*, p. 151.

13. Stylianos Atteshlis, *The Esoteric Teachings*, p. 31.

14. Black Elk, *The Sacred Pipe*, Norman: University of Oklahoma Press, 1953, pp. 3-4, gravado e editado por Joseph Epes Brown.

15. *Ibidem*, pp. 31, 43.

16. Michael Harner, *The Way of the Shaman*, Nova York: Bantam Books, 1980, pp. xii-xvi. [*O Caminho do Xamã*, publicado pela Editora Cultrix, São Paulo, 1989.]

17. Smith, citado em *The World's Religions*, pp. 75-76.

18. *Ibidem*, p. 75.

19. *Ibidem*, pp. 76-77.

20. Novak, org., citado em *The World's Wisdom*, p. 63.

21. Smith, *The World's Religions*, p. 40.
22. Frend, *The Rise of Christianity*, pp. 125-126.
23. Smith, *The World's Religions*, pp. 231-233.
24. Novak, org., citado em *The World's Wisdom*, p. 283.
25. *Ibidem*, p. 289.

Apêndice III
1. Stanislav Grof, *Beyond the Brain*, Albany, NY: State University of New York Press, 1985, pp. 18-19.
2. *Ibidem*, pp. 21-23.
3. *Ibidem*, p. 70.
4. *Ibidem*, p. 174.
5. *Ibidem*, pp. 174, 188-189.
6. *Ibidem*, p. 188.
7. *Ibidem*, pp. 188-189.
8. *Ibidem*, p. 41.
9. *Ibidem*, p. 44.
10. *Ibidem*, pp. 58-59.
11. *Ibidem*, p. 174.
12. *Ibidem*, pp. 58-59.
13. *Ibidem*, pp. 73-74.
14. Michael Talbot, *The Holographic Universe*, Nova York: Harper Perennial, 1991, pp. 46-50.
15. *Ibidem*, p. 54.
16. Stylianos Atteshlis, *The Esoteric Teachings*, pp. 18, 32, 34.
17. Talbot, *The Holographic Universe*, p. 50.
18. Atteshlis, *The Esoteric Teachings*, pp. 89-92.
19. Talbot, *The Holographic Universe*, p. 49.
20. Atteshlis, *The Esoteric Teachings*, pp. 54-55.
21. Daskalos usa a palavra *munificência* como a melhor tradução inglesa do grego *euareskeia*. Ele definiu *euareskeia* como "o prazer de Deus na criatividade". De *The Esoteric Teachings*, p. 166.
22. Atteshlis, *The Esoteric Teachings*, pp. 101-102.
23. *Ibidem*, pp. 104-105.

Glossário

Alma – A entidade progressiva, multidimensional, produzida pela interação entre a natureza divina (o Filho de Deus) e a natureza humana (o Filho do Homem).

Anima, Animus – Os arquétipos masculino e feminino na nomenclatura de Jung. São equivalentes aos princípios yin e yang da teoria chinesa. Ver "Psicologia Junguiana".

A Queda – A perda da consciência da nossa natureza divina, levando à identificação exclusiva com uma forma de ego isolada. O termo provém da história bíblica de Adão e Eva, que pode ser vista como uma alegoria desse processo de separação de Deus que todos conhecemos.

Arrependimento – Processo de trazer os pontos cegos da consciência, a sombra, para a luz do espírito com vistas à cura. Esse processo é mais acuradamente denominado psicoterapia nos tempos modernos. Resulta em *metanoia*, traduzida do grego como uma "mudança de mente" (sobre quem eu sou).

A Sombra – Termo cunhado por Carl Jung para descrever as áreas cegas na nossa percepção. A sombra é vivenciada por meio do egoísmo. O "Judas interior", tal como é usado neste livro, é equivalente à sombra.

Autoconsciência – Termo usado por Daskalos para denotar o estádio de transformação psicoespiritual no qual nos percebemos diretamente a nós mesmos e aos outros como o Eu Cristo. É o reino do perdão e da resignação final à verdade. Ocorre largamente no domínio do sexto chakra. A autoconsciência apega-se a uma percepção dualista eu-você e por isso é um passo atrás em relação à unidade de percepção da Auto-superconsciência.

Auto-superconsciência – Ver "Expiação".

Chakra – Palavra sânscrita que significa "roda". Os chakras da personalidade humana são vórtices de energia circulares que formam um vínculo energético entre o Eu Cristo e os corpos mental, emocional e físico em níveis particulares de experiência.

Consciência – Conforme é usada neste livro, consciência é o estádio de transformação psicoespiritual no qual despertamos do sono espiritual de subconsciência e separação. A consciência é iniciada pela salvação e assinala-se pela aspiração ao retorno à Fonte. Ocorre largamente no reino dos chakras 4-5.

Ego – A auto-identidade que surge da observação da nossa natureza humana. Essa capacidade de auto-observação distingue o ser humano dos animais.

Egoísmo – A identificação do ego com a rede interna de elementais negativos, levando à separação e ao sofrimento.

Elementais – Termo usado por Daskalos para denotar entidades, ou formas, no campo da energia humana, que são criadas pelo pensamento.

Elementais negativos são formas-pensamento emocionais criadas subconscientemente para satisfazer aos anseios materiais e servir aos desejos do ego. A criação de elementais negativos é o processo de adição e subordina a personalidade ao plano material, criando as condições para o sofrimento. A Bíblia se refere aos elementais negativos como "espíritos imundos" ou "demônios". Daskalos também chama os elementais negativos de "desejos-pensamentos". Eles existem em formas aumentadas, denominadas "forças do ego", e formas reduzidas, denominadas "fraquezas do ego".

Elementais positivos são formas-pensamento puras, ou virtudes, criadas pela mente superior sob a inspiração do Espírito. Daskalos também chama os elementais positivos de "pensamentos-desejos". As virtudes purificam a função reflexiva da mente, permitindo que o Eu Cristo se reflita mais claramente na consciência. Um elemental positivo pode parecer similar a um elemental negativo aumentado, ou "força do ego", quando se manifesta no comportamento exterior da pessoa. Sua verdadeira realidade é determinada pelas motivações do seu criador.

Eneagrama – Diagrama de uma estrela de nove pontas que se pode usar para descrever nove diferentes tipos de personalidade e suas inter-relações.

Espírito – A manifestação mais elevada e mais direta da divindade.

Espírito-ego-eu – Termo para o Eu Cristo usado por Daskalos para enfatizar a natureza individualizada. Ver "Eu Cristo".

Espírito Santo – Na teologia cristã, a terceira pessoa da Santíssima Trindade. Segundo Daskalos, esse é o aspecto da divindade que expressa o poder infinito de Deus por meio da criação do universo.

Espiritualidade alternativa – Termo usado para denotar as modernas tendências espirituais ecléticas que fogem ao contexto das religiões tradicionais; a espiritualidade da "Nova Era".

Eu Cristo – O espírito individual de divindade que reside em cada um de nós, estabelecendo a nossa verdadeira identidade como filho ou filha de Deus. A Bíblia refere-se a esse espírito como "a verdadeira luz que ilumina todo homem que vem ao mundo" (João 1: 9). Daskalos se refere ao Eu Cristo como "Mônada Sagrada" ou "Espírito-ego-eu". A espiritualidade alternativa usa freqüentemente o termo "Eu Superior".

Expiação – Percepção consciente e contínua da compensação que existe entre o Eu superior e a criação. A expiação manifesta-se como um estado de perdão permanente, universal e consistente para com todas as coisas. Conhecido como "iluminação" ou "consciência da unidade" nos círculos orientais, é denominado "*theosis*" ou "Auto-superconsciência" por Daskalos.

Filho de Deus – Nossa natureza divina. Ver "Eu Cristo".

Filho do Homem – Nossa natureza humana.

Graça – A extensão incondicional do amor.

Identificar-se, Desidentificar-se

Identificar-se com uma experiência interior é relacionar-se com ela na convicção de que "este é um aspecto do eu real".

Desidentificar-se de uma experiência interior é reagir a ela com a convicção de que "isso que está dentro de mim não é o eu real".

Iluminação – Ver "Expiação".

Inferno – O sofrimento e o medo que resultam inevitavelmente do egoísmo.

Mandala – Representação visual simbólica do fluxo de energias espirituais, geralmente associada com o budismo tibetano.

Mente – Segundo Daskalos, mente é a "supersubstância" a partir da qual se constrói toda a realidade do universo abaixo do nível do espírito.

Mente Subconsciente – Termo usado por Sigmund Freud para descrever as memórias pessoais reprimidas e as tendências instintivas que governam inconscientemente o comportamento. Daskalos descreve o subconsciente como a "casa da personalidade atual", porque ele contém aquele complexo de elementais negativos que governam e satisfazem o egoísmo da personalidade não-evoluída. O subconsciente reside primariamente no domínio dos chakras 1-2-3.

Mônada Sagrada – Ver "Eu Cristo".

O Inconsciente – Os aspectos da nossa vida interior que ficam fora da percepção consciente.

Pan-ecumenismo – Princípio e prática em virtude dos quais se reconhece e se promove a unidade espiritual essencial de todas as principais religiões do mundo juntamente com práticas espirituais alternativas que levam ao progresso.

Perdão – Percepção espiritual direta da natureza divina, ou Eu Cristo, que existe em cada pessoa. O perdão implica que se veja o erro humano passado no processo.

Personalidade Atual – Imagem não-evoluída de nossa personalidade permanente. É definida por Daskalos como a soma total das nossas criações mentais de elementais.

Personalidade Permanente – Termo usado por Daskalos para se referir à nossa identidade eterna e imutável, divinamente outorgada.

Psicologia Junguiana – Psicologia de profundidade pós-freudiana baseada na teoria de Carl Jung. Jung ampliou o conceito freudiano do inconsciente para incluir um *inconsciente coletivo*. O inconsciente coletivo encerra *arquétipos*, ou padrões de criação de mitos, que une o indivíduo a toda a humanidade e ao cosmos.

Psicologia Transpessoal – Moderna disciplina estabelecida no final da década de 1960 que enfatiza a espiritualidade e as necessidades transcendentais como aspectos intrínsecos da natureza humana.

Salvação – O despertar da consciência do Eu Cristo interior; a experiência de "nascer de novo".

Separação – Perda da consciência da nossa conexão com Deus e o Eu Cristo; a experiência de estar espiritualmente "perdido". Ver "A Queda".

Theosis – Ver " Expiação".

Transformação Psicoespiritual – Mudança que ocorre na personalidade à medida que ela progride rumo ao despertar espiritual; o processo de cura.

Recursos
Escola Internacional Etherikos de Cura de Energia e Estudos Espirituais

Para informações sobre seminários, programas de treinamento, CDs e sessões de cura:

EUA: Nicholas C. Demetry, M.D.
2823 Regents Park Lane
Marietta, GA 30062
Fone: (770) 435-0180
Fax: (770) 956-9949
www.etherikos.com

Edwin L. Clonts, M.D.
P.O. Box 5614
Hopkins, MN 55343

Alemanha: Birgitta Kaessmann
Hochgratstrasse 323
D- 88179 Oberreute/Allgau
Fone: 08387-3282 ou 1297
Fax: 08387-2394

Joachim G. Vieregge
Tratfeldstrasse 21
D-83646 Bad Tolz, Germany
Fone: 08041-8851
Fax: 08041-75293

Hungria: Erica Miklody
1021 – Budapest, Hungary
Kuruclesi u-47-B
Fone/Fax: 0361-200-2903

Islândia: Solbjort Gudmundsdottir
Skarphedinsgata 18
105 Reykjavik, Iceland
Fone: 0354-552.4545
Fax: 0354-872.1945
e-mail: solbjort@ismennt.is

Hrafnaildur Juliusdottir
Huldubraut 60
200 Kopavogur, Iceland
Fone: 0354-554.2021

Brasil: Maria Cristina Zeppelini – Despertar
Av. Rio Branco, 78 – Jd. Esplanada
São José dos Campos – SP
CEP 12242-800
Fone/Fax: 0xx11-55-12-322.8767
e-mail: despert@netvale.com.br